open city

re-thinking the post-industrial city

almudena ribot
enrique espinosa
diego garcía-setién
begoña de abajo
gaizka altuna

0 | CoLaboratorio

Intro

Prólogo. Ciudad Abierta

Almudena Ribot, Enrique Espinosa, Diego García-Setién,
Begoña de Abajo y Gaizka Altuna

Este libro se desarrolla desde la Universidad, entendiendo la institución educativa como un espacio para la investigación y la práctica, capaz de experimentar y reflexionar sobre los grandes retos del futuro de las ciudades, haciéndolo desde la fricción con la realidad y construyendo relaciones con otras entidades reales.

Todo este material se sitúa dentro del contexto de la ciudad postindustrial, editado desde la experiencia de CoLaboratorio. Supone un nuevo volumen trianual, tras la publicación de *Open Building 2.0*, esta vez dedicado a explorar las condiciones de la ciudad industrial obsoleta, desprogramada y en despoblamiento, en concreto de los tejidos industriales que definen su paradigma. Revisitamos estos fragmentos de ciudad desde un posicionamiento posibilista como oportunidad para devenir nuevos soportes urbanos contemporáneos.

Open City se divide en tres capítulos, cada uno de ellos dedicados a una escala operativa dentro de este marco postindustrial:

1. Archipiélagos: Son tejidos urbanos industriales fragmentados en unidades de escala pequeña (S), por su tipología estructural, por su superficie individual o por su especificidad, diseminados en un territorio común con diferentes condiciones de relación. El paradigma de este tipo lo hemos situado en un tipo de ciudad protoindustrial no zonificada en la que vivienda e industria coexistían.

2. Tramas: Son tejidos industriales de escala gigante (XL), conformando una estructura urbana repetitiva, según uno o más patrones. El caso tipo de esta categoría sería el polígono industrial, modelo urbano segregado que excluye al programa vivienda y casi al resto de programas dotacionales y terciarios comunes.

3. Ensamblajes: Son organismos industriales, de escala media-grande (M/L), cuya genética estructural y tectónica permiten su crecimiento-encogimiento-adaptación a otros contornos, incluso su combinación con otros organismos afines, su densificación y reprogramación. El modelo en este caso sería el de la arquitectura industrial singular, desde los modelos canónicos de inicios del S. XX a las arquitecturas de espíritu industrial de las décadas de los 60, 70 y 80.

A su vez, cada capítulo se compone de varias entradas:

a. Encuadrando (contextos): Textos que explican y contextualizan las condiciones propias de cada una de estas tres escalas. Dentro de "Archipiélagos" (S), desde la iniciativa Berreibar se presenta el caso de la ciudad industrial vasca de Eibar. Dentro de "Tramas", por un lado el equipo de Urbanismo de Fuenlabrada (Andrés de las Alas y Alberto López) describe el caso del polígono Cobo Calleja, paradigma del desarrollismo de los años 70 en España; por otro lado y en relación al mismo contexto, la investigadora de la Universidad de Hong Kong, Marta Catalán, explica las transformación de parte de los tejidos industriales europeos desde el segundo sector al terciario debido a la implantación de actividades logísticas derivadas del comercio chino. Dentro de "Ensamblajes", Diego García-Setién, cofundador de CoLaboratorio y doctor con la tesis "Trans arquitectura: imaginación, invención e individuación del objeto técnico

Preface. Open City

Almudena Ribot, Enrique Espinosa, Diego García-Setién,
Begoña de Abajo and Gaizka Altuna

This book has been developed from a university context, understanding the educational institution as a space for research and practice, able to experiment and reflect on the great challenges in the future of cities, doing so through contact and friction with reality and building relationships with other real entities.

All the content is framed within the context of the post-industrial city and edited based on the experience of the CoLaboratorio, a new three-year publication following that of *Open Building 2.0*, this time dedicated to exploring the features of the industrial city turned obsolete, de-programmed, and suffering depopulation — more specifically, looking at the industrial urban fabrics that shape its paradigm. We revisit these city fragments with a 'possibilist' approach as an opportunity for the emergence of new contemporary urban frameworks.

Open City is divided into three chapters, each one dedicated to an operational scale in this post-industrial context:

1. Archipelagos: Urban industrial fabrics, fragmented in small-scale (S) units (because of their structural typology, concrete area, specificity), spread across a shared territory and with diverse connections to one another. This kind of example is found in an un-zoned proto-industrial city where housing and industry coexisted.

2. Fabrics: Large-scale (XL) industrial fabrics, forming a repetitive urban structure following one or more patterns. The typical case in this category is the industrial estate, a segregated urban model that excludes housing and almost the rest of common facility and tertiary-sector programmes.

3. Assemblages: Medium to large (M/L) industrial organisms whose structural and constructive genetics allow their growth-shrinkage-adaptation to other contours —even their combination with other related organisms—, their densification, and their reprogramming. The model in this case is that of singular industrial architecture, from the canonical models of the early twentieth century to the architectures of the industrial spirit during the 60s, 70s, and 80s.

Each chapter is in turn composed of a series of sections:

a. Framing (contexts): Texts that explain and conceptualise the features of each of these three scales. In "Archipelagos" (S), the 'Berreibar' initiative presents the case of an industrial city in the Basque Country, Eibar. In "Fabrics" (XL), first the Urban Planning team in Fuenlabrada (Andrés de las Alas and Alberto López) describe the case of Cobo Calleja Industrial Estate, a paradigm of Spanish developmentalism in the 70s. Secondly, on the same topic, the Hong Kong University researcher Marta Catalán explains the transformation of certain European industrial fabrics from the secondary to the tertiary sector due to the arrival of the logistical activities associated to Chinese commerce. In "Assemblies" (M/L), Diego García-Setién, a CoLaboratorio co-founder with a doctoral thesis titled "Trans architecture: Imagination, invention, and individuation of the architectural technical object. Technology transfer from the transport industry to architectural design (1900–1973)",

arquitectónico. Transferencia tecnológica desde la industria del transporte al proyecto arquitectónico (1900–1973)" conecta conceptos como "ensamblaje, "objeto técnico" e "invención" a través de figuras como Simondon o Buckminster Fuller.

b. Compartiendo (entrevistas): Desarrollado mediante entrevistas que abordan experiencias entre la realidad y la academia en cada uno de los citados tres ámbitos. Dentro de "Archipiélagos" hemos conversado con Momoyo Kaijima (Atelier Bow-Wow), acerca de *'Made in Tokyo'*, una investigación relevante en torno al archipiélago de urbanismos mestizos de la ciudad de Tokio, pero también de otras experiencias docentes y profesionales en las que la capacidad de cambio, reprogramación y generación de ecosistemas son claves e ilustran su manera de entender la arquitectura. Dentro de "Tramas" hemos conversado con Juan Herreros, arquitecto, docente e investigador que se ha aproximado al contexto postindustrial, tanto en sus obras construidas y proyectos, como en las experiencias docentes de su programa *'Correcciones Tipológicas'* que han abordado desde GSAPP Columbia y ETSAM (UPM). En "Ensamblajes" contamos con una conversación a dos bandas en la que han participado Andrés Jaque, director de Office for Political Innovation y profesor director del Master of Science (ADD) en Columbia GSAPP, junto con María Langarita y Víctor Navarro de Langarita-Navarro Arquitectos, dos de las oficinas madrileñas contemporáneas más relevantes, con experiencia en contextos en transformación y con posicionamientos críticos y no convencionales

c. Investigando (teoría): A través de textos de investigación se profundiza en cada una de las categorías exploradas. Dentro de "Archipiélagos" hemos contado con una contribución de Philipp Oswalt, docente en la TU Kassel y autor de la investigación y publicación *'Shrinking Cities'*. Dentro de "Tramas" hemos tenido oportunidad de contar con la transcripción de una conferencia de Cedric Price acerca del proyecto de reactivación del territorio industrial que supuso *'Potteries Thinkbelt'*, cedida por Juan Herreros, así como con un artículo de Klaske Havik, profesora titular e investigadora en TU Delft, que junto a Hans Teerds describen un caso desarrollado en el área industrial portuaria de Amberes. Dentro de "Ensamblajes", Diego García-Setién nos introduce en el mundo de las lógicas de la industria, sus sistemas de componentes y sus tipologías de espacios.

d. Aprendiendo (metodología y producción): Permite conectar las experiencias docentes desarrolladas en CoLaboratorio en cada uno de los tres cursos que acompañan a la estructura de este libro. La propia metodología es descrita por los docentes de CoLaboratorio Gaizka Altuna, Enrique Espinosa y Begoña de Abajo, acompañada de los resultados o hallazgos producidos junto a los alumnos.

Open City es por encima de todo un trabajo colaborativo. Ha sido posible gracias a un convenio desarrollado entre la Universidad Politécnica de Madrid (Fundación General) y el Ayuntamiento de Fuenlabrada (Concejalía de Urbanismo, Infraestructura, Industria y Mayores), pero también a la Universidad de Penn, al trabajo de varios docentes, investigadores-becados, a técnicos municipales, a investigadores urbanos, a decenas de alumnos y a varios invitados que han colaborado específicamente compartiendo artículos o prestándose a entrevistas. Desde CoLaboratorio agradecemos afectuosamente a todas las personas implicadas en este proceso su esfuerzo y generosidad.

connects concepts such as assembly, technical object and invention through personalities such as Simondon or Buckminster Fuller.

b. Sharing (interview): Developed through interviews dealing with experiences between real practice and academia in each of the three areas of interest. In "Archipelagos", we talk to Momoyo Kaijima (Atelier Bow Wow) about *'Made in Tokyo'*, a relevant research project on the archipelago of hybrid urban designs in Tokyo, as well as other lecturing and professional experiences where the ability to change, re-programme, and generate ecosystems are key, helping illustrate her way of understanding architecture. In "Fabrics", we talk to Juan Herreros, an architect, lecturer, and researcher who has worked closely in the post-industrial context, both with built and proposed projects, as well as during the experiences in *'Typological Corrections'*, a programme carried out at GSAPP Columbia and ETSAM. In the context of "Assemblies" we have a multiple conversation: we talk with Andrés Jaque, architect principal of the Office for Political Innovation and professor-director of the Master of Science (ADD) at Columbia GSAPP, together with María Langarita and Víctor Navarro, founders of Langarita-Navarro Arquitectos, two of the most relevant offices in Madrid dealing with contemporary, with experience in contexts in transformation and with critical and unconventional positions.

c. Researching (theory): Academic articles that help us delve deeper into each of the categories explored. In "Archipelagos", we have a contribution from Philipp Oswalt, a lecturer at the TU Kassel and author of the research and publication *'Shrinking Cities'*. In "Fabrics", we had the opportunity to use a transcript —offered by Juan Herreros— from a conference by Cedric Price on *'Potteries Thinkbelt'*, a project for the reactivation of an industrial territory; as well as this, Klaske Havik, professor and researcher at TU Delft, together with Hans Teerds provide a text describing a case developed in the industrial harbour of Antwerp. In "Assemblies", Diego García-Setién introduces us to the world of industry space and logistics, its history, component systems and typologies.

d. Learning (methodology&production): These texts build bridges between the teaching experiences developed in the CoLaboratorio on each of the three courses that make up the structure of this publication. The methodology followed is described by the programme lecturers, Gaizka Altuna, Enrique Espinosa, and Begoña de Abajo, along with the results or findings identified with the students.

Open City is above all a collaborative piece of work. It was been possible thanks to an agreement between the Polytechnic University of Madrid (Fundación General) and Fuenlabrada Council (Concejalía de Urbanismo, Infraestructura, Industria y Mayores), but also thanks to Penn University, to the work of a number of lecturers, funded researchers, council technicians, urban researchers, dozens of students, and a number of guests who have contributed by sharing articles and offering interviews. Here at CoLaboratorio, we would like to give a warm thank you to the people involved in this process for their efforts and generosity.

Ciudades Postindustriales. Una Introducción

Almudena Ribot, Enrique Espinosa, Diego García-Setién, Begoña de Abajo y Gaizka Altuna

Marginal en la enseñanza de proyectos arquitectónicos, la ciudad industrial se presenta como un contexto de gran potencial por su resiliencia y capacidad de adaptación a los cambios propios de la era postindustrial. La sociedad occidental es testigo de la transformación de la ciudad industrial bajo nuevas condiciones económicas, laborales o medioambientales y bajo los efectos de la globalización. Deslocalización, crisis o terciarización son distintas facetas de procesos de cambio, donde la mezcla de usos, la logística, la investigación, las nuevas tecnologías, o la movilidad sostenible, emergen como nuevas lógicas a considerar respecto al futuro de nuestras ciudades.

Esta publicación presenta una serie de experiencias docentes que se preguntan por el futuro de la ciudad, trabajando en diferentes contextos como la ciudad industrial de finales del siglo XIX (Eibar), los complejos industriales de inicios del siglo XX (Detroit) o los polígonos especializados de mediados de siglo XX (Badalona, Cobo Calleja). Esta investigación, desarrollada durante tres años, plantea explorar el potencial de estos tejidos como soporte de una ciudad compacta, mixta y compleja. En ella, el patrimonio y la ciudad industrial se han situado en el centro del proceso de aprendizaje disciplinar del proyecto de arquitectura, demostrando su potencial para repensar el futuro de la ciudad postindustrial. A esta experiencia docente se ha sumado una recopilación de reflexiones, textos y entrevistas que permiten ampliar la investigación para convertirla en una conversación relevante y global.

La sociedad postindustrial

La sociedad postindustrial es un concepto, acuñado a inicio de los años 70 por los sociólogos Alain Touraine y Daniel Bell,[01] que desvela un punto de inflexión económico y social a nivel mundial en cuanto a la presencia del sector industrial en las ciudades de la cultura occidental. Las ciudades industriales europeas y norteamericanas, que desde mitad del siglo XVIII habían situado en el sector secundario el centro de gravedad de su hegemonía, experimentan desde mitad de siglo XX un cambio de modelo que favorece la emergencia del sector servicios y que especialmente desde los años 70 comporta, según John Urry,[02] seis cambios de paradigma que explican cambios urbanos capitales, y que son:

1. Un hiperdesarrollo de lo tecnológico con la consiguiente reducción de empleo en el sector secundario y el aumento del empleo en la provisión de servicios; 2. Un importante incremento en la demanda de servicios; 3. La emergencia de una sociedad donde la producción, distribución y el control del conocimiento es central; 4. Una mayor regulación gubernamental de la empresa en el marco de una sociedad mucho más gestionada en términos sociales; 5. El desarrollo de lógicas y competencias

01 Touraine, Alain (1971). *The Post-Industrial Society. Tomorrow's Social History: Classes, Conflicts and Culture in the Programmed Society. New York*: Random House; y Bell, Daniel (1973). The Coming of the Post-Industrial Age: A Venture in Social Forecasting. London: Heinemann.

02 Urry, John (1995). *Consuming Places*. London/New York: Routledge, pp. 113–114.

Post-Industrial Cities. An Introduction

Almudena Ribot, Enrique Espinosa, Diego García-Setién, Begoña de Abajo and Gaizka Altuna

Marginal when teaching architectural design, the industrial city represents a context with massive potential given its resilience and capacity of adaptation to the changes typical of the post-industrial era. Western society is witness to the transformation of the industrial city under new economic, working, or environmental conditions, as well as being affected by globalisation. Delocalisation, crises, or the service economy are different facets of these processes of change, where the mix of uses, logistics, research, new technologies, or sustainable mobility emerge as new logics to consider when thinking about the future of our cities.

This publication presents a series of teaching experiences that inquire into the future of the city, working in different contexts such as the industrial city from the end of the nineteenth century (Eibar), the industrial complexes from the beginning of the twentieth (Detroit), or the specialised estates from mid-twentieth century (Badalona or Cobo Calleja). This investigation, developed over the course of three years, aims to explore the potential of these urban fabrics as the framework for a compact, mixed, complex city. The project has placed heritage and the industrial city at the centre of the learning processes involved in the field of architectural design, revealing its potential in helping rethink the future of the post-industrial city. As well as these teaching experiences, a series of texts, reflections, and interviews are brought together to widen the scope of the investigation, making it a relevant and global conversation.

The Post-Industrial Society

The post-industrial society is a term coined at the beginning of the 70s by the sociologists Alain Touraine and Daniel Bell[01]. It signals a global economic and social turning point regarding the presence of the industrial sector in cities across the West. Industrial cities in Europe and North America, which from mid-eighteenth century had found their hegemonic centre of gravity around the secondary sector, experienced a change of model from mid-twentieth century that favoured the emergence of the service sector. According to John Urry,[02] from the 70s in particular, this resulted in six paradigm changes that explain cardinal urban changes:

1. A hyper-development of technology with the following fall in employment in manufacturing industries and increasing employment in service provision; 2. An important increase in the demand for services; 3. The emergence of a society where the production, distribution, and control of knowledge is central; 4. The increased regulation of private businesses within a much more socially planned society; 5. The development of technocratic logics and power in place of social

01 Touraine, Alain (1971). *The Post-Industrial Society. Tomorrow's Social History: Classes, Conflicts and Culture in the Programmed Society.* New York: Random House; and Bell, Daniel (1973). The Coming of the Post-Industrial Age: A Venture in Social Forecasting. London: Heinemann.

02 Urry, John (1995). *Consuming Places*. London/New York: Routledge. pp. 113–114.

tecnocráticas frente a la estratificación social basada en origen, propiedad y herencia familiar; 6. Nuevas clases sociales de acuerdo a lógicas tecnocráticas.

Estas premoniciones o primeros estudios, desde la sociología de la condición postindustrial, fueron superados y acentuados por la propia realidad postcapitalista globalizada y ligada a la emergencia de internet. Estas nuevas realidades han acelerado la deslocalización de los procesos industriales y la crisis de los espacios de la industria en los países occidentales. Es fundamental, por tanto, considerar cómo ciertos cambios económicos y sociales tienen una repercusión radical en la configuración de las ciudades postindustriales europeas y norteamericanas. Regiones como el Rust Belt americano con epicentro en Detroit, el eje Liverpool-Manchester en Reino Unido, las regiones industriales de la antigua República Democrática Alemana o de la cuenca del Rühr, o lugares más cercanos como las áreas industriales de las periferias de Barcelona (Badalona, Zona Franca...), Madrid (zona Sur, Cobo Calleja) o País Vasco (Eibar, Bilbao) ejemplifican contextos donde estas condiciones han obligado a transformaciones desiguales y diversas de desmantelamiento del patrimonio industrial, encogimiento, reprogramación o simplemente colapso.

En definitiva, los tejidos de las ciudades postindustriales, que fueron en su momento pensados desde lógicas industriales, son un patrimonio urbano en crisis; representan tanto una controversia y objeto de debate disciplinar como una oportunidad profesional y académica de reflexión y acción. Nuestra mirada analítica desvela que algunos de los rasgos de la arquitectura industrial (sistematicidad, modularidad, dimensiones, escala, etc.) aseguran en ella cierta resiliencia y capacidad de cambio; estas condiciones permiten pensar con optimismo. Podemos considerar dichas tipologías o tejidos como semilla de nuevos espacios y nueva ciudad contemporánea.

CoLaboratorio y la ciudad postindustrial

Aunque los intereses de CoLaboratorio giren en torno al proceso de industrialización de la arquitectura, nuestro interés por los entornos industriales o postindustriales como ámbito de trabajo en el aula o taller de proyectos arquitectónicos es relativamente reciente y nos ocupa sólo desde hace 3 cursos. ¿Por qué creemos que trabajar en estos entornos postindustriales es relevante tanto para el ejercicio disciplinar como para su docencia hoy? Destacan dos cuestiones fundamentales, referidas a dos escalas de actuación: la urbana y la edificatoria.

A escala urbana, los entornos postindustriales tienen unas características particulares: son fácilmente identificables como tejidos diferentes del resto de la ciudad; son espacios bien organizados y con una pauta y métrica propias. En los polígonos más acotados, como sucede en el polígono industrial de Cobo Calleja, su desemejanza es clara. En casos más desdibujados como Eibar, donde la industria se integra en la ciudad, los edificios industriales siguen siendo fácilmente identificables. Aunque habitualmente puedan parecer muy autónomos e incluso aislados, mantienen una fuerte relación de interdependencia con la ciudad: los suelos industriales suelen estar bien conectados mediante infraestructuras, con las ciudades cercanas, con el aeropuerto y por extensión, con el resto del mundo. Las buenas conexiones de estos enclaves postindustriales nos permiten trabajar desde hipotéticas y posibles extensiones de la ciudad consolidada.

stratification based on birth, property, and family background; 6. New social classes according to technocratic logics.

These premonitions or first studies, from the sociology of the post-industrial condition, were exceeded and accentuated by the actual globalised post-capitalist reality, linked to the emergence of the Internet. These new realities have accelerated the delocalisation of industrial processes and the crisis of industrial spaces in Western countries. For these reasons, it is fundamental to consider the radical impact certain economic and social changes have on the configuration of post-industrial cities in Europe and North America. Regions such as the Rust Belt with its centre in Detroit, the Liverpool–Manchester axis in the UK, the industrial regions in the former German Democratic Republic or the Ruhr region, or closer locations such as the industrial areas on the outskirts of Barcelona (Badalona, Zona Franca...), Madrid (zona Sur, Cobo Calleja), or in the Basque Country (Eibar, Bilbao) are examples of contexts where these conditions have driven different and diverse transformations in the dismantling of the industrial heritage, its shrinking, reprogramming, or outright collapse.

Ultimately, the fabrics of post-industrial cities, which in their time were conceived from industrial mindsets, are an urban heritage in crisis; they are a controversy and object of debate in the field as well as an professional and academic opportunity for reflection and action. Our analytical perspective reveals that some of the features of industrial architecture (systematic, modular, size, scale, etc.) provide it with certain resilience and capacity for change; these conditions are reasons for an optimistic outlook. These typologies or urban fabrics can be understood as the seeds of new spaces and a new contemporary city.

CoLaboratorio and the Post-Industrial City

Although the interests of CoLaboratorio revolve around the process of architectural industrialisation, our interest in industrial or post-industrial environments as a working area for the architecture classroom or studio is relatively recent, having only been explored over the last three courses. Why do we believe that working in these settings is relevant to both professional and teaching practice today? Two crucial aspects stand out, associated to two scales of intervention: the urban and the building.

On an urban scale, post-industrial areas have specific features: they are easily identified as a different urban fabric from the rest of the city; they are well-organised spaces with their own patterns and metrics. In the more defined parks, such as that of the Cobo Calleja Industrial Estate, their distinctness is clear. In less clearly delimited cases, such as Eibar, where the industry is integrated in the city, industrial buildings are still easily identified. Although they often appear to be quite autonomous and even isolated, they maintain strong relationships of interdependence with the city: industrial land often enjoys good infrastructure links to nearby cities, airports, and by extension, to the rest of the world. The good connections found in these post-industrial enclaves allow us to work from hypothetical and potential extensions of the consolidated city. To this purpose, it is essential to think about their

Para ello es necesario pensar en su redensificación, en la implementación de nuevos y diversos usos y en general, en los parámetros que definen la ciudad contemporánea y sostenible.[03] Su carácter diferente nos permite trabajar con los tejidos industriales como sistemas espaciales de cierta complejidad y unidad, facilitando el trabajo de los alumnos, a la hora de 'aislar' el proyecto que desarrollan sin que resulte artificioso. Distribuir un tejido industrial en lotes homólogos, donde cada uno sintetiza la genética del sistema general, nos abre la posibilidad de plantear propuestas urbanas exploratorias y singulares, llegando incluso a considerar su autosuficiencia energética. También nos permite trabajar de manera colaborativa y que los lotes configuren un gran todo al final del proceso.

A escala edificatoria, los entornos postindustriales han supuesto un auténtico descubrimiento. Nos hemos encontrado con construcciones de carácter genérico, con repetición y variación, con crujías seriadas de luces amplias, edificios versátiles que han demostrado gran capacidad de reutilización. Trabajar con edificios industriales nos permite también releer lo construido por los ingenieros y aprender de la razón y la lógica económica, eficiente y funcional, posponiendo la preocupación habitual por la apariencia de las cosas. Esta resulta ser una muy buena lección para los futuros arquitectos e invita a proyectar más sistemáticamente, a construir organizaciones más resilientes, que sean extrapolables a otras situaciones. Estas preexistencias nos han permitido entroncar con nuestra investigación en Open Building,[04] definiendo además varias estrategias proyectuales, muy útiles para los estudiantes (acupuntura, superestructura, ocupación, intersticios, etc). Es sencillo imaginar estas construcciones despojadas de algunos de sus subsistemas más eventuales —particiones, fachadas, revestimientos— manteniendo sin embargo sus estructuras portante y organizativa. Es sencillo pensarlas como soportes susceptibles de ser equipadas con nuevos elementos de comunicación y nuevos equipos de instalaciones, según sea la puesta en carga de distintos programas actuales. Una vez 'reinfraestructuradas', estas estructuras podrían volver a ser ocupadas con diferentes sistemas de 'relleno' (infill) sin alterarlas en lo esencial, en su organización. Este ejercicio enseña a los alumnos a distinguir y separar lo necesario de lo contingente. Discriminar entre las diferentes categorías del proyecto e identificar la trascendencia de cada una de las decisiones permite operar con gran libertad en una fase del proyecto, sin afectar a las demás de modo determinante. Promueve por tanto una arquitectura futura más reversible y sostenible. Por último, el trabajo con estas edificaciones industriales, acepta y pone en valor la reutilización de preexistencias que evita construcciones innecesarias, tal y como recomienda el Programa de Investigación Europeo H2020, que proyecta nuestro futuro inmediato.

Dentro de este marco, Open City supone una oportunidad para trascender la idea de ciudad postindustrial más allá de su condición de patrimonio físico y de sus lógicas actuales. Permite indagar y proponer otras líneas de fuga, otros léxicos con las que pensar futuros abiertos y resilientes en nuestras ciudades en continua transformación.

03 Rueda, Salvador. (2009). *El urbanismo ecológico, un nuevo modelo de urbanismo para abordar los retos de la sociedad*. Revista Digital Universitaria, 7: 1–34.

04 Ribot Manzano, Almudena; Ignacio Borrego Gómez-Pallete; Javier García-Germán Trujeda; Diego García-Setién Terol (2017). *Open Building 2.0. Repensando la edificación abierta.* Colab-Madrid/Colab-Berlín

redensification, implementing new and diverse uses, and in general, the parameters that define a contemporary sustainable city.[03] Their distinct character lets us work with the industrial fabrics as spatial systems of certain complexity and cohesion, easing the students' work when 'isolating' the project being developed without it being overly contrived. Parcelling an industrial fabric into equivalent lots, where each one synthesises the genetics of the general system, opens up the possibility of proposing exploratory and unique urban designs, even to the point of considering their energetic self-sufficiency. It also allows us to work collaboratively, with the lots shaping a larger whole at the end of the process.

At the building scale, post-industrial settings have been a real discovery. We have found constructions of a generic nature, that use repetition and variation, with wide bays in series; versatile buildings that have shown to have a great capacity to be reused. Working with industrial buildings also allows us to reinterpret what has been built by engineers and learn about economic logics, efficient and functional, suspending the usual concern for the appearance of things. This happens to be an excellent lesson for future architects and is an invitation to design more systematically, to build more resilient organisations that are transferable to other contexts. These pre-existing objects have allowed us to bring in our previous research developed in Open Building,[04] and define various design strategies that are highly useful for students (acupuncture, superstructure, occupation, interstices, etc.). It is easy to imagine these buildings stripped of some of their more temporary subsystems —partitions, façades, claddings— while maintaining their bearing and organisational structures. It is easy to reimagine them as supports able to be fitted out with new communication elements and installations, depending on what the current programmes may need. Once they have been 're-infrastructured', these structures could be re-occupied with different 'infills' without altering their essence, their organisation. This exercise allows students to learn to distinguish and separate what is necessary and what is contingent. Discriminating between the project's different categories and identifying the significance of each of the decisions makes it possible to operate with great freedom at each stage of the project without necessarily determining the rest of them. Thus, it promotes a more reversible and sustainable architecture for the future. Lastly, working with these industrial buildings accepts and places value on the reuse of what already exists, avoiding unnecessary construction, as recommended by the H2020 EU Research and Innovation programme.

Within this framework, *Open City* represents an opportunity to transcend the idea of a post-industrial city beyond its condition of physical heritage and its current logics. It allows us to investigate and propose other lines of escape, other lexicons with which to think open and resilient futures for our cities in continuous transformation.

03 Rueda, Salvador. (2009). *El urbanismo ecológico, un nuevo modelo de urbanismo para abordar los retos de la sociedad*. Revista Digital Universitaria, 7: 1–34.

04 Ribot Manzano, Almudena; Ignacio Borrego Gómez-Pallete; Javier García-Germán Trujeda; Diego García-Setién Terol (2017). *Open Building 2.0. Repensando la edificación abierta*. Colab-Madrid/Colab-Berlín

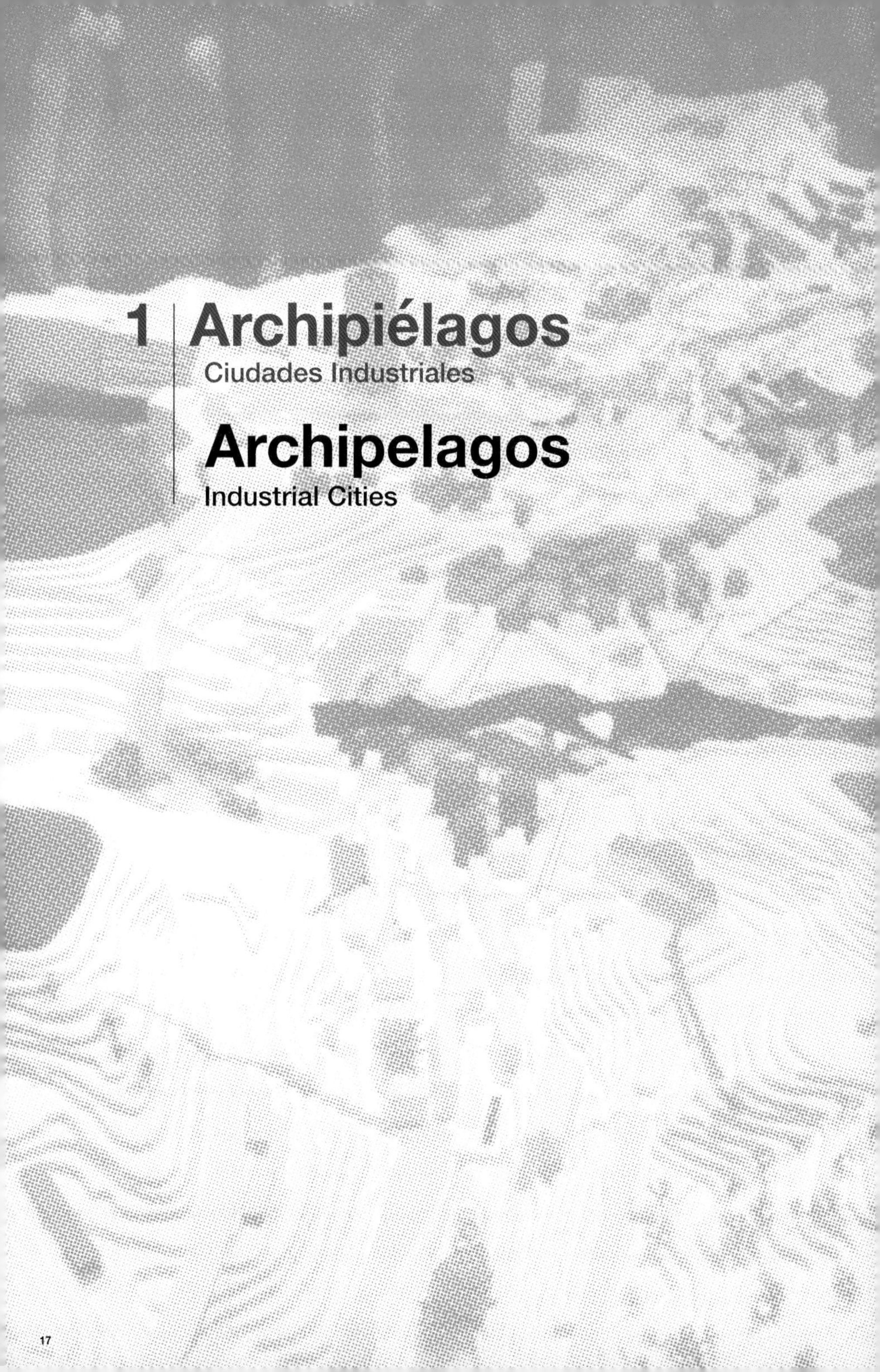

1 Archipiélagos
Ciudades Industriales

Archipelagos
Industrial Cities

Eibar: vida y muerte de un distrito industrial

Ezequiel Collantes Garbella, Itsaso Goñi Martínez
e Ibone Arreche Eriz | Hirikiten Elkartea

La implantación de la Real Fábrica de Armas en la localidad vecina de Soraluze, hizo que a partir del siglo XVI se generaran abundantes focos productivos en toda la comarca del Bajo Deba. Eibar, capital de esta comarca, no sería una excepción, y a partir del siglo XVII comenzó a albergar talleres de producción de armas que se confundían con los edificios de vivienda. Con el paso del tiempo, fue surgiendo en la comarca una red de pequeños productores de armas organizados en gremios, que abastecían a la Real Fábrica, que paulatinamente se había convertido en intermediaria.

A mediados del siglo XIX, los talleres armeros de Eibar dejaron de producir para la decadente Real Fábrica de Armas y comenzaron a hacerlo en el mercado civil. Además de multitud de pequeños talleres, se fueron creando medianas empresas que llegarían a ser muy importantes como: Orbea Hermanos (1840); Garate, Anitua y Cía. (G.A.C.) (1860); Anitua y Charola (1883); o Sarasqueta, Cortabarría y Cía. (1899)[01]. Mediante la creación de todas estas pequeñas y medianas empresas, Eibar se fue convirtiendo en un distrito industrial. A diferencia del paradigma de la gran empresa fordista, en Eibar "las pequeñas y medianas empresas, empleando trabajadores especializados y maquinaria versátil, podían competir con las grandes empresas al menos en productos que no se prestasen a largas series de producción"[02] Las empresas que componían el distrito industrial de Eibar a finales del siglo XIX "no están [estaban] agrupadas de forma accidental, sino que cada una de ellas está [estaba] especializada en una sola fase, o en unas pocas, de los procesos de producción característicos del distrito" La gran concentración geográfica, la creación de un mercado de trabajo especializado, la cooperación entre las fuerzas sociales y económicas, la movilidad de los trabajos, la adaptabilidad organizativa y tecnológica, y la especialización por fases de producción hicieron que el distrito industrial de Eibar pudiera competir con grandes empresas de armas de otros países del mundo.

Avances tecnológicos como la instalación de una estación de telégrafo, la construcción del ferrocarril y sobre todo la introducción de la electricidad, que permitió superar las limitaciones productivas que hasta entonces había impuesto la energía hidráulica, dieron el espaldarazo definitivo al despegue de la industria armera de Eibar. Sin duda alguna, la red social colaborativa generada en Eibar a partir de estos años fue determinante en su gran desarrollo industrial y también en la capacidad resiliente de la villa para hacer frente a las catástrofes que vendrían en décadas posteriores, entre las cuales la Guerra Civil fue sin duda la peor[03]. Esta red colaborativa no sólo fue válida para agrupar las pequeñas y medianas empresas y hacer así frente a los grandes pedidos de armas de fuego ligeras, si no que dio pie a una dinámica asociacionista en ámbitos como el laboral, la cultura, el deporte o la política, que llega aún hasta nuestros días.

01 Catalán, J. La madurez de una economía industrial,1936–1999. En J. L. de la Granja Sainz, J. P. Fusi Aizpurúa, y S. de Pablo, Historia del País Vasco y Navarra en el siglo XX (pp. 197–223). Madrid 2002. Biblioteca Nueva.

02 Goñi, I. (2010). Eibar y la industria armera: evidencias de un distrito industrial. Investigaciones de Historia Económica, 6, p.104

03 Goñi, Itsaso. (2015). Estrías, intersecciones y bagaje de asentamientos resilientes. El caso de Eibar (Guipúzcoa). Territorios en Formación, 0 (9), 43–57.

Eibar: life and death of an industrial district

Ezequiel Collantes Garbella, Itsaso Goñi Martínez
e Ibone Arreche Eriz | Hirikiten Elkartea

When the Real Fábrica de Armas [Royal Arms Factory] was established in the neighbouring town of Soraluze, a large number of productive centres emerged throughout the region of Bajo Deba. Eibar, the region's capital, would be no exception and, from the seventeenth century, it was home to arms manufacturing workshops hidden amongst its housing. As time passed, the region saw the consolidation of a network of small arms producers organised in guilds and supplying the Real Fábrica de Armas, which had gradually become an intermediary.

Mid-nineteenth century, the arms workshops in Eibar stopped supplying the slumping Real Fábrica de Armas and opened up to the civilian market. As well as many small workshops, other medium enterprises gradually established and would become key players, such as Orbea Hermanos (1840); Garate, Anitua y Cía. (G.A.C.) (1860); Anitua y Charola (1883); or Sarasqueta, Cortabarría y Cía. (1899).[01] The establishment of all these small and medium enterprises (SMEs) turned Eibar into an industrial district. As opposed to the paradigm of the great Fordist business model, in Eibar "the SMEs, using specialised workers and versatile machinery, were able to compete with large companies, at least in products that did not lend themselves to long production series".[02] The businesses that formed Eibar's industrial district at the end of the nineteenth century "are [were] not grouped accidentally, but rather each of them is [was] specialised in one particular phase, or a few, of the production processes typical in the district". The large geographic concentration, the creation of a specialised labour market, the cooperation between social and economic forces, labour mobility, organisational and technological adaptability, and the specialisation into production phases enabled Eibar's industrial district to compete with large arms companies from around the world.

Technological advances like the setting up of a telegraph station, the construction of the railroad, and especially the introduction of electricity —which made it possible to overcome the productive limitations of hydropower— were the final boost the arms industry in Eibar needed to take off. Without a doubt, the collaborative social network established in Eibar over these years was a crucial factor for its great industrial development, and also in the town's resilience when facing the catastrophic events that would come over the following decades, of which the Spanish Civil War was unquestionably the worst. [03] This collaborative network was not only useful in grouping SMEs and enabling them to take on large-scale orders of light weaponry, but it also gave rise to association-based dynamics in jobs, culture, sports, or politics, the effects of which are still present today.

01 Catalán, J. *La madurez de una economía industrial,1936–1999*. En J. L. de la Granja Sainz, J. P. Fusi Aizpurúa, y S. de Pablo, *Historia del País Vasco y Navarra en el siglo XX* (pp. 197–223). Madrid 2002. Biblioteca Nueva.

02 Goñi, I. (2010). *Eibar y la industria armera: evidencias de un distrito industrial*. Investigaciones de Hª Económica, 6, p.104

03 Goñi, Itsaso. (2015). *Estrías, intersecciones y bagaje de asentamientos resilientes. El caso de Eibar* (Guipúzcoa). Territorios en Formación, 0 (9), 43–57.

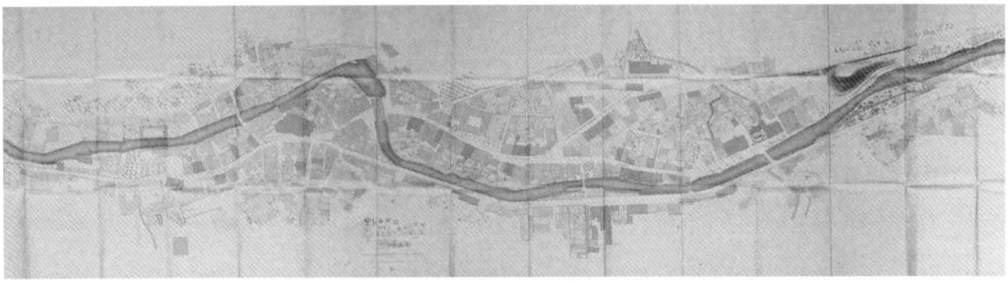

Figura 1: Plano de Eibar en 1903, el cual indica en azul los edificios industriales de cierta importancia y los edificios púbicos, en rojo los talleres armeros (Fuente: Archivo Municipal de Eibar). **Image 1: Eibar plan in 1903; with industrial buildings of certain importance and public buildings in light grey and arms manufacturing workshops in dark grey (Source: Eibar Municipality Archives).**

Desarrollo industrial, urbano y arquitectónico

El desarrollo productivo generó diferentes tipos de industrias: pequeños entresuelos con unos pocos operarios, talleres de mayor categoría que contaban con 20/30 obreros, y grandes talleres con varios pisos. Dada la estrechez del valle, estos talleres fueron compartiendo espacio con las viviendas, siendo muy común el uso mixto en un mismo edificio. Los edificios industriales junto a las viviendas contribuyeron a conformar el núcleo urbano de Eibar, dinámica que se mantendrá hasta principios de la década de 1950. A diferencia de otras localidades de Gipuzkoa, los talleres de Eibar tenían un carácter urbano. La mayoría de empresas adoptaron el edificio de pisos por dos razones fundamentales: la escasez de terreno llano y la posibilidad de crecer en altura. Los talleres se construían en las huertas o parcelas de sus propietarios y en general eran estrechos y alargados, con dos o tres plantas con estructura de madera[04]. La planta baja albergaba la maquinaria accionada por fuerza hidráulica y las superiores el espacio para el trabajo minucioso de los armeros, los cuales se situaban a lo largo de los grandes ventanales.

El uso del hormigón estructural se extendió con considerable rapidez por toda la región en las primeras décadas del siglo XX[05]. Durante la década de 1920, tanto los edificios industriales como los residenciales fueron adoptando de forma regular el uso del nuevo material. Las arquitecturas propuestas por autores como Ramón Cortázar o Urbano de Manchobas, anunciaban algunos de los rasgos del nuevo lenguaje: planta diáfana, estructura porticada de hormigón armado, cubiertas planas, grandes ventanales, etc. Estos prototipos industriales se convirtieron en modelos literales para la arquitectura moderna eibarresa de las décadas posteriores.

La Guerra Civil supuso un contratiempo importante en el desarrollo industrial de Eibar. Por una parte, la villa fue sometida a devastadores bombardeos, y por otra, las empresas puestas en marcha en la preguerra tuvieron que aplazar sus planes de crecimiento y diversificación hasta los años de autarquía económica de la dictadura franquista. Un gran número de pequeñas y medianas iniciativas se vieron favorecidas por la coyuntura de la II Guerra Mundial y la ausencia de competencia exterior [06]. Muchas empresas armeras aprovecharon este impulso favorable para continuar el proceso de diversificación iniciado

04 Apraiz, A., y Martínez, A. (2008). Arquitectura Industrial en Gipuzkoa. Donostia-San Sebastián: Diputación Foral de Gipuzkoa.

05 Rosell, J., y Cárcamo Martínez, J. (1994). La fábrica Ceres de Bilbao: los orígenes del hormigón armado y su introducción en Bizkaia. Bilbao: Bizkaiko Aparailari eta Arkitekto Teknikoen Elkargo Ofiziala.

06 Catalán, J. (2002). Ibid.

Figura 2: Panorámica de Eibar de 1910. (Fuente: Archivo Municipal de Eibar). **Image 2: Panoramic view of Eibar in 1910, (Source: Eibar Municipality Archives).**

Figura 3: interior del taller armero Bittor Sarasketa (Fuente: Euskomedia). **Image 3: Interior of the arms workshop Bittor Sarasketa (Source: Euskomedia).**

Industrial, urban, and architectural development

This productive development generated different kinds of industries: small mezzanine spaces with a few workers, larger workshops with 20-30 workers, and large-scale plants with a number of floors. Given the narrowness of the valley, these industries began sharing space with housing, being very common for there to be mixed use of same building. The industrial buildings next to housing contributed to shaping the urban nucleus of Eibar, a dynamic which will remain until the beginning of the 1950s. In contrast to other towns in Gipuzkoa, the workshops in Eibar had an urban character. Most enterprises began using multi-story buildings for two main reasons: the lack of flat grounds and the possibility of growing in height.The workshops were built on allotments or plots belonging to their owners and were generally narrow and long, two or three stories high, built in timber structure.[04] The ground floor housed hydropower machinery while the upper floors held the spaces for the more precise and meticulous weapon assembly work, positioned along the large windows.

The use of structural concrete spread with considerable speed throughout the whole region during the first decades of the twentieth century. [05] During the 1920s, both industrial and residential buildings gradually adopted the use of this new material. The kind of architecture proposed by authors such as Ramón Cortázar or Urbano de Manchobas heralded some of the features of this new language: open plan, reinforced concrete frame structures, flat roofs, large windows, etc. These industrial prototypes became literal models for the modern architecture in Eibar over the following decades.

The Spanish Civil War was an important setback for Eibar's industrial development. On one hand, the town suffered devastating bombings and, on the other, businesses established in the pre-war period had to delay their growth and diversification plans until the years of economic autarky during the Franco dictatorship. A large number of SMEs benefitted from the situation during the Second World War and the lack of foreign competition[06]. Many arms manufacturers took

04 Apraiz, A., y Martínez, A. (2008). *Arquitectura Industrial en Gipuzkoa*. Donostia-San Sebastián: Dip. Foral de Gipuzkoa.

05 Rosell, J., y Cárcamo Martínez, J. (1994). *La fábrica Ceres de Bilbao: los orígenes del hormigón armado y su introducción en Bizkaia.* Bilbao: Bizkaiko Aparailari eta Arkitekto Teknikoen Elkargo Ofiziala.

06 Catalán, J. (2002). Ibid.

Figura 4: vista panorámica de Eibar anterior a la Guerra Civil (Fuente: Archivo Municipal de Eibar).
Image 4: Panoramic view of Eibar before the Spanish Civil War (Source: Eibar Municipality Archives).

Figura 5: vista de Eibar tras la Guerra Civil (Fuente: Archivo Municipal de Eibar).
Image 5: Eibar after the Spanish Civil War (Source: Eibar Municipality Archives).

antes de la Guerra Civil hacia otros productos como las bicicletas (Orbea, G.A.C., B.H.), máquinas de coser (Alfa) o electrodomésticos (Solac), entre otros[07].

Tras la Guerra, la villa entró en el programa de Ciudades Devastadas. Eibar fue reconstruida mediante sucesivos proyectos de urbanización y reconstrucción, que mostraban muchas de las directrices del futuro Plan General de Hermenegildo Bracons (1961) (A.M.E.). La decisión más significativa fue la de zonificar la trama urbana, separando las zonas habitacionales de las productivas, cuestión que contradecía la evolución natural que la villa había tenido hasta entonces.

Entre las décadas de 1930 y 1960, Eibar fue acogiendo un gran número de edificios industriales del Movimiento Moderno[08]. En las décadas de 1930 y 1940 se construyeron edificios significativos como Pablo Soroa (1938), Aguirre y Aranzabal (1939), Gabilondo (1939), Aurrera (1940) o el taller de Gaspar Arizaga (1946), todos ellos del arquitecto Raimundo Alberdi. Más tarde, los arquitectos Joaquín Domínguez y Ramón Martiarena diseñaron algunos de los edificios más representativos e icónicos de la década de 1950, como el edificio Lambretta (1953-1956) y las nuevas instalaciones para Alfa (1956) del primero, y la ampliación de Beistegui Hermanos (1951), Cadenas Iris (1955-1957), Larrañaga y Elorza (1956) y Pampo (1957) del segundo.

Durante esta etapa de desarrollismo, Eibar registró tasas máximas de crecimiento económico que repercutió en su crecimiento demográfico. En 1960 Eibar contaba con 31,370 habitantes y en 1979 con 39,530. Este fuerte crecimiento demográfico fue causado por una fuerte migración de jóvenes provenientes de diversas zonas de España como mano de obra. El crecimiento urbano de Eibar fue excesivamente rápido y ciertamente caótico a pesar de la existencia de planeamientos. El proceso de expulsión de las áreas productivas hacia los suburbios se consolidó en estas décadas, por lo que el espacio residencial y el productivo fue dividiéndose definitivamente.

Muerte del distrito industrial

La llegada de la crisis de los 70 coincidió con la muerte del dictador Franco, dándose inicio a una década de gran recesión económica. El carácter netamente industrial de la crisis hizo que la intensidad de la depresión en Eibar fuera mayor. La grave crisis industrial,

07 Catalán, J. (2002). Ibid.

08 Collantes, E. (2015). Permanencias transformadas. Arquitectura industrial del movimiento moderno en Gipuzkoa (1928–1959). Universidad del País Vasco. Donostia-San Sebastián.

Figura 6: taller Orbea Hermanos, finales siglo XIX (Fuente: Archivo Municipal de Eibar). **Image 6: Workshop Orbea Bros, at the end of the nineteenth century (Source: Eibar Municipality Archives).**

Figura 7: talleres Alfa, 1920 (Fuente: Archivo Municipal de Eibar). **Image 7: Alfa factory, 1920 (Source: Eibar Municipality Archives).**

advantage of this boost to continue the diversification strategies initiated prior to the Spanish Civil War, moving towards other products such as bicycles (Orbea, G.A.C., B.H.), sewing machines (Alfa), or white goods (Solac), among others.[07]

After the Civil War, the town was included in the programme for destroyed cities (Ciudades Devastadas). Eibar was rebuilt through successive urbanisation and rebuilding projects, exemplifying many of the guidelines of the future Master Plan by Hermenegildo Bracons (1961) (A.M.E.). The decision of most consequence was to zone the urban fabric, separating housing areas from productive ones, something that went directly against the natural development the town had undergone to that date.

Between the 1930s and the 1960s, Eibar became the setting for a great number of industrial buildings from the Modern Movement.[08] During the 30s and 40s, important buildings were erected, such as Pablo Soroa (1938), Aguirre and Aranzabal (1939), Gabilondo (1939), Aurrera (1940), or the Gaspar Arizaga workshop (1946), all of them by the architect Raimundo Alberdi. Later on, the architects Joaquín Domínguez and Ramón Martiarena designed some of the most representative and iconic buildings of the 1950s, such as the Lambretta building (1953–1956) and the new facilities for Alfa (1956) by the former, and the extension of Beistegui Hermanos (1951), Cadenas Iris (1955–1957), Larrañaga and Elorza (1956), and Pampo (1957) by the latter.

During this period of developmentalism, Eibar registered record economic growth that led to its demographic surge. In 1960, Eibar had 31,370 inhabitants and in 1979 it had grown to 39,530. This important growth was mainly due to a significant influx of young migrants from different areas of Spain as labour. The urban growth of Eibar was excessively rapid and admittedly chaotic, despite the existence of master plans. The process of removing industrial activities towards the outskirts was consolidated during these decades, conclusively separating residential and productive spaces.

Death of the industrial district

The crisis of the 1970s coincided with the death of the dictator, Franco, and began a decade of strong economic recession. The distinctly industrial character of the crisis meant that the impact of the crisis in Eibar was even tougher. The serious industrial

07 Catalán, J. (2002). Ibid.

08 Collantes, E. (2015). *Permanencias transformadas. Arquitectura industrial del movimiento moderno en Gipuzkoa* (1928–1959). Universidad del País Vasco. Donostia-San Sebastián.

junto a la imposibilidad de expansión de las industrias debido a la abrupta topografía del valle, supuso el declive de la ciudad como foco industrial.

Los planes para reestructurar la actividad industrial también tuvieron sus efectos en la ordenación del territorio y la planificación urbana. Las nuevas áreas industriales dejaron de tener relación con los núcleos poblacionales implantándose más allá de los suburbios, en zonas hasta entonces rurales. La mezcla de usos, que tradicionalmente se había dado en Eibar, se elimina definitivamente para dar paso a un preocupante monocultivo urbano.

Esta nueva manera de ordenar el territorio supone un empobrecimiento de los lazos relacionales en los núcleos urbanos, tan importantes en el desarrollo económico, social y cultural de Eibar. Paradójicamente, mientras se va colonizando suelo rural de difícil acceso, la trama urbana de Eibar se va llenando de numerosos edificios industriales en desuso. Las reformas de la Ley del Suelo llevadas a cabo en la década de 1990 dieron como resultado un incremento de la construcción de vivienda en la villa, lo cual generó una gran presión inmobiliaria y a su vez el progresivo desmantelamiento de conjuntos industriales históricos como la paradigmática Alfa.

La acumulación de capital generado durante los años de bonanza productiva y la condición de capital comarcal, han hecho que aún hoy día Eibar siga siendo un núcleo importante de la red urbana de Gipuzkoa. A pesar de que la industria siga teniendo cierta importancia en la economía eibarresa, los servicios y el comercio constituyen en la actualidad los sectores más importantes. Desde un punto de vista socio-económico, la villa sufre una tasa de paro y un envejecimiento poblacional superior a la media de Gipuzkoa, siendo considerables respecto a otras zonas de Europa. Las carencias en la oferta sociocultural, junto a los altos precios de la vivienda (tanto de venta como de alquiler), han supuesto una paulatina huida de la población más joven.

Otro problema importante que sufre Eibar en la actualidad, es la dificultad de crecimiento de su trama urbana, ya que su abrupta topografía obliga a realizar desarrollos urbanos en zonas muy escarpadas y de difícil acceso, situadas muchas de ellas en zonas rurales. Paradójicamente, su núcleo urbano está plagado de edificios industriales abandonados. En un estudio elaborado por los autores en el 2007, fueron contabilizados más de 700 espacios industriales en desuso, muchos de los cuales tienen potencial para ser reutilizados. Además de este hecho, el abandono de los espacios públicos y las dificultades

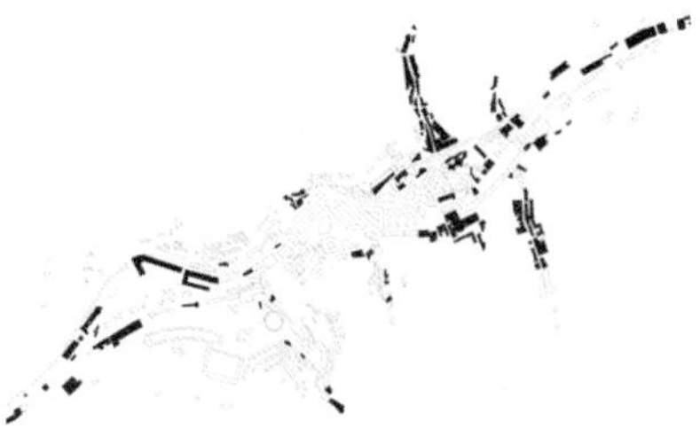

Figura 10: Plano de Eibar 1961, en negro edificios industriales (Fuente: Ezekiel Collantes). **Image 10: Eibar plan in 1961, with industrial buildings in black (Source: Ezekiel Collantes).**

Figura 11: vista panorámica de Eibar en 1972. (Fuente: foto Plazaola). **Image 11: Panoramic view of Eibar in 1972. The bottom of the valley is completely saturated (Source: Plazaola).**

crisis, along with the impossibility of expanding industries due to the rugged topography of the valley, led to the city's decline as an industrial centre.

The plans to restructure industrial activities also had effects on territorial and urban planning. The new industrial areas ceased to have a relationship with the inhabited areas and began to be established beyond the outskirts, in what had been rural areas until then. The mixed uses that had been traditional in Eibar until then gave way once and for all to a worrying urban monoculture.

This new way of organising the territory entailed an impoverishment of the relational ties in urban areas, so important for the economic, social, and cultural development of Eibar. Paradoxically, as rural land of difficult access is gradually colonised, Eibar's urban fabric is slowly covered by many industrial buildings in disuse. The changes made to the Building Code [Ley del Suelo] during the 1990s had the result of increasing the construction of housing in the town, which generated a huge real estate pressure while also the progressive dismantling of historic industrial complexes like the paradigmatic Alfa building.

The accumulation of capital during the years of bounty and the fact that it is a regional capital have meant that Eibar is still an important centre in the urban network of Gipuzkoa. Despite industry still having certain relevance in the local economy, services and commerce are its most important sectors today. From a socio-economic perspective, the town suffers from a higher unemployment rate and a more aging population than the average in Gipuzkoa, considerable when compared to other European areas. The lack of socio-cultural activities along with the high price of housing (both for sale and rent) have caused a gradual loss of younger demographics.

Another important issue Eibar suffers today is the difficulty for its urban fabric to grow, as its jagged topography means urban development has to be carried out in very steep terrain with difficult access, much of which is in rural areas. Again, paradoxically, its urban centre is still full of abandoned industrial buildings. In a study carried out by the authors in 2007, more than 700 industrial spaces in disuse were identified, many of which have the potential to be reused. As well as this, the abandonment of public spaces and accessibility problems due to the challenging terrain currently paint a desolate urban scene in many areas across Eibar.

Figura 12: edificio híbrido productivo-habitacional en semi-abandono en la actualidad (Fuente: J. Ronco).
Image 12: A hybrid productive-housing building in Eibar, in a current state of semi-abandonment.

Figura 13: zona industrial de Matsaria, con numerosos espacios industriales en desuso (Fuente: J. Ronco).
Image 13: Matsaria industrial area, where there are currently a large number of industrial spaces in disuse.

de accesibilidad debido a la difícil topografía dibujan en la actualidad un paisaje urbano desolador en muchas zonas de Eibar.

El futuro de Eibar

Las Directrices de Ordenación del Territorio (DOT) redactadas por el Gobierno Vasco definen a Eibar como centro (o capital) del área funcional del Bajo Deba, sin embargo deja de considerarse un foco importante en lo que se refiere a la industria. El sector servicios viene tomando cada vez mayor relevancia en Eibar, así como la implantación de grandes superficies comerciales, reforzando así su condición de capital comarcal.

Si la actual inercia continúa, parece que el futuro de Eibar estará ligado al sector servicios, teniendo como base las instituciones públicas y privadas de carácter comarcal, el club de fútbol y las grandes superficies comerciales. Sin embargo, es preocupante la falta de planes estratégicos para hacer frente a problemas anteriormente mencionados como el deteriorado estado del parque inmobiliario y el espacio público de muchos barrios de Eibar, las dificultades de accesibilidad, las carencias de tipo sociocultural, la falta de integración de personas inmigrantes, las dificultades de acceso a la vivienda de gente joven, el aumento del desempleo o el envejecimiento de la población, entre otros.

El importante patrimonio cultural dejado por la era industrial es hoy motivo de debate. El patrimonio industrial de Eibar, en proceso de abandono y olvido, podría ser una de las bases donde se apoyen los futuros planes estratégicos de la villa. Experiencias como las desarrolladas en la cuenca del Ruhr (Alemania) o en la región de Silesia (Polonia) podrían dar ciertas claves a la hora de plantear líneas estratégicas futuras. En estas regiones, se viene dando un proceso de reconocimiento de su patrimonio industrial, como dispositivo cultural e identitario, del que parten diversas líneas estratégicas a nivel económico, sociocultural, medioambiental y urbanístico para estructurar la región a futuro.

Algunas experiencias locales, como el proyecto Berreibar-Biharrian, desarrollado por los autores de este texto, pretenden esbozar algunas líneas estratégicas a futuro para Eibar, tomando como base el valioso patrimonio industrial eibarrés. El proyecto parte de dos ideas claras: en primer lugar, existe en la actualidad un gran potencial para el desarrollo de industria menor o nuevas profesiones ligadas al desarrollo industrial del País Vasco. En segundo lugar, Eibar ofrece una gran cantidad de edificios industriales en desuso que tienen la capacidad de acoger nuevos usos. El proyecto trata de generar una política urbana donde la administración, los propietarios de los espacios industriales y los posibles usuarios (emprendedores o empresas en activo) lleguen a un acuerdo de alquiler a largo plazo. De esta manera se persiguen varios objetivos: los espacios industriales en desuso se rehabilitan, la trama urbana vuelve a recuperar actividad y dinamismo, se reactiva la economía local mediante la implantación de pequeñas iniciativas económicas y se le da apoyo a jóvenes emprendedores de la zona. Toda esta experiencia investigadora se materializó en el caso piloto Biharrian, taller reconvertido en un vivero de empresas, en el cual también se desarrollan diversas iniciativas socioculturales de pequeña escala. Esta experiencia, desarrollada con muy pocos medios económicos y un sustento administrativo muy limitado, demuestra que es posible emprender políticas públicas para la regeneración urbana de pequeñas ciudades postindustriales, más allá del marketing urbano y el urbanismo especulativo.

The future of Eibar

The Territorial Planning Guidance [Directrices de Ordenación del Territorio, DOT] drawn up by the Basque Government define Eibar as the centre (or capital) of the Bajo Deba region, yet it is no longer considered an important centre in terms of industry. The service sector is increasingly relevant in Eibar, as well as the establishment of large-scale retail parks, reinforcing its condition of regional capital.

If the current trend continues, it seems that the future of Eibar is linked to the service sector, with a basis in regional public and private institutions, the football club, and large retail complexes. However, it is worrying to see a lack of strategic plans to face the aforementioned problems such as the deterioration of the housing stock and public spaces in many of Eibar's neighbourhoods, accessibility and mobility issues, the lack of sociocultural activities, the lack of integration for immigrants, the difficulty to access housing for young people, the increase in unemployment, or the aging population, among others.

The important cultural heritage left by the industrial era is a topic of debate today. The industrial legacy of Eibar, abandoned and being forgotten, could be one of the bases to sustain the future strategic plans of the town. Experiences such as those developed in the Ruhr region in Germany or Silesia in Poland could give a number of crucial ideas to set out future strategies. In these regions there has been a process of recognition of their industrial heritage as a body of cultural and identity significance from which different strategic vectors emerge on an economic, socio-cultural, environmental, and urban level in order to structure the future of these regions.

A number of local experiences, such as the Berreibar–Biharrian project developed by the authors, aim to outline some of the potential strategic avenues for Eibar's future, using its valuable industrial heritage as a foundation. The project stems from two clear ideas: firstly, today there is huge potential for small-scale industry or new professions in the Basque industrial sector. Secondly, Eibar offers a large number of industrial buildings in disuse that have the capacity to host new uses. The projects look to promote an urban policy where the administration, the owners of industrial spaces, and the potential users (entrepreneurs or active businesses) reach long-term lease agreements. This would target a number of objectives: the rehabilitation of abandoned industrial spaces, reactivating and catalysing the urban fabric, boosting the local economy through small economic enterprises, and supporting young entrepreneurs in the area. All this research experience took physical shape with the pilot project Biharrian, a workshop reconverted into a business incubator that also hosts a number of small-scale socio-cultural initiatives. This experience, carried out on a shoestring budget and with very limited support from the authorities, shows it is possible to initiate public programmes for the urban regeneration of small post-industrial cities beyond urban marketing and speculative urban planning.

Conversación con Momoyo Kaijima (Atelier Bow-Wow)

Diego García-Setién

Diego García-Setién (DGS): Me gustaría tocar tres temas interrelacionados: la ciudad como objeto de vuestras investigaciones y laboratorios de pensamiento arquitectónico, vuestra práctica profesional y vuestra experiencia docente.

A menudo recomendamos *'Made in Tokyo'* a nuestro alumnado al empezar los tallere Les ayuda a entender cómo funciona la complejidad en la ciudad contemporánea y muestra el tipo de situaciones híbridas y las sinergias que se pueden encontrar. Les ayud a relacionar diferentes capas de información que son susceptibles a convertirse en parte del proyecto.

En el libro definís 'Da-Me' como arquitectura anónima que no se diseña con intenciones estéticas sino con un propósito muy práctico, y se encuentra dentro de los límites de lo que se acepta culturalmente como 'buena arquitectura'. ¿Estás de acuerdo con la idea de que la arquitectura industrial encaja en esta categoría 'Da-Me'?

Momoyo Kaijima (MK): Es una observación interesante la que haces sobre nuestra investigación... y sí, es así; *'Made in Tokyo'* incluye un número de ecosistemas industriales, en referencia a la producción de algo en un contexto urbano. Industrial se refiere a cierta escala de producción. Esto en ocasiones se encuentra en nuestro libro, por ejemplo, una planta de hormigón cerca de la autovía necesitaba mayor rapidez de distribución y transporte, mientra que también necesitaba conductores, que viven encima del mismo edificio.

En Tokio no hay sitio para construir y debido a esta presión, han empezado a hibrida sobre canales o calles preexistentes, por lo que el contexto urbano y su densificación se convierten en razón por la que se dinamizan los edificios industriales. La inclusión de su ecosistema, no solo el edificio en sí, permite maximizar todo el entorno para que la producción entera sea de buena calidad. Lo que esperamos de la 'arquitectura Da-Me' es que ponga el enfoque más allá de la arquitectura. Cuanto más se extienda el límite de un edificio en un contexto tan concentrado como el de la densificación de Tokio, dispondremos de mayores cantidades de información más actual para entender cómo se extenderá o será acogido el concepto arquitectónico en su entorno. De allí que lo llamemos 'arquitectura Da-Me', pero también significa unidad medioambiental, *ecosistema,* o nueva hibridación. Estamos intentando explicar un nuevo marco para entender la condición del edificio. Es un objetivo interesante, incluso considerando edificios industriales. De hecho, forma parte de nuestro último área de interés: en ETHZ estamos utilizando el modelo de Bruno Latour, Actor-Network Theory, para pensar en los edificios como actores dentro de un contexto. Quizás se podría detectar algún que otro 'fallo técnico o avería' con lo expuesto en *'Made in Tokyo'*, pero ahora estamos expandiendo estas ideas para aprender a cómo leer y cómo traer nuestros entornos dent del proceso de diseño. Está claro que cuando es cuestión de adyacencia es más fácil de entender, pero a veces las cosas no están en contacto. Puede que estén a cierta distancia aún así muestren fuertes relaciones o apoyos mutuos. La industria o la producción de hc necesita pensar en una red más inteligente.

Conversation with Momoyo Kaijima (Atelier Bow-Wow)

Diego García-Setién

Diego García-Setién (DGS): I would like to touch base on three inter-related topics: the city as your object of research and laboratory for architectural thinking, your professional practice, and your teaching experience.

We usually recommend *'Made in Tokyo'* to our students when starting studio work. It helps them to understand how complexity performs in the contemporary city and shows what type of hybrid situations and synergies you can find. It helps them to relate different layers of information which are susceptible of becoming part of a project.

In the book, you defined 'Da-Me' as anonymous architecture which is not designed to be beautiful, but for a very practical purpose, and stays within the margins of what is culturally accepted as 'good architecture'. Would you agree on the idea that industrial architecture fits this 'Da-Me' category?

Momoyo Kaijima (MK): Interesting observation, what you say of our research... and yeah that is true; so *'Made in Tokyo'* includes several industrial ecosystems, referred to the production of something in an urban context. Industrial refers to certain scale of the production. This is sometimes included in our book, for example, a concrete factory building close to the highway needed for faster distribution and transportation of goods, where they also needed to have drivers, who live on top of the building itself.

In Tokyo they have no place to build, and because of this pressure, they started to hybridize on existing channels or streets, so the kind of urban context and high densification become the reason to accelerate industrial buildings. Including its ecosystem and not only the building may maximize the whole environment to bring good quality to the whole production. What we expect from 'Da-Me architecture' is to take the frame beyond architecture. The more you can extend the boundary of a building in such a condensed situation like Tokyo's densification, the more and newer knowledge it gives us to think about how the architectural concept will extend or will be included in its environment. That is why we say 'Da-Me architecture' but it also means environmental unit or *ecosystem*, or new hybridization. We are trying to explain a new frame for the thinking of the building condition. That is an interesting goal, even if you consider industrial buildings. In fact, this is also part of our recent interest: in ETHZ, we are using the Actor-Network Theory (Bruno Latour) to think about buildings as actors in a surrounding. Maybe in *'Made in Tokyo'* you could say "Ah! In this case there is some sort of malfunction", but now we are expanding this idea to know how to read and how to bring our environment into the design process. Of course, when adjacency applies it is easier to understand, but sometimes things are not attached to each other. They can be far away and still be strongly related or supported. Today's industry or today's production need to think about a brighter network.

DGS: Después de esta investigación sobre la ciudad, donde se muestran las relaciones entre la arquitectura y lo demás a modo de ecosistema, supongo que lo habréis incorporado a vuestra manera de proyectar, y cómo veis la arquitectura y los encargos profesionales. ¿Cómo utilizáis estas ideas en vuestra práctica? ¿Podrías contextualizarlas en lo que estáis haciendo ahora en el estudio?

MK: Llamamos recursos a todo lo que hay detrás de un edificio, incluyendo el edificio en sí. La madera es un caso muy interesante porque tenemos tantos edificios de madera en Japón. La madera obviamente proviene de los bosques y sostiene a una gran industria a nivel nacional.

Durante la Segunda Guerra Mundial se talaron un gran número de árboles de los montes y al acabar, se dejaron prácticamente descubiertos. Entonces el gobierno pidió a los responsables del cuidado forestal que plantaran muchos árboles, ofreciendo fondos a estos proyectos en zonas rurales. Plantaron muchos pero claro, no se podían aprovechar durante los primeros 10 años, necesitando entre 60 y 70 años hasta que se pudiesen aprovechar de manera apropiada. Por eso, durante las últimas cinco décadas, el mercado de madera en Japón importaba mucho desde Norteamérica, cambiando por completo el mercado local y creando muchos problemas. Incluso si ya hubiese sido un buen momento para poder aprovechar los bosques nativos, muchas empresas madereras locales ya estaban en posiciones débiles o desapareciendo, y había una escasez importante de mano de obra especializada, personas con la competencia y el conocimiento para poder hacerse cargo de ello, haciendo que el aprovechamiento y uso de los recursos locales fuera problemático.

Se nos han presentado varios proyectos donde se busca reconectar esta ruptura entre la madera y la construcción local. Al principio funcionaba en redes locales para construir estructuras tradicionales como templos o santuarios, pero no necesitamos muchos templos hoy en día y las generaciones jóvenes no quieren las antiguas viviendas tradicionales; es algo anticuado.

Ahora el diseño es una de las cosas que hay que activar o que debe aparecer y tender puentes. Nuestro papel es el de ofrecer el diseño, pero este diseño consideraría técnicas tradicionales además de ofrecer nuevas ideas y abrir, expandir el concepto original. Las viviendas en zonas rurales eran domésticas, pero ahora vemos que tienen que abrirse a poblaciones cambiantes. En un futuro próximo, Japón va a querer recibir nuevos habitantes de otros países, como turistas o migrantes. Dada esta tendencia, necesitamos una nueva visión para el uso de nuestros recursos. Nuestro rol es el de mostrar las opciones disponibles en estos contextos y enseñar una nueva manera de empoderar, y no desanimar a esta buena gente local. Queremos motivarles, decirles “¡Sois geniales! ¿Por qué no usamos vuestros conocimientos y recursos?”

Aunque también tenemos que atraer nuevo comercio. ¿Por qué querría venir gente aquí? ¿Cómo podemos atraerles? Por eso el turismo e intercambio rural y las hibridaciones de diferentes culturas son temas tan interesantes, relacionados con las actividades madereras mismas. Tenemos una extensa tradición y mucho conocimiento. La madera en sí misma es muy interesante, es profunda...

DGS: After this research on the city, where architecture is shown to be related to other things in an eco-systemic way, I suppose that you have incorporated it to your design approach, and in the way you look at architecture and professional commissions. How do you apply these ideas in your practice? Can you relate it to what you are currently doing in the office?

MK: We call resources to everything that is behind a building, including the building itself. Timber is a very interesting case, because we have so many timber buildings in Japan. Timber of course comes from the forest and creates a very popular industry in Japan.

During the World War II, many trees were cut from the mountains and when the war finished, they were left almost empty. Then the Government asked people who cared for the mountains to plant many trees, subsidizing these projects in rural areas. They planted a lot but, of course, they could not be harvested for the first 10 years, needing 60-70 years to be properly harvested. That is why, during the last 50 years, the Japanese timber market used a lot of imported timber from North America, which totally changed the market in our society, bringing a lot of struggle. Even if it was already a good time to harvest the local forests, many local timber businesses were already weak or gone and there was also an important lack of specialized labor, people who had the skills to take care of this, which made it problematic to harvest and activate the local resources.

We have been asked to work on several projects which want to reconnect this disconnected condition of local timber and local building industry. Originally, it worked in local networks, to build traditional structures like temples or shrines, but we don't need many temples now and younger generations don't want to have old traditional houses nowadays; it is a little bit old fashioned.

Design is now one of the items to activate or to make an entrance and lay bridges. Our role is to bring the design, but this design would consider traditional skills and also bring a new idea and open, expand the original concept. Houses in rural areas were domestic, but now we see that they need to be opened to an exchanging population.

Japan wants to receive new people from abroad, like tourists and migrants, in the near future. Due to this tendency, we need a new vision for the usage of our resources. Our role is to show which are the possibilities in these contexts and to show a new way of empowering, not discouraging these nice local people. We want to encourage them by saying "You are great! Why don't you use your skills and resources?"

But we also need to bring new commerce. Why would people be interested to come here? How can we engage them? That is why tourism and rural exchange and the hybridizations of different cultures are very interesting topics, related to the timber cultivation itself. We have a long history and a lot of knowledge. The timber itself is very interesting, it is deep...

DGS: Lo que es interesante es que está relacionado con la producción, el paisaje y problemas ecológicos. Abordar estos límites hace que uno sea más consciente del alcance de las decisiones arquitectónicas y cuál es su impacto real en las comunidades. También quería preguntarte sobre vuestro trabajo en vivienda. Has dicho que al igual que la 'arquitectura Da-Me' representa la complejidad de Tokio, vuestra colección de viviendas mínimas también refleja las múltiples maneras de vivir en la sociedad japonesa contemporánea. ¿Cómo es de importante pensar en vivienda para la arquitectura del siglo XXI? ¿Cuáles son los retos, los cambios a los que se enfrenta el sector de la vivienda ahora mismo en cuanto a la hibridación?

MK: Nos dimos cuenta de que habíamos recibido muchos encargos de vivienda unifamiliar, pero desafortunadamente la mayoría influidos por el modelo de la 'familia nuclear'. Muchos querían que les ayudáramos a escapar del problema de la casa como espacio privado. La realidad es que necesitaban una casa para vivir, pero el mercado no te deja escapar del patrimonio o lo privado, solo protegerlo. Pero hay gente que quiere que la vivienda sea algo más significativo, muchos quieren un estilo de vida innovador y creen que nuestra colaboración les ofrecerá respuestas sobre su futuro plan de vida.

Por ejemplo, en la "Casa Gae" querían tener un espacio tanto para vivir como para trabajar. Durante el siglo XX, la vivienda y el espacio de trabajo han estado separadas, pero históricamente la casa ha sido el espacio de la empresa familiar también. Una casa era un complejo donde los espacios para vivir y trabajar compartían el mismo espacio. Hoy en día, parece que algunos proyectos de vivienda simplemente venden la superficie "consumida". Es una verdadera pena. Por esto muchos de nuestros clientes quieren escapar de esta situación y crear una alternativa.

Otro motivo por el que nos encargan el diseño de una vivienda es cuando se trata de su primera casa, o la casa familiar. Quizás la hayan tenido los padres durante los últimos veinte o treinta años, y ahora están vacías tras su muerte. Les toca pensar en ello porque ahora tienen dos casas. ¿Cómo lo gestionan?

Algunas personas ya se están empezando a jubilar o a pensar en una segunda o tercera casa. Quizás la segunda vivienda sea definitiva, o podrían compartirla con otras personas, abriendo su casa privada a un uso más social o comunal, ayudando a crear una nueva red social a nivel local. Puede que sea esto por lo que tenemos muchos encargos de casas individuales, pero cada caso tienes condiciones diferentes. La mayoría de nuestros clientes son personas muy creativas que buscan un estilo de vida alternativo.

Esto es todo un tesoro para nosotros, para pensar en el futuro y para pensar en cómo puede una casa hacer nuestras vidas más plenas y ricas. Una casa ya es un problema en sí en nuestra sociedad, por lo que también podríamos utilizar esta filosofía o ideario para resaltar más temas de lo común o público, porque también creo que el ámbito público es un ensamblaje de este pensamiento comunal y que lo público puede ser muy diferente en cada lugar. Intentamos entender algunas palabras y no solo el concepto; es más como una práctica local, la práctica individual o la creación de un caso de estudio, adecuada a nuestra futura manera de pensar.

DGS: Has mencionado que la arquitectura os ayuda a entender lo que ocurre en cada ciudad y sociedad diferente. El espacio doméstico siempre es una parte importante de

DGS: What is interesting is that it relates to production, landscape and ecological issues. Dealing with those boundaries makes you more conscious of how far your decisions as architects reach, and what is their real impact in the community. I wanted also to ask you about your work on housing. You have said that, as 'Da-Me architecture' represented Tokyo's complexity, your collection of small houses also represents the multiple ways of living of the Japanese contemporary society. How important is for architects to consider housing in the 21st century?
Which are the challenges, the changes that housing sector is facing right now regarding hybridization?

MK: We considered that we had been asked to do many single-family houses, unfortunately most of them dominated by the 'nuclear family' model. Many of them wanted us to support them, to escape from the private-area-house issue. Honestly, they needed a house to live, but the house market doesn't let you escape the heritage or private areas, only protect them. But some want it to be more meaningful and many of them want to have an innovative lifestyle, and they think that collaborating with us can bring certain answers for their future living plans.

For example, in the "Gae House" they wanted to have a living and a working space together. In the 20th century, the house and working spaces were separated, but originally, a house was the space for the family business too. A house was a complex where living and working spaces shared the same space. Nowadays, some housing projects seem just to sell the consumed surface. It is really a pity. That is why many of our clients want to escape from this situation and create an alternative answer.

Another reason we are asked to design a house, is when it was originally their former house, or the house where they grew up. It might have been kept by their parents for the last 20-30 years, and now they are empty after the parents' deaths, and they need to think about that, because now they have two houses. How do they manage that?

Some of them are already starting to retire or starting to think about second or a third house. Maybe the secondary house could be their final house, or it could be shared with the neighbors, opening up their private house to a more social or communal use, and help creating a new network among the local society.
That is why we may have many single house projects, but every case has a very different condition. Most of our clients are very creative persons who want an alternative lifestyle.

This is a very important treasure for us, to think about the future, and to think about how a house can make our life rich and generous. A house is already an issue in society, so we could also set this philosophy or idea to bring more communal or public issues because I also believe that the public realm is assembled out of this communal thinking and also that the public can be also very different in each locality. We try to understand some words and not only the concept, it is more like a local practice, the individual practice or building some case, appropriate to our future thinking.

nuestros cursos, donde buscamos nuevas maneras de vivir. ¿Cuáles son los retos a los que se enfrenta lo doméstico hoy? ¿Cuáles son los temas ineludibles para la práctica arquitectónica contemporánea?

MK: Lo doméstico es un tema enorme. Si entiendo a lo que te refieres, es un concepto a gran escala. Todavía usamos un tipo de condición: ¿quién vive?, ¿cómo vivir?, etc. No pienso demasiado en la domesticidad porque cada caso es muy distinto. Intentamos abrir el tema de la propiedad para trabajar a una escala algo mayor porque a veces es el mismo tema de privado y público. Lo doméstico también es una cualidad directa de la privatización. Si empezásemos un negocio en el espacio, tendríamos que recibir invitados y vender desde el interior.

Encontraríamos lo doméstico solo en vivir y dormir, no más, porque la vida ocurre a diario y no tan dinámicamente ligado al dentro o fuera. La hibridación está actuando rápido y también sucede que hay una coincidencia interesante. Si pensamos en cómo la gente organiza su vida para ser más abierta, compartirla con alguien, o si empiezan a usar su casa como espacio de trabajo, este tipo de comportamiento va a ser muy beneficioso en extender los límites de lo doméstico. Si pudiésemos introducir cosas de estas, estaría genial, y siempre tratamos de hacer algún umbral o interfaz que sea más comunicativo. Si estás delante de una ventana bonita, una hermosa entrada o un jardín, o entran rayos de luz o una zona de secado... estos tipos de espacios también serán lugares interesantes como espacios para compartir, o para activar. Siempre esperamos que una casa funcione como el Atelier Bow Wow: vivimos allí pero también trabajamos allí, por lo que es más complejo y este tipo de complejidad en lo doméstico también pertenece al siglo XXI, con lo que necesitamos más y más de esto para volver a aquella manera dinámica de vivir.

DGS: ¿Qué dirías que es lo que más os mueve cuando diseñáis una casa?

MK: Quizás la producción, la creación en la casa, no solo las funciones. Siempre imagino que la gente necesita cierta motivación para trabajar, expresarse en sus creaciones o en su vida. Es algo muy divertido y agradable.

DGS: Entonces, ¿la arquitectura estimula una manera de vivir?

MK: Sí, pero más creación, creación... la creación es importante.

DGS: ¿La arquitectura habilita y promueva la creatividad?

MK: La creatividad de la gente, incluyendo la creatividad en el trabajo o en el ocio, o más dentro-fuera... es actividad dinámica, con lo que podría ser jardinería o carpintería, o también podría ser abrir un libro de la biblioteca, enseñar, pintar, o tocar música o alguna cosa que se pueda compartir y abrir al vecindario.

DGS: Entonces, lo doméstico está muy relacionado con la producción.

DGS: You have mentioned that architecture helps you understand what happens in every different city and society. Domestic space is always an important part of our courses, where we search new ways of living. Where are the challenges for domesticity today? Which are the unavoidable topics for contemporary architectural practice?

MK: Domesticity is a very big question. If I understand what you mean, it is a large scale concept. We still use a sort of condition: who lives? how to live? I do not think so much about domesticity, because each case is very different. We all try to open the ownership to be a little bit bigger in scale because sometimes it is the same private or public issues. Domesticity is also a direct quality of privatization. If we started a business in the space, we would need to receive a guest and sell something from inside.

We would find domesticity just in living and sleeping, not more, because life happens daily not so dynamically linked to the in and out. Hybridization is acting fast and there is also an interesting coincidence happening. If we could consider how people organize their own life to be more open, to share with someone, or they started to do some business in the house, so this kind of behavior will be very helpful to extend the limits of domesticity. If we could bring in these kinds of things, it would be nice and we always try to make some threshold or some interface to be more communicative. If you're in front of a nice window, a nice entrance, or in front of the garden, or some light coming or drying area, this kind of spaces will be also the interesting sharing spaces or interesting activating spaces. We expect always a house to be like Atelier Bow Wow: we live there but we also do business there, so this is more complex basically, and this kind of complexity in a domesticity belongs also to the 21st century, so we need more and more of this to go back to that kind of dynamic way of living.

DGS: What would you say is your main driver when designing a house?

MK: Maybe production, creation at the house, not just functions. I imagine always that people need some motivation to do their business, expressing their life or their creations. This is just very fun and nice.

DGS: So, architecture stimulates a way of living?

MK: Yes, but more creation, creation, creation is important.

DGS: Does architecture enable and promote creativity?

MK: People's creativity, including creativity in the business, or the hobby, or more inside-out... activity in a dynamic way, so it could be gardening or doing carpentry, or it could be also opening a book by the library, teaching, painting, or playing music, or practicing some skill to be shared and open to the neighbors.

MK: Creación, producción.

DGS: Vuestros dibujos siempre muestran el espacio construido en uso. Parece que los espacios activados son muy importantes para vosotros. ¿Crees que una especie de 'pragmatismo poético' podría definir la manera en que os aproximáis al diseño?

MK: Lo llamamos narrativa. Poético también es interesante, pero narrativa engancha más a la gente o al público que intenta entender nuestra visión no solo como arte, empezando a creer lo que proponemos, adaptándose o reaccionando a nuestras ideas; esto también es algo que nos mueve en el proceso del diseño: necesitamos compartir nuestras ideas.

Si quieres un aparcamiento en frente de una casa en un pequeño solar urbano de Tokio, empezamos preguntándote ¿por qué?, porque en Tokio hay transporte público y quizá no tengas que usar el coche todos los días. Solares pequeños posibilitan empezar a probar estilos de vida diferentes que encajen con tu realidad. En este sentido, podrías cambiar tu estilo de vida construyendo y diseñando una casa con nosotros.

Cuando el cliente acepta y nos permite continuar sin el coche, entonces... el tema se convierte más en narrativa, un aspecto de una nueva vida o para un nuevo estilo de vida. Para mi también es muy interesante no ceñirnos solamente a la etiqueta de lo artístico, ¿sabes? Es como formular una hipótesis: ¿Qué pasa si pensamos así? *'Made in Tokyo'* era lo mismo: podemos decir: "¡okay, lo híbrido puede ser interesante!, y entonces la gente empieza a plantearse: "oh, ¿qué tipo de hibridación es posible?".

DGS: Ahora que mencionas el tema de los híbridos en *'Made in Tokyo'*. ¿Cuál es tu opinión sobre la idea de invertir el proceso? ¿Sería posible diseñarlos así desde cero, proponiendo este tipo de situaciones híbridas desde el inicio? ¿Hay alguna lección en los edificios industriales?

MK: Una parte muy interesante de la hibridación de la 'arquitectura Da-Me' es que hay una persona creativa que encontró el espacio y pensó que podría usarse para cierto fin, y esta es la razón por la que encontramos un uso secundario. A veces ya tienen alguna idea como una casa, o una fábrica con problemas de transporte, y solamente necesitan encontrar la manera de conectar las cosas entre sí en un 'sistema de máquinas'. En ambos casos sería posible maximizar las condiciones del edificio, incluyendo un uso diferente o diferentes categorías de espacios. En edificios industriales, la superficie también podría ser un recurso para futuros inquilinos, funciones o usos. Así que lo que es interesante en este caso es la pregunta ¿qué fue primero, el huevo o la gallina? Yo no tengo la respuesta.

DGS: ¿Los arquitectos tienen la oportunidad de favorecer una ciudad compleja, compacta y diversa? ¿Tenemos que cambiar la manera en la que diseñamos? ¿Debemos cambiar nuestros estudios y oficinas?

MK: Quizás podríamos cambiar, creo que también podríamos ser parte de los usuarios.

DGS: Domesticity is then very related to production.

MK: Creation, production.

DGS: Your drawings always show the built space in use. Activated space seems very important for you. Would you say that a sort of 'poetic pragmatism' could define the way you approach design?

MK: We call it narrative. Poetic is also interesting, but narrative is more of a driver to the people or the audience who try to understand our thinking not just like art, but more like starting to commit to our thinking, to adapt or react from our ideas; this is also important driving force to our design process, we need to share our ideas.

If you want to have a parking lot in front of a house in a small urban site of Tokyo, we start to ask you why, because in Tokyo you can have public transportation and you might not need to use a car every day. A small site gives you a chance to draught your imaginary lifestyle to fit your reality. On this point you could change your lifestyle by making and designing a house with us.

When the client agrees and let's us go on without the car, then... this story will be more of a narrative, the aspect of a new life or for or style of life. For me it is also very interesting not just to stick to the artistic label, you know? Like making a hypothesis: what if we can think so? *'Made in Tokyo'* was the same: we can say: "ok hybrid might be interesting!" and then people could start thinking "oh, what kind of hybridization would be possible?"

DGS: Now that you go back to *'Made in Tokyo'* hybrids. What is your opinion on inverting the process? Would it be possible to design from scratch in that way, advancing those kind of hybrid situations from the beginning? Is there any lesson in industrial buildings?

MK: A very interesting part of the hybridization of the 'Da-Me architecture' is that there is a creative owner who found the space and thought that it could be used for a certain purpose, and this is why we find a secondary usage. Sometimes they already have some idea like a house, or a concrete factory with driving issues, and they just need to find how to connect things together in a 'machine system'. In both cases it would be possible to maximize the building condition, including a different usage or different categories of spaces. In industrial buildings, surface could be also a resource for future tenants or future functions or uses. So, what is interesting of this case is: what is first? the egg or the chicken? I have no answer.

DGS: Do architects have a chance to promote a complex, compact and diverse city? Do we even need to change the way we design? Do we need to change our offices and studios?

MK: Maybe we could change, I think we could be also part of the users.

Después de '*Made in Tokyo*', la generación de arquitectos más joven empezó maneras más dinámicas de negociar con los vecinos, de crear y acelerar nuevas empresas. Los arquitectos, por supuesto, se ven como personas ajenas. Somos un poco como "terceros", pero podríamos ser también entidades "2,5", y esto quizás sea una decisión a considerar.

Recientemente hemos empezado a formar parte de más proyectos. Por ejemplo, hemos trabajado con una ONG durante más de diez años, diseñando cinco edificios. Siempre empieza con un proyecto pequeño, y luego sigue con un segundo, un tercero o más. Necesitas formar parte del negocio y pensar para poder colaborar.

Tras el desastre del tsunami, habíamos trabajado con ellos más de nueve años, y pensamos en darles nuestro pleno apoyo durante otros cinco años por temas de subsidios del gobierno. Más tarde empezaron a pensar en hacer un documental y nos preguntaron si queríamos ser miembros. Al principio estaba un poco sorprendida y dudamos si debíamos convertirnos en miembros o no, pero al final dijimos "sí, vamos a ser parte de esto" y asumimos también las responsabilidades...

DGS: Estás hablando de participar de manera activa en un proceso en curso, no solo como arquitectos o profesionales, asumiendo otro tipo de compromiso a nivel social.

MK: También se les pido a las generaciones más jóvenes que lo hagan si pueden. Creo que hay mucha riqueza para ellos en ser parte de la sociedad, para entender mejor las condiciones, porque cada localidad tiene un dinamismo diferente. Cuando pensamos en crear como arquitectos, si eres parte de ello, puedes comprometerte de una manera más dinámica, incluso si eres una figura ajena que desaparece tras el diseño. Quizás los arquitectos del siglo XXI serán más comprometidos con proyectos donde tienen más responsabilidades.

DGS: ¿Cómo de importante crees que es la educación y cómo tratas con tus estudiantes?

MK: La educación es un intercambio entre gente para poder entenderse. Cuando enseño a mis estudiantes me gusta mucho escuchar sus ideas. Creo que es importante porque hay tantas opciones y deberían tener un propósito, un fin. Debería ser claramente sobre la naturaleza, o la sociedad, o algo que les interese, para estar más empoderados de cara al futuro, porque aunque se equivoquen, quizás les pueda asistir un poco. Claro, hoy en día todo el mundo quiere irse a diferentes campos, pero continúan pensando en construir edificios. Pero, ¿por qué pararles? Quizás solo hay un edificio. Los arquitectos requieren cualificaciones y habilidades especializadas, no solo una habilidad. Creo que una buena educación social nos hace pensar sobre muchas cosas complejas.

After *'Made in Tokyo'*, the younger generation of architects started more dynamic ways to negotiate with neighbors, to create and accelerate new business companies. Architects, of course, think they are outsiders. We are a little bit like a "third person" or "third party", but we could be also a '2.5 party' and this is also maybe a decision to consider.

Recently we have started to be part of more projects. For example, we have worked with an NGO over ten years, designing for them five buildings. It always starts as a small project, and then follows with a second, a third or more. You need to be part of the business and think to collaborate.

After the tsunami disaster we had worked for them for nine years, and we thought to give them our full support for other five years because of government subsidization. Later they started thinking about a documentary and we were asked to become members. I was a little bit shocked and doubted if we should be part of the membership or not, but finally we said "yes, let's be part of it" and became also responsible...

DGS: You are talking about taking active part, not only as a professional architect, of an ongoing process, making another kind of commitment with society?

MK: I also ask younger generations to do it if they can. I think there is a lot of richness for them in being part of society, to better understand the conditions, because every locality has a different dynamism. When thinking about creation as architects, if you are part of it, you can commit in a more dynamic way, even if you are just an outsider that ends after design. Maybe 21st century architects will be more committed on projects where they are more responsible.

DGS: How important do you think education is, and how do you deal with your students?

MK: Education is an exchange between people to understand each other. When I teach students I really like to listen to what they think. I think it's important because there are so many options, and they should have an agenda. It should be clear about nature, or society, or something of their interest, to be more enforced into the future, because even if they are not correct, maybe I can support them a little bit. Of course, today everybody wants to go to different fields, but they keep on thinking about making buildings. But why stop them? Maybe there is only a building. Architects need very high skills, not only one skill. I think that a good social education method makes us think about a lot of complex things.

Hipótesis sobre el decrecimiento urbano en el S.XXI
Philipp Oswalt

1. La históricamente singular época de crecimiento que inició con la industrialización hace unos 200 años verá su fin en el siglo XXI. La contracción urbana y los procesos de crecimiento se igualarán a finales de este siglo, como en tiempo previo a la era industrial.

El número de gente viviendo en ciudades alrededor del mundo es 175 veces más que en 1800, un proceso de crecimiento único. En los próximos 50 años, el número de ciudadanos de las urbes se duplicará de nuevo, aunque al mismo tiempo los procesos de crecimiento se detendrán. Según el pronóstico de las Naciones Unidas,[01] la población mundial se estabilizará alrededor del año 2070 en unos 9.000 millones de personas y el crecimiento cesará. De manera simultánea, y en especial en países con poblaciones grandes como China e India, los procesos de urbanización se habrán completado en su mayor medida y más de tres cuartas partes de la población mundial vivirá en ciudades. Esto representa el fin de un periodo de crecimiento histórico de 300 años. Sin embargo, lo que sigue no será una fase de estancamiento sino un proceso de transformación dinámico con un aumento de la polarización. Los procesos de crecimiento y contracción se igualarán y serán interdependientes. Mientras que durante el siglo XX los procesos de contracción urbana se debían por lo general a procesos espaciales de polarización y reubicación, o a crisis locales, en el siglo XXI la población urbana disminuirá de manera global en muchos de los países industriales desarrollados.

Hasta ahora, las principales razones detrás del decrecimiento en los países desarrollados han sido la suburbanización (el desplazamiento regional de actividades y gente a las afueras de las ciudades), la metropolización (el desplazamiento nacional de actividades y gente a grandes conurbaciones), y la desindustrialización (la crisis de lugares con un planteamiento exclusivamente industrial). A lo largo del siglo XXI, la población total y por lo tanto también el número de personas viviendo en las ciudades disminuirá a nivel nacional en muchos países industrializados. En estos países, a diferencia del siglo XX, los procesos de contracción llegarán a su apogeo. Debido a desarrollos demográficos en países como Japón, la gente prevé que a pesar de la creciente productividad, el rendimiento económico global disminuirá.

2. Mientras que en el siglo XX fueron las zonas industriales y residenciales densas las que fueron dejadas y abandonadas, en el siglo XXI se espera que las zonas suburbanas y los distritos de oficinas sean los que sufran los procesos de desurbanización.

Una tercera parte de todas las zonas suburbanas de los EE.UU. sufren de la pérdida de habitantes, hasta ahora principalmente como resultado de la progresiva suburbanización hacia zonas cada vez más remotas. De aquí en adelante, las zonas suburbanas sufrirán pérdidas de población por la disminución global de la población y su reubicación parcial hacia los centros de las ciudades. El aumento del coste del transporte así como una

01 Los pronósticos de la ONU son revisados cada cierto tiempo.(https://www.un.org/development/desa/publications/world-population-prospects-the-2017-revision.html)

Hypotheses on urban shrinkage in the 21st Century

Philipp Oswalt

1. The historically unique epoch of growth, which began with industrialisation 200 years ago, will end in the 21st century. Urban shrinkage and growth processes will equate at the end of the 21st century, as before the industrial era.

The number of people in the world living in cities has increased by 175 times since 1800, a unique process of growth. In the forthcoming 50 years, the number of city dwellers will again double though, at the same time, growth processes will come to an end.

According to the UN's prognosis,[01] world population will stabilise in 2070 at approximately 9 billion people and not grow more. At the same time, especially in countries with a large population such as China and India, urbanisation processes will be largely completed and more than three quarters of the world's population will be living in cities. This brings a 300 year period of a historically unique growth to its end. It is, however, not followed by a phase of stagnation but by a dynamic transformation process with increasing polarisation. Growth and shrinkage developments will equate and be mutually dependent. Whilst in the 20th century urban shrinkage processes were mainly due to spatial processes of polarisation and thus shifting, or due to local crises, in the 21st century urban population will decrease as a whole in many developed industrial countries.

To date, the main reasons for shrinkage in the developed industrial countries were sub-urbanisation (regional shift of activities and people to the surroundings of cities), metropolisation (nationwide shift of activities and people to large conurbations) and de-industrialisation (crisis of mono-industrially orientated locations). During the 21st century, total population and thus also the number of people living in cities will be decreasing nationwide in many industrialised countries. In these countries, in contrast with the 20th century, shrinkage processes will reach a peak. Due to population developments in countries like Japan, people assume that, despite a growing productivity, the overall economic performance is expected to decrease.

2. Whilst in the 20th century it was particularly the industrial and dense housing areas that were left and given up, in the 21st century it is to be expected that suburban areas and office districts will be hit by de-urbanisation processes.

A third of all US suburban areas suffer from a loss of inhabitants, to date mainly as a result of progressing suburbanisation into increasingly remote areas. In future suburban areas will suffer from population decrease mainly because of the decrease of the total population and partial re-settling into city centres. Increases in mobility costs as well as aging citizens who require a different degree of mobility thus contribute considerably to re-concentration processes. Whilst de-industrialisation

01 UN prospects are updated-revised regullarly. (https://www.un.org/development/desa/publications/world-population-prospects-the-2017-revision.html)

ciudadanía envejecida con diferentes capacidades de movilidad contribuyen en gran medida a los procesos de reconcentración. Mientras que procesos de desindustrialización causaron la contracción de muchos lugares durante la segunda mitad del siglo XX, a lo largo del siglo XXI serán los espacios de oficinas del sector servicios los que se verán afectados por los procesos de reestructuración y por tanto una menor demanda. Esto convertirá las zonas de oficinas en los páramos industriales del siglo XXI.

En países desarrollados, por lo general, se racionalizan y automatizan los procesos de producción industrial con un número de empleados mucho menor. En adelante, las actividades de oficinas y servicios también se verán afectados por procesos de racionalización y cambio. La automatización de actividades de oficina, el cambio al teletrabajo, la contratación extraterritorial y una transición del trabajo en oficinas hacia equipos móviles inalámbricos llevarán a una reducción enorme de la necesidad de edificios de oficinas clásicos.

3. La escasez de petróleo y otros combustibles fósiles junto al cambio climático tendrán una influencia considerable en la evolución de los asentamientos globales en el siglo XXI.

El cambio climático y su heterogeneidad de efectos serán nuevos parámetros a tener en cuenta en las tendencias de los asentamientos humanos. Unas zonas de asentamientos serán afectadas de manera parcial, unas casi nada, y otras incluso de manera positiva, mientas que muchas otras se verán degradadas en extremo por una diversidad de consecuencias climáticas e incluso pueden verse amenazadas de destrucción. Entre sus causas están la falta de agua potable (en particular en las zonas áridas del planeta), el riesgo de inundaciones (en zonas costeras), la descongelación del permafrost (los subsuelos permanentemente congelados), la pérdida de nieve y hielo en zonas alpinas turísticas, etc.

Es probable que el fin de la era del consumo de combustibles fósiles lleve a un enorme incremento del precio del transporte. Por lo tanto, como la estructura, las decisiones y los patronos de uso de los asentamientos dependen en gran medida de la accesibilidad, una subida de precios y el descenso de la movilidad supondrán una menor demanda de transporte. Esto también puede llevar al abandono de las expansiones suburbanas en los sectores de vivienda de bajo coste, o también al declive de las zonas turísticas dependientes de conexiones aéreas de bajo coste. Durante el siglo XX, la disponibilidad de movilidad asequible facilitó los desarrollos de urbanización suburbana, con lo que un incremento sustancial de los precios llevaría a una reconcentración de procesos, aunque no necesariamente implique una simple reversión del proceso previo de suburbanización.

Además, el fin de la era de los combustibles fósiles ha tenido un efecto particular en los lugares de producción de estos: por lo general, al final de la fase de producción estos sitios disfrutan de un aumento de ingresos. Sin embargo, una vez los recursos locales se agotan, las ciudades deben reorientarse por completo a nivel económico. Como el desenlace es predecible, estos lugares —Dubai o Escocia, por ejemplo— sirven de modelos de políticas de prevención. La riqueza que se genera es invertida en enormes cambios estructurales.

processes caused shrinkage at many locations during the second half of the 20th century, in the course of the 21st century it will be office locations of service businesses that will be hit by re-structuring processes and thus a lack of demand. This will make office areas into the industrial wasteland of the 21st century.

In industrial countries industrial production processes are largely rationalised and automated and are carried out with a much smaller number of personnel. In future, office and service activities will also be affected by rationalisation processes and shifts. Automated office activities, the shift to home offices, off-shoring and a changeover from office work at offices to mobile wireless equipment, will lead to a massive reduction in the need for classic office buildings.

3. Dwindling petroleum and other fossil fuel resources alongside climate change will influence global settlement developments in the 21st century considerably.

Climate change and its heterogeneous effects will be a new parameter for settlement trends. A portion of settlement structures will be affected only partly, hardly at all or even positively by climate change, whilst numerous locations will be massively degraded by heterogeneous climate consequences and partially even threatened with destruction. Amongst the causes are the lack of drinking water (particularly in the arid regions of the south), risk of inundations (at coastal regions), thawing of permafrost soils (in northern zones), loss of snow and ice in alpine tourist locations (high mountains) etc.

It is likely that the end of the epoch of fossil fuel consumption will lead to massive price increases for mobility. Since, however, settlement structure, settlement decisions and utilisation patterns are influenced considerably by the factor of accessibility, increased prices and reduced mobility will lead to a decreased demand for mobility. This might also lead to the abandonment of outer urban sprawls in the low cost housing segment, or also to the decline of locations of tourism that depend on low-cost airlines. In the 20th century, the availability of cheap mobility enabled suburbanisation processes, so a substantial increase in these prices should lead to re-concentration processes, which, albeit not necessarily indicating a simple reversal of the previous process of urban sprawl.

In addition, the end of the fossil epoch has very special effects on the locations of production of fossil fuels: usually the sites benefit at the end phase of production from a continuously increasing income. Once their local resources run out however, cities have to completely re-orientate themselves economically. Since the development is foreseeable, such sites, Dubai or Scotland for example, serve as examples for preventive antishrinkage policies. The wealth that was generated is invested in enormous structural changes.

4. Shrinkage processes lead to dual societies: urban development, business development, life style and many other things show basic differences in zones of growth and shrinkage.

In growing urban regions the principle of an entrepreneurial city can exhibit remarkable development dynamics, regions of shrinkage are increasingly

4. Procesos de contracción llevan a sociedades duales: el desarrollo urbano y empresarial, los estilos de vida y muchos otros factores muestran diferencias de base en zonas de crecimiento y de contracción.

En regiones urbanas crecientes, el concepto de una ciudad empresarial puede exhibir dinámicas de desarrollo notables, las regiones en contracción se caracterizan cada vez más por la desinversión —capitalismo sin capital, por así decirlo. La noción del *redlining* es una señal temprana de la exclusión de las formas establecidas del capitalismo global tardío. En regiones en contracción, micro-emprendedores locales y a menudo organizados de manera colectiva ocupan el lugar de la élite empresarial clásica de grandes conglomerados y bancos. Toman el control de la situación local concreta y su intensa red social con proyectos a pequeña escala, implementando proyectos sostenibles, invirtiendo escaso capital de acuerdo a los principios del llamado 'weak urbanism', o 'urbanismo débil'. Por lo tanto, ambos tipos de mentalidad de gobierno, a través del estado o de la industria privada, difieren entre zonas de crecimiento y zonas de contracción. En pocas palabras, podríamos hablar de dos sociedades en un mismo estado.

5. El urbanismo y la arquitectura de las ciudades en contracción se enfrentan a retos fundamentales. Hasta la fecha, el entorno construido se tenía como la meta del diseño arquitectónico y el planeamiento urbano, pero ahora es solo el inicio.

A lo largo de los últimos 200 años, el urbanismo se ha preocupado casi en exclusiva de procesos de crecimiento. La época del modernismo se caracterizó por procesos de crecimiento extenso basados en sus ideas y actividades, teorías, leyes y prácticas. Así, la colonización, el auge de la ciudad, el uso del suelo, nuevas zonas de desarrollo, el crecimiento, el boom de construcción, la expansión urbana y la densificación son conceptos clave en el desarrollo urbano de los tiempos modernos.

Durante mucho tiempo, la construcción se ha entendido sobre todo como un acto de colonización: el desarrollo de y construcción sobre zonas nuevas. Sin embargo, como los países industrializados están casi totalmente urbanizados y el número de habitantes se detiene o incluso se reduce, la noción de colonización ha perdido legitimidad. En este época 'postcolonial' se trata más de atender a lo que se ha construido y acumulado a lo largo de los tiempos. La perspectiva se invierte y el edificio deja de ser el objetivo para convertirse en el punto de partida.

La "postarquitectura" incluye los retos a los que nos enfrentamos cuando la arquitectura, el entorno construido, ya está allí. El punto de inicio es lo que de normal resultaría de la práctica habitual arquitectónica. Todo trata de cómo lo que nos es dado se percibe, se usa, se cambia, o podría ser eliminado. Al mismo tiempo, en el contexto de la contracción, se necesitan nuevas respuestas sobre cómo puede crearse la arquitectura. Con este fin, debemos dejar de lado las cercanías del campo de la arquitectura y la conversación debe ser de nuevo política. Debemos preguntarnos: ¿Quién construye, con qué medios y por qué? Por otro lado, la prearquitectura se preocupa por aquellas cosas anteriores a la práctica —lo que la hace posible. Primero, esto incluye la creación de un deseo, la idea de nuevos edificios en potencia, y el suscitar interés por construir. Hablando de lo pragmático, la definición de usos, clientes y financiación son parte de la prearquitectura. La necesidad de desarrollar nuevas 'herramientas' para la planificación y la construcción

characterised by disinvestment – capitalism without capital, so to speak. The principle of Redlining is a prototype symbol for the exclusion from established forms of globalised late capitalism. In regions of shrinkage, local, frequently collectively organised microentrepreneurs take the place of the classic business elite of large groups and banks. They seize the specific local situation and their intense social networking with small-scale projects, implementing sustainable projects and investing sparse capital according to the principle of so-called "weak urbanism". Thus both forms of governing mentality, be via the state or private industry, differ between zones of growth and shrinkage. To put it bluntly, we might want to speak of two societies within one state.

5. Urbanism and architecture in shrinking cities are in principle facing new tasks. To date, the built environment was perceived as the target of architectural-urbanistic actions, but here it is the starting point.

Over the past 200 years, urbanism almost exclusively focused on growth processes. The epoch of modernism was characterised by comprehensive growth processes that are at the basis of origination activities, theories, laws and practices. Thus colonisation, town formation, identification of building land, areas of new construction, development, building boom, urban expansion and densification are key concepts of the urban development in modernism.

For a long time, building has been mainly understood as an act of colonisation: development of and building on new areas. However, since industrial countries are almost entirely urbanised and the number of inhabitants stagnates or even shrinks, the idea of colonisation has lost its legitimacy. In the "post-colonial age" it is more about addressing what has been built and accumulated over a long period of time. The angle of view is reversed: the building is not the objective but rather the starting point.

Post-architecture includes the tasks we are faced with, when architecture, the built environment, is already there. The starting point is what would normally be the result of common architectural practice. It is all about how what is given is perceived, used, changed or could be eliminated. At the same time, in the context of shrinking, new answers must be found, about how architecture can be created. To this end we must leave behind the closer field of architecture, the discussion must again become a political one. We must ask: who builds with what means and why?

Pre architecture on the other hand deals with those things that come before the architectural practice – making it possible. This firstly, includes the production of a wish, the idea of potential new buildings and raising interest to actually build. On a pragmatic note, the definition of use, clients and financing are part of pre-architecture.

The need for the development of new "tools" for planning and building is comparable with the situation of classical modernism. "New building" in the 1920s would have been impossible without the development of a whole new arsenal of new tools for the realisation of urbanism and architecture. Communities and co-operatives as new clients, the invention of new forms of use and the development

se asemeja a la situación del modernismo clásico. Sus 'nueva edificación' en los años veinte no habría sido posible sin el desarrollo de un arsenal entero de nuevas herramientas para la práctica del urbanismo y la arquitectura. Las comunidades y cooperativas como nuevos clientes, la invención de nuevas formas de uso, y la creación de impuestos y modelos de financiación innovadores fueron cruciales en la creación de la arquitectura en tiempos modernos, al igual que la invención de nuevos materiales y métodos constructivos. De manera análoga, se nos llama ahora a desarrollar nuevas herramientas para dirigir los procesos de contracción, ya que solo así será posible llevar a cabo intervenciones efectivas.

Apéndice

Mapa de Desurbanización. Mientras que durante el siglo XX fueron las viejas bases industriales ante todo las afectadas por la contracción, en el siglo XXI las zonas afectadas serán los distritos de oficinas y centros comerciales o de distribución. Los procesos de racionalización y reubicación en el sector servicios así como los cambios de normativa podrían llevar a una reducción de la demanda y el vaciado de muchos lugares.

El descenso de la población regional, una población envejecida, y el creciente coste de la movilidad en el futuro también podrían llevar a la contracción de los suburbios, algo que ya está sucediendo en Japón, Alemania y el norte de Inglaterra. El declive de la población se da en alrededor de un tercio de todos los suburbios en los EE.UU., aunque por ahora se debe principalmente a la progresiva suburbanización hacia zonas cada vez más alejadas del centro de las ciudades.

Mapa de Población. De acuerdo a las Naciones Unidas, si las tendencias continúan, la población mundial se estabilizará alrededor de los 9.000 millones para el 2070, cuando el crecimiento se detenga. Los procesos de urbanización, en especial en los países con

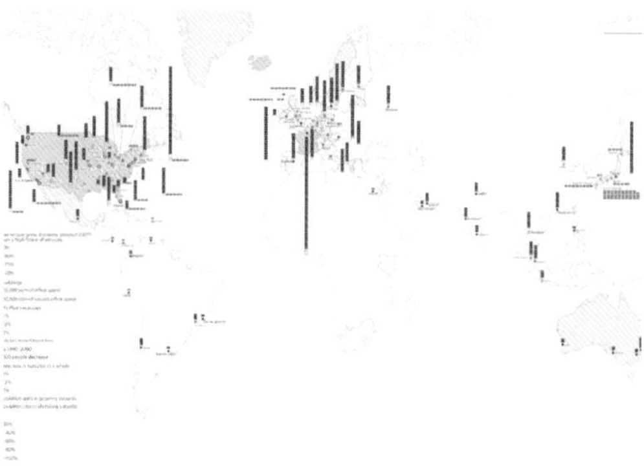

of innovative taxation and financing models were essential for the creation of architecture in modernism, just like the invention of new building material and construction methods. In an analogous way, we are now called upon to develop new tools for shaping shrinkage processes, since only then effective intervention will be possible.

Appendix

Deurbanization Map. While in the twentieth century, old industrial bases were primarily affected by shrinkage, in the twenty-first century, these could be office districts and distribution centers (shopping malls). Processes of rationalization and relocation in the service sector as well as changing standards could lead to decreasing demand and vacancy at many locations.

Regional population decline, an aging population, and the increasing cost of mobility in the future can also lead to the shrinkage of suburbs, which is currently occurring in Japan, Northern England, and Germany. The population decline in about one third of all suburbs in the United States, however, is so far primarily caused by progressing suburbanization into suburbs that are further and further away from the central city.

Population Map. According to the United Nations, should current trends continue, the world's population will stabilize at about nine billion by ca. 2070, when growth will come to a halt. Urbanization processes, in particular in the most populous countries such as China and India, will also be largely completed; more than three quarters of all human beings will live in cities. In the future, the population will not only temporarily decline in countries in Eastern and Western Europe as well as Japan, in fifty to a hundred years, it will also decline in countries such as China, India, Nigeria, and Mexico, where populations are currently growing.

Figura 1 (izq): mapa de desurbanización; figura 2 (centro): mapa de población; figura 3 (derecha): mapa de combustibles fósiles **Image 1 (left): deurbanization map; image 2 (centre): population map; image 3 (right): fossil fuels map**

mayor población como China e India, se habrán completado en gran parte y más de tres cuartas partes de la población mundial vivirá en ciudades. En el futuro, la población no solo descenderá de manera temporal en países europeos y Japón, en cincuenta a cien años también descenderá en países como China, India, Nigeria y México, donde a día de hoy las poblaciones están creciendo.

Mapa de Combustibles Fósiles. Dentro de los próximos veinte años, los combustibles fósiles como el petróleo, el gas natural, y el carbón alcanzarán sus niveles máximos de producción tras lo que comenzarán a descender mientras que la demanda energética global crecerá. La oferta de movilidad y energía se volverá bastante más cara, lo que llevará a cambios en la estructura de los asentamientos. Sin embargo, los lugares de producción se beneficiarán de ingresos cada vez mayores hasta que hayan agotado sus reservas. Dado el previsible agotamiento de las reservas naturales locales, no hay momento más oportuno para políticas anticontractivas de prevención que ahora, como las que se ven por ejemplo en Dubai o Aberdeen.

Mapa de Inundaciones. Hoy, cuarenta millones de habitantes de ciudades costeras están en posible peligro de inundación, siendo salvaguardados de ello de manera frecuente a través de medidas de protección extensivas. Debido a los efectos del cambio climático —una subida del nivel del mar de hasta un metro y un mayor número de tormentas—, así como al crecimiento de población y al hundimiento de las ciudades, se anticipa que el número de personas afectadas por inundaciones se eleve a unos 150 millones para el año 2070.

Mapa de Hielo, Nieve y Suelos Permafrost. El descenso esperado de entre el 60 y el 80% de la precipitación en forma de nieve en las zonas templadas para las décadas entre 2080 y 2100 implicará que un número de estaciones de esquí perderán su medio de subsistencia. Se prevé que los glaciares investigados hasta ahora habrán perdido hasta un 60% de su volumen a mitad de siglo XXI. En regiones con suelos de permafrost descongelándose, el hundimiento de suelos y la pérdida de estabilidad del terreno está causando daños a edificios, carreteras, oleoductos, etc.

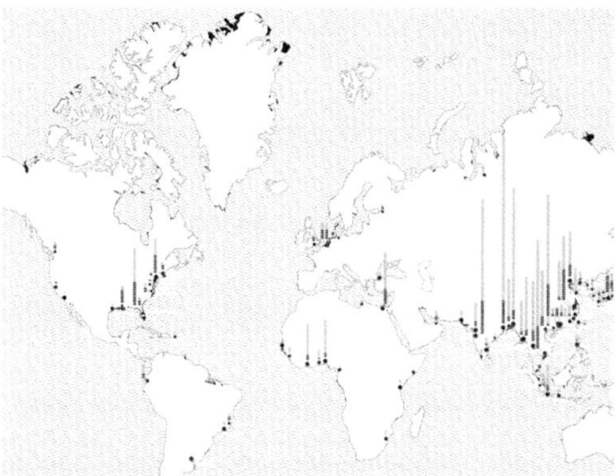

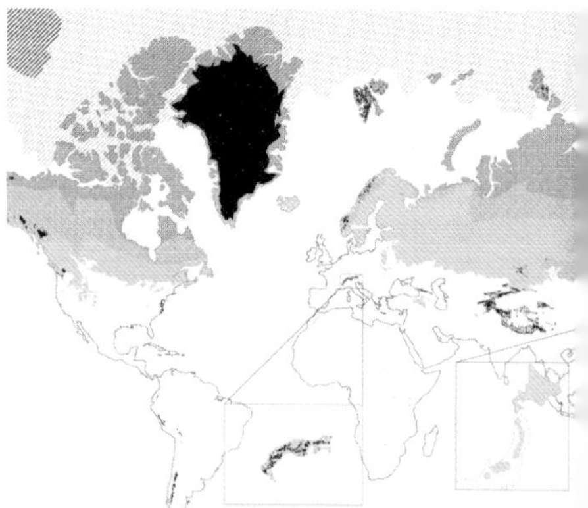

Fossil Fuels Map. Within the next twenty years, the fossil fuels crude oil, natural gas, and coal will reach their maximum production levels, after which they will begin to decline, while global energy demands rise. Mobility and energy supply will become considerably more expensive, which will lead to a change in settlement structures. Production sites, however, will profit by steadily increasing revenue until their resources have run dry. Due to the foreseeable depletion of the respective local natural resources, nowhere else is a preventive antishrinkage policy more opportune than here, as implemented today for instance in Dubai or Aberdeen.

Flooding Map. Today, forty million coastal city dwellers are potentially endangered by flooding and are frequently shielded from it with extensive protection measures. Because of the climate-induced rising of the sea level by up to one meter, an increasing number of storms, as well as population growth and the subsidence of cities, the number of those affected by flooding is anticipated to rise to approximately 150million by the year 2070.

Ice, Snow, and Permafrost Map. The expected decline in snowfall in temperate zones by 60–80% by 2080 / 2010 will mean that numerous winter sports resorts will lose their means of existence. It is expected that the glaciers that have been investigated so far will lose an average of 60% of their volume by 2050. In regions with thawing permafrost soil, land subsidence and decreasing soil stability is causing damage to buildings, roads, pipelines, etc.

Desertification Map. More than half a billion people currently live in deserts. Due to rising temperatures and a lack of rainfall, as well as overexploitation, overgrazing, deforestation, and incorrect irrigation, existing desert regions are expanding. The decline of agriculture is causing the rural population to flee into cities. However, desert cities exploit local water resources, jeopardizing their future water supply. In addition, the subsistence economy provides slum dwellers with only few opportunities, resulting in poverty and undersupply.

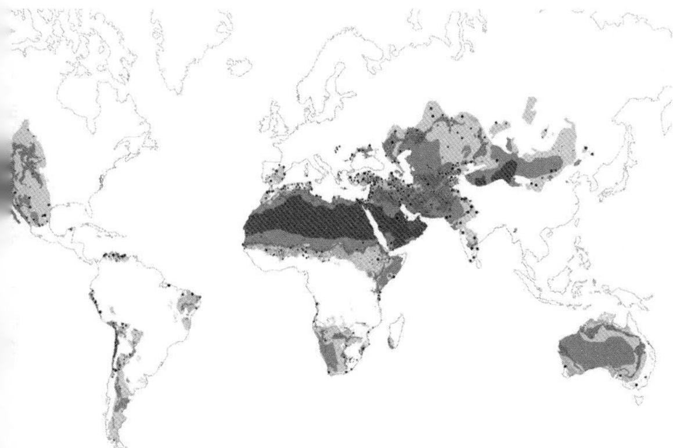

Figura 4 (izq): mapa de inundaciones; figura 5 (centro): mapa de hielo, nieve y permafrost; figura 6 (derecha): mapa de desertificación.

Image 4 (left): flooding map; image 5 (centre): ice, snow and permafrost map; image 6 (right): desertification map

Mapa de Desertificación. Más de 500 millones de personas viven en desiertos a día de hoy. Debido al aumento de las temperaturas y a una menor precipitación, así como a la sobreexplotación, el sobrepastoreo, la deforestación y la irrigación inadecuada, las regiones desérticas se están expandiendo. El declive de la agricultura está causando que la población rural emigre a las ciudades. Sin embargo, las ciudades desérticas explotan los recursos hídricos locales, poniendo en peligro el futuro suministro del agua. Además, una economía de subsistencia ofrece pocas oportunidades a los habitantes de las barriadas, resultando en pobreza y escasez.

Mapa de Escasez Hídrica. Un abastecimiento de agua seguro siempre ha sido una condición necesaria para el asentamiento y crecimiento de las ciudades. Sin embargo, más de 1.000 millones de personas sufren hoy la falta de agua potable. En décadas venideras, la falta de agua empeorará de manera sustancial a nivel global y se convertirá en un problema más grave que el descenso de las reservas de petróleo. Aparte del crecimiento de la población y el aumento del consumo per cápita, entre otras, las causas son una menor precipitación local debido al cambio climático, el agotamiento de recursos hídricos sostenibles y la creciente contaminación del agua.

Mapa de Calentamiento y Enfriamiento. Un calentamiento global distribuido de manera desigual nos está llevando a cambios en la demanda energética de edificios por la reducción del uso de la calefacción (los denominados días-grado de calentamiento) así como un incremento de la demanda de enfriamiento (días-grado de refrigeración). Los cambios locales de la población empeorarán estos cambios inducidos por el clima, con regiones frías perdiendo población mientas zonas más cálidas muestran fuertes aumentos de la población.

Mapa de Polarización. El desarrollo de las ciudades se está volviendo cada vez más polarizado entre ganadores y perdedores. En los viejos países industrializados, la población y la actividad económica se están concentrando cada vez más en zonas urbanas de alta densidad, mientras que las periferias rurales se están quedando despobladas.

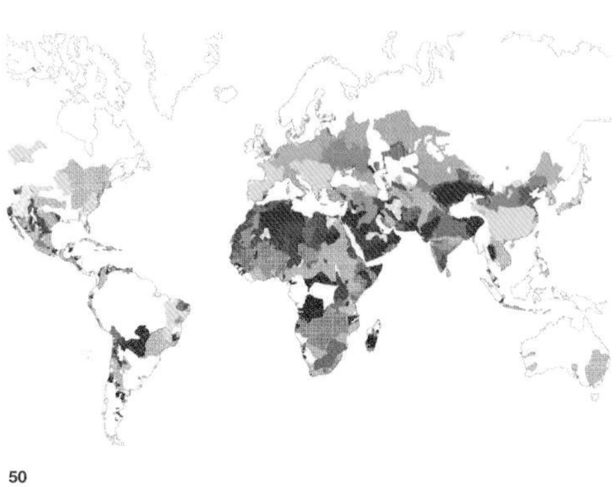

Water Scarcity Map. A secure water supply has always been a necessary condition for the emergence and growth of cities. Yet more than a billion people are currently suffering from a lack of drinking water. In upcoming decades, the water shortage will get considerably worse worldwide and become a more significant problem than the decline in oil supplies. Besides population growth and increasing per capita consumption, causes for this are, among others, the local reduction of rainfall volumes within the scope of climate change, the depletion of sustainable water resources, and increasing water pollution.

Heating and Cooling Map. Unequally distributed global warming is leading to a changing energy demand for buildings through a reduction of heating demand (heating degree days) as well as an increase of cooling demand (cooling degree days). Local population development aggravates climate-induced changes, as many regions in the cooler north will presumably lose population, while zones in the warmer south will record strong population growth.

Polarization Map. The development of cities is becoming more and more polarized into winners and losers. In the old industrial countries, population and economic activity are becoming increasingly concentrated in the large urban high-density areas, while the rural peripheries are depopulating.

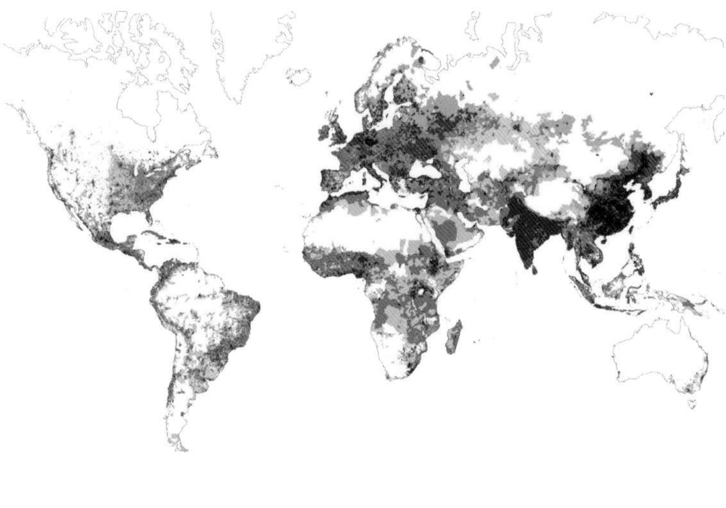

Figura 7 (izq): mapa de escasez hídrica; figura 8 (centro): mapa de calentamiento y enfriamiento; figura 9 (arriba): mapa de polarización fósiles

Image 7 (left): water scarcity map; image 8 (centre): heating and cooling map; image 9 (above): polarization map

Ciudades en contracción. Conceptos para la acción
Philipp Oswalt

¿Cómo se puede cualificar el proceso de encogimiento no planeado? Las estrategias de acción hasta la fecha no han logrado formular respuesta satisfactoria a esta pregunta.

Si estamos de acuerdo con el sociólogo francés Pierre Bourdieu en que el espacio social se traduce en el espacio físico, se debe también aceptar que los problemas sociales se reflejan en la crisis del espacio físico de las ciudades en contracción, y que si no hay un esfuerzo para abordar esta crisis, casi nada sustancial puede decirse de la transformación de las ciudades. Pero esto no es todo. No solo se expresan las constelaciones sociales en el espacio urbano —que se puede entender como un mapeo de estas— sino que los problemas sociales se reflejan en la concepción de los propios modelos de acción (y de sus crisis).

En los días de la alta modernidad de la arquitectura y el urbanismo, la gente todavía soñaba —sobre las ideas políticas del socialismo y una fe generalizada en el progreso— con sobreponerse a los conflictos, con una sociedad ideal en armonía, con eliminar la contradicción entre la ciudad y el campo. Fundamental en este modelo es la idea de superar las disparidades de espacio social y producir condiciones de vida en igualdad de valor. La suposición era que las ayudas económicas a regiones menos desarrolladas era algo deseable no solo por razones de política social, sino también por razones de política económica, ya que los fondos invertidos allí tendrían el mayor efecto multiplicador sobre el crecimiento. Los objetivos económicos y sociales se apoyaban de manera recíproca en una situación mutuamente beneficiosa —o por lo menos eso se suponía. Hoy prevalece la opinión contraria: solo es en las existentes áreas de crecimiento de las grandes aglomeraciones donde se puede esperar el desarrollo económico efectivo con el mayor efecto multiplicador sobre el crecimiento. Esta idea supone un dilema: ¿deben invertirse los fondos existentes con el fin de obtener el máximo efecto sobre el crecimiento, por lo tanto maximizando la riqueza de la sociedad como conjunto, y simplemente tolerar la creciente polarización de la geografía social?, ¿o deberíamos renunciar al crecimiento y centrarnos en equilibrar las diferencias en las condiciones de vida?

Las ciudades en contracción cuestionan las prácticas, los valores y los modelos sociales existentes, y por lo tanto llaman a una reflexión y reevaluación cultural de base. ¿Las diferencias pueden tomar una dirección positiva sin promover la polarización social? ¿Se puede concebir el urbanismo sin densidad? ¿Puede la pausa misma simbolizar calidad? ¿Qué papel cumple la propiedad en el uso del espacio? ¿Pueden usarse los espacios y los materiales en desuso de otras maneras? ¿Hay prácticas informales que puedan entenderse como modelos positivos para la acción? ¿Cómo influyen las crisis de mentalidad e identidad en el espacio urbano?

Todo modelo de acción es estructuralmente incompleto: puede tener éxito en ciertas áreas, pero en otras tendrá poco efecto o incluso puede empeorar los problemas. Las ideas detrás de la 'ciudad emprendedora' que se han llevado a cabo en ciudades en contracción como Manchester, Birmingham y Baltimore son ejemplo de esto. Por un lado, han tenido un éxito notable a la hora de revitalizar los centros urbanos, pero por otro, han tendido a

Shrinking Cities. Concepts for action

Philipp Oswalt

How can the unplanned process of shrinkage be qualified? Strategies for action to date have failed to formulate a satisfactory answer to this question.

If we agree with the French sociologist Pierre Bourdieu that social space translates into physical space, it must be said that social problems are reflected in the crisis of physical space in shrinking cities, and that without efforts to address this crisis, little of substance can be said about the transformation of cities. But that is not all. Not only are social constellations expressed in urban space —which can be read as a kind of mapping of them— but social problems are reflected in the conception of the models for action themselves (and their crises).

In the days of the High Modernism of architecture and urban planning, people still dreamed —building on the political ideas of socialism and a general faith in progress— of overcoming conflicts, of harmony in an ideal society, of eliminating the contradiction between city and countryside. Essential to this model is the idea of overcoming disparities of social space and producing living conditions based on equal value. The presumption was that economic aid to lesser-developed regions was desirable not only for reasons of social policy, but also for reasons of economic policy, for the funds invested there would have the greatest spin-off effects on growth. Economic and social goals supported each other in a win-win situation —or so the assumption went. Today, the opposite view is prevalent: only in the existing growth areas of large agglomerations can economic development be pursued effectively with the maximum spin-off effect on growth. This view results in a dilemma: should the existing funds be invested for the greatest effect on growth, thus maximising the wealth of the society as a whole, while simply putting up with increasing polarisation of the social geography? Or, should we renounce growth and concentrate on balancing differences in living conditions?

Shrinking cities question existing social practices, values, and models and thus call for fundamental cultural reflection and re-evaluation. Can differences take a positive turn without fostering social polarisation? Is urbanism conceivable without density? Can slowness itself represent quality? What role does property play in the use of space? Can unused spaces and materials be used in different ways? Are there informal practices that can be read as positive models for action? How do mentalities and identity crises influence urban space?

Every model for action is structurally incomplete: it may be successful in certain areas, but in others it will have little effect or even worsen the problems. The ideas behind the 'entrepreneurial city' that have been practiced in shrinking cities like Manchester, Birmingham, and Baltimore exemplify this. On the one hand, they have achieved remarkable success at revitalising city centres, on the other, they have tended to have negative effects on outlying districts because less public funding is available for them even as they continue to suffer from economic decline and population loss.

tener in impacto negativo en los distritos periféricos, ya que disponen de menos inversión pública, mientras continúan sufriendo declive económico y pérdida de población.

Todo plan de desarrollo urbano está sesgado. En lugar de ofrecer un objetivo o una promesa presuntamente neutral de salvación por medio de planeamiento, estos sesgos deben ser expuestos y negociados. Tiene que haber un debate sobre qué ideas sociales, qué intereses y qué objetivos tiene un proyecto dado. Hace falta una repolitización del desarrollo urbano sin que sea completamente absorbido por la política, como sucedió en la década de los setenta.

En el contexto del encogimiento, es necesario abrir un nuevo debate sobre los instrumentos de planeamiento, similar al que hubo a principios de la alta modernidad: el desarrollo de nuevas herramientas de acción fue esencial en la formación de la arquitectura y el desarrollo urbano durante este periodo. Sobre la base de un nuevo modelo sociopolítico, se crearon nuevos clientes y patrocinadores, así como nuevas formas de financiación, nuevos modelos de impuestos, nuevos conceptos de políticas comunitarias, nuevas instituciones, etcétera. Hoy tenemos la necesidad urgente de abordar estos temas de nuevo. Durante años se han diseñado incontables planes de desarrollo urbano en informes y propuestas de desarrollo urbano, concursos y encargos directos, sin que hayan tenido efecto notable alguno. Una sola razón: todos los proyectos se basan en modelos de acción orientados al crecimiento que no se sostienen en contextos de encogimiento, haciendo que dichos planes sean obsoletos desde el inicio.

El desarrollo urbano está influenciado por muchas fuerzas diferentes que se basan en una amplia gama de estructuras para la toma de decisiones, procesos de desarrollo y estructuras de poder. La mayoría de ellas se encuentran fuera del ámbito en el que se llevan a cabo el planeamiento urbano y la acción local. De hecho, se extienden a través de todas las escalas concebibles: desde el barrio hasta lo global. Por esta razón, dar forma al espacio urbano no puede limitarse a lo local, sino que llama a la acción desde un número de niveles que solamente están ligeramente conectados. Hemos investigado varios posibles campos de acción a lo largo del curso de nuestro proyecto "Shrinking Cities". El campo denominado "Deconstruir" [Deconstructing] examina la cuestión de cómo se puede dar forma a y qué cualidades pueden encontrarse en lo que permanece tras el desmantelamiento urbano —es decir, el proceso de 'desurbanización'. El campo "Reevaluar" [Reevaluating] explora cómo lo tradicional, lo abandonado puede ser reapropiado y usado de otra manera. El campo "Reorganizar" [Reorganising] se centra en la cuestión de la organización social: ¿cómo pueden concebirse de otra manera los procesos, las estructuras y los programas con el fin de generar nuevas oportunidades para el desarrollo? El campo "Imaginar" [Imagining] considera la acción urbana desde la perspectiva de la imaginación y aborda los procesos cognitivos de la comunicación, la memoria, la búsqueda de identidad, y la producción de deseo. Se formularon varios conceptos urbanos para los respectivos campos de acción, cada uno de los cuales abarca la complejidad de la realidad urbana solo en parte y por lo tanto de manera inevitablemente incompleta. Describen modelos conceptuales, la base de cualquier tipo de acción urbana. Hacen explícitas las premisas ideológicas, y por lo tanto negociables. A lo largo del proyecto "Shrinking Cities", los modelos urbanos se ejemplificaron en una serie de estudios, propuestas y críticas.

Any urban development plan is biased. Rather than offering an allegedly objective or neutral promise of salvation through planning, this bias has to be exposed and negotiated. There needs to be a discussion about what social ideas, what interests, and what goals manifest themselves in a given project. There needs to be a re-politicisation of urban development without having it completely absorbed by politics, as happened in the 1970s.

In the context of shrinkage, there needs to be a new debate over the instruments of planning analogous to the one that took place at the beginnings of High Modernism: the development of new tools of action was essential to the formation of the architecture and urban development of this period. On the basis of a new socio-political model, new clients and sponsors were created, as were new forms of financing, new models for taxation, new concepts for community politics, new institutions, and so on.

Today we urgently need to address such themes once again. For years, countless urban development plans have been produced in reports and urban development proposals, in competitions and direct commissions, yet they have not had any noticeable effect. One reason: all the projects are based on growth-oriented models for action that do not take hold in contexts of shrinkage, making the plans obsolete from the outset.

Urban development is influenced by many different forces that are based on a wide range of structures for decision-making, developmental processes, and power structures. Most of them lie outside the level on which urban planning and local action occur. Indeed, they extend across all conceivable scales: from the neighbourhood to the globe. For this reason, giving shape to urban space cannot be limited to the local, but calls for action on a number of levels that are only loosely connected. We have investigated various possible fields of action over the course of our work in the Shrinking Cities project.

The field "Deconstructing" examines the questions of how urban rollback —that is, the process of 'deurbanisation'— can be shaped and what qualities can be obtained by that which remains. The field "Reevaluating" explores how the traditional, the abandoned, can be re-appropriated and used differently. The field "Reorganising" is concerned with the question of social organisation: how can processes, structures, and programs be conceived differently in order to create new opportunities for development? The field "Imagining" considers urban action from the perspective of the imagination and addresses mental processes of communication, memory, identity creation, and the production of desire. For these respective fields of action we formulated several urban concepts, each of which encompasses the complexity of urban reality only in part and is thus unavoidable incomplete. They outline conceptual models, which are the basis for any kind of urban action. They make the ideological premises explicit, and in turn negotiable. Within the course of the project Shrinking Cities these urban models were exemplified with a series of studies, proposals, and critiques.

Deconstruir

Ciudad en demolición. La demolición es una manera de adaptar la ciudad en contracción a una caída en la demanda local. Derribar lo viejo para hacer sitio a lo nuevo siempre ha sido parte de la historia del desarrollo urbano. La demolición hoy posee una cualidad desconocida hasta el momento: es un fin en sí mismo; por lo tanto, se convierte en una problemática en sí misma. Le sigue la cuestión de ciudades moribundas como consecuencia: ¿qué significa que una ciudad desaparezca por completo?

Ciudad evolutiva. Las ciudades y los edificios están sujetos a un proceso de constante construcción y deterioro, cuyo desarrollo pocas veces puede ser anticipado. Planificar implica crear estructuras espaciales abiertas a una variedad de desarrollos futuros y que por tanto se convierten en espacios de potencial. Su indeterminación concreta genera cualidades arquitectónicas y urbanas. El diseño también puede consistir en visibilizar los procesos de transformación y por tanto cuestionar nuestra noción de permanencia.

Ciudad asilvestrada. El retroceso urbano genera espacios vacantes. Páramos, bosques y campos avanzan poco a poco hacia la ciudad y determinan cada vez más su aspecto y estructura. Con lo que paisajes típicos cambian y absorben elementos y funciones urbanas. La agricultura urbana o huertos comunitarios pueden generar nuevas redes sociales o una base para economías locales.

Ciudad en contracción. El encogimiento mantiene encendida la esperanza de que las ciudades se reduzcan a su esencia y de esta manera tengan ganancias cualitativas. Dependiendo de las diferentes perspectivas, el objetivo de tal encogimiento controlado es el de desarrollar una ciudad compacta, un archipiélago urbano, o una ciudad-franja reticular. Incluso cuando, dado el mercado inmobiliario abierto y una sociedad móvil, semejantes conceptos espaciales no pueden llevarse a cabo, sí que forman la percepción de la ciudad e influyen dónde se localizan las intervenciones espaciales.

Deconstruyendo la Ciudad. Ilustración por Tidian Camara. Berlín. **Deconstructing City. Illustration by Tidian Camara. Berlin**

Deconstructing

Demolition City. Demolition is a means of adjusting shrinking cities to a drop in local demand. Tearing down the old to make way for the new has always been part of the history of urban development. Demolition today has gained a hitherto unknown quality: it is an end in itself. It hence becomes an issue in itself. The question of dying cities follows as a consequence: what does it mean when cities completely disappear?

Evolutionary City. Cities and buildings are subject to a constant process of construction and decay, the course of which can be rarely anticipated. Planning means creating spatial structures that are open to various future developments and that thus become spaces of potential. Their specific indeterminacy generates architectonic and urban qualities. Design can also consist of making processes of transformation visible and thus can challenge our perception of permanence.

Feral City. Urban withdrawal creates vacant spaces. Wasteland, forests, and fields creep back into the city and increasingly determine its look and its structure. Typical landscapes thereby undergo change and absorb urban elements and functions. Urban agriculture or community gardens can generate new social networks or the basis for local economies.

Contraction City. Shrinkage stirs hopes that cities might be reduced to their essential core and in this way make qualitative gains. Depending on the respective viewpoint, the aim of such controlled shrinkage is to develop a compact city, an urban archipelago, or a reticular strip city. Even when, given the open property market and a mobile society, such comprehensive spatial concepts cannot be realised, they do mould perceptions of the city and influence where spatial interventions are located.

Revalorizando la Ciudad. Ilustración por Tidian Camara. Berlín. **Reevaluating City. Illustration by Tidian Camara. Berlin**

Ciudad agotada. Las ciudades en contracción tienen densidades reducidas, aunque siguen derramándose por los márgenes a pesar de la reducción en sustancia urbana. Las ciudades agotadas se caracterizan por una población envejecida, ya que suelen ser las personas jóvenes las que se marchan. En zonas con densidades menguantes, intervenciones espaciales, estrategias de planeamiento, nuevas formas organizativas y tecnologías digitales ayudan a garantizar que las cualidades urbanas existentes puedan ser retenidas y otras nuevas creadas. Los parámetros del tiempo, la movilidad y el acceso ocupan el lugar de la presencia física. La migración y el turismo pendular convierten lugares en localidades a tiempo parcial.

Ciudad regional polarizada. El ideal del desarrollo equitativo se está socavando. Modelos provocativos sugieren que el desarrollo espacial debe polarizarse: compactación de las aglomeraciones urbanas frente a la reducción de las áreas periféricas. ¿Se puede transformar la disparidad regional en una fuerza productiva? ¿Pueden las regiones periféricas desarrollar cualidades más allá de aquellas en los escenarios de crecimiento tradicional? El potencial para la acción aumenta con la creación, dentro de las aglomeraciones actuales, de administraciones regionales que comprenden tanto zonas de encogimiento como de crecimiento.

Reevaluar

Ciudad temporal. Un excedente de espacios liberados ofrece nuevas posibilidades. La carencia de opciones para la reconversión a largo plazo se sustituye por las actividades efímeras de las partes interesadas que tienen poco capital excedente. Experimentan con nuevos usos y formas de cooperación, crean interacciones sociales y le dan un nuevo significado cultural a lo que se encontraba allí. No todos los espacios vacíos encontrarán alianzas interesadas, y las acciones, fugaces, no duran en el tiempo; aunque en ocasiones se convierten en las semillas de desarrollos a largo plazo.

Ciudad pionera. Mucha gente se va de las ciudades y regiones en contracción; para otra gente, esto abre nuevas perspectivas de vida. Como gente pionera del espacio —desde emprendedores, productores culturales o inconformistas— la gente se muda a estas zonas de encogimiento para construir una nueva vida, trayendo consigo una gran motivación y la voluntad de invertir. El espacio en desuso y barato en edificios y paisajes interesantes brinda oportunidades para estilos de vida alternativos. En ciudades más grandes, se hacen esfuerzos para aprovechar estas prácticas con el fin de 'hacer lugar' [*place-making*].

Ciudad reinterpretada. Los materiales y edificios en desuso toman nuevas funciones por medio de la reinterpretación y la reorganización. Esto ayuda a ahorrar recursos. Al reformar el material existente, la transformación social se asimila culturalmente. Una tensión productiva resulta de la diferencia entre lo dado y la nueva situación que se busque. Esta tensión produce nuevas tipologías, programas y conexiones, y también muestra cualidades inesperadas de los grandes conjuntos de vivienda aparentemente obsoletos de la época de la posguerra.

Depleted City. Shrinking cities have reduced density, yet spill over into surrounding areas despite the decline in urban substance. Depleted cities are characterised by older populations, for it is usually the young who leave. In areas with decreasing densities, spatial interventions, urban planning strategies, new organisational forms, and digital technologies help ensure that existing urban qualities can be retained and new ones can be created. The parameters of time, mobility, and access take the place once held by physical presence. Pendular migration and tourism turn places into part-time towns.

Polarised Regional City. The ideal of equitable development is being eroded. Provocative models propose that spatial development should be polarised: compaction of urban agglomerations vis-à-vis the depletion of peripheral areas. Can regional disparity be turned into a productive force? Can peripheral regions develop qualities beyond those of traditional growth scenarios? The potential for taking action is increased through the creation, within present agglomerations, of regional administrations that encompass zones of shrinkage and growth in equal measure

Reevaluating

Temporary City. A surplus of freed-up space provides new possibilities. A dearth of long-term options for repurposing is replaced by the ephemeral activities of interested parties who have little capital to spare. They experiment with new uses and forms of cooperation, create social interactions, and give new cultural meaning to what was found there. Not every vacant space will find interested parties, and the fleeting actions are of limited duration. Still, sometimes they become seeds for longer-term developments.

Pioneer City. Many people are leaving shrinking cities and regions; for others, this opens up new perspectives on life. Pioneers of space —whether entrepreneurs, dropouts, or cultural producers— are moving into shrinking areas in order to build new lives, and bringing with them great motivation and a willingness to invest. The unutilised and cheap space in interesting buildings and landscapes offers opportunities for alternative lifestyles. In larger cities, there are efforts to put such practices to use for place-making.

Reinterpreted City. Materials and buildings that are no longer used take on new functions through reinterpretation and reorganisation. This helps save resources. Through the reforming of existing material, social transformation is assimilated culturally. A productive tension results from the difference between the given and the new situation desired. This tension produces new typologies, programs, and connections, and also reveals unexpected qualities of the seemingly obsolete large housing developments of the post-war era.

Reorganizar

Ciudad DIY. Las crisis de la organización gubernamental y el desarrollo económico ha llevado a un nuevo énfasis en la auto-organización de la población en áreas urbanas. La ciudadanía se enfrenta al reto de tomar las riendas del desarrollo económico, social, cultural y urbano. Esto ha llevado a objetivos contradictorios: ¿la intención es reducir el gasto estatal y dar la responsabilidad de la asistencia pública y el bien común a la ciudadanía?, ¿o debería centralizarse la autoridad de las decisiones en materia de recursos, dando más poder a la gente menos privilegiada y creando espacios para la innovación?

Ciudad fuerte. La crisis de la ciudad solo puede ser superada fortaleciendo la ciudad. La autoridad para tomar decisiones y planear una hoja de ruta debería transferirse desde el estado de vuelta a las municipalidades, que a su vez deben organizarse. La expansión espacial de las municipalidades es un prerrequisito al modelado del desarrollo urbano y al balance de las desigualdades regionales. Las competencias y funciones deben negociarse de nuevo entre las municipalidades, la sociedad y las empresas, aunque sin orientar el desarrollo urbano hacia criterios económicos privados en el sentido de una 'ciudad emprendedora'.

Ciudad mercantilizada. En el capitalismo, la ciudad es un bien de consumo. La mercantilización de los espacios urbanos da forma a la ciudad; la lógica del crecimiento de mercado establece las normas. En contra de los supuestos que sostienen el modelo ideal de la economía, el impulso individual hacia la eficiencia económica a veces va en contra del objetivo de alcanzar la prosperidad general. Formas colectivas de ofrecer préstamos y del uso de la propiedad puede abrir nuevas posibilidades y prometen mayor prosperidad para tanto el individuo como la sociedad en su conjunto, en particular en tiempos de crisis.

Reorganizando la Ciudad. Ilustración por Tidian Camara. Berlín. **Reorganizing City. Illustration by Tidian Camara. Berlin**

Reorganising

Do-It-Yourself City. Crises in government organisation and economic development have led to a new emphasis on the self-organisation of people in urban areas. Citizens are being challenged to take economic, social, cultural, and urban development into their own hands. This has led to contradictory goals: is the intention to reduce state spending and hand over the responsibility for public assistance and the common good to citizens? Or should the authority for decisions about resources be decentralised, with more power given to the less privileged and space for innovation created?

Strong City. The crisis of the city can only be overcome by strengthening the city. The authority to make decisions and plan a course of action should be shifted from the state back to the municipalities, which must in turn be reorganised. The spatial expansion of the municipalities is a prerequisite for shaping urban development and balancing out regional disparities. Competencies and tasks should be renegotiated between municipalities, society, and business, yet without orienting urban development toward private economic criteria in the sense of an 'entrepreneurial city'.

Commodified City. In capitalism, the city is a commodity. Economic commodification of urban spaces shapes the city; the logic of market growth determines the rules. Contrary to the assumptions underpinning the ideal model of the economy, the individual drive toward economic efficiency sometimes works against the goal of achieving overall prosperity. Communal forms of granting loans and utilising property can open up new possibilities and promise greater prosperity for both the individual and society as a whole, particularly during times of crisis.

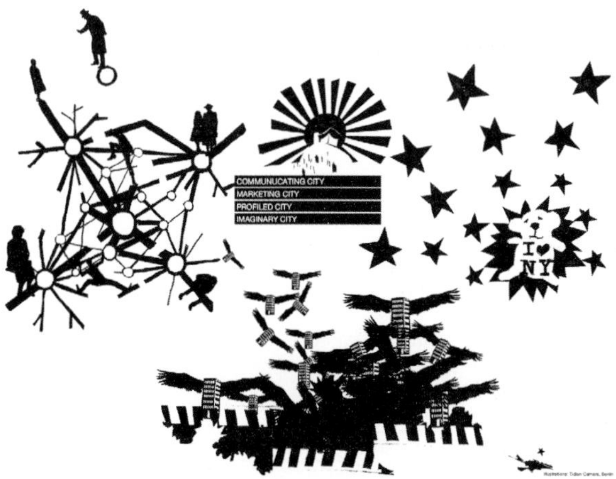

Imaginando la Ciudad. Ilustración por Tidian Camara. Berlín. **Imaging City. Illustration by Tidian Camara. Berlin**

Ciudad emergente. La ciudad es solo en cierta medida el producto del planeamiento consciente; por lo general es el resultado de reglas y fuerzas que emergen lejos del ámbito del urbanismo. El desarrollo urbano de una ciudad se forma por las consecuencias y los efectos colaterales de leyes, programas de subvención, mercados y el progreso tecnológico. Por lo tanto, las intervenciones relevantes en el desarrollo urbano dependen de cambios en las variables sociales, como las políticas de inmigración, leyes de propiedad o medidas de desarrollo económico.

Ciudad excepcional. Islas territoriales dan cabida a la experimentación con reglas o medidas singulares para equilibrar debilidades locales, por ejemplo, al otorgar privilegios especiales. Desde la Edad Media, las ciudades han otorgado derechos particulares desde su constitución o durante periodos de declive, haciéndolas atractivas para inmigrantes y permitiendo revitalizar la economía. Las zonas económicas especiales de hoy se limitan en exclusiva a ofrecer incentivos económicos. Por el contrario, proyectos de emancipación y experimentos de socialismo libertario son muy escasos.

Imaginar

Ciudad en comunicación. Las ciudades son espacios de comunicación e intercambio. Aunque esta condición básica de la vida urbana se encuentra críticamente socavada por los efectos de la contracción —migración, declive de la población, fragmentación e introversión. Intervenciones artísticas promueven la comunicación y nuevas relaciones entre la gente, entre la ciudad y la ciudadanía, y entre la gente que se fue y la que se quedó. Al mismo tiempo, nuevas formas de representación y cambios de percepción llevan a la reflexión sobre uno mismo y a una reevaluación del entorno inmediato. Precisamente esta diversidad de opiniones encontradas otorga una nueva cualidad al espacio público.

Ciudad de marketing. Las ciudades florecen con el influjo de residentes, turistas e inversores. Tras la pérdida de sectores económicos que fueron claves en la creación de sus identidades, las ciudades buscan crearse un nuevo perfil y promocionar sus ventajas de emplazamiento por medio de campañas de marketing, grandes eventos y proyectos arquitectónicos de prestigio. El marketing urbano se dirige a un público más allá de la ciudad, a la vez que a la ciudadanía local, y por tanto debe intentar satisfacer exigencias contradictorias.

Ciudad perfilada. Las ciudades adquieren un perfil al construir sobre sus singulares fortalezas locales. Esto le da a la transformación urbana del encogimiento —al inicio una desintegración impuesta por fuerzas externas— dirección y contorno. Los conflictos, las crisis y la diversidad pueden ser catalizadores del desarrollo de nuevas identidades y carácter local. La caracterización urbana es crucial para que las ciudades con desarrollos espaciales desiguales puedan afirmarse como lugares competitivos.

Ciudad imaginaria. La imaginación genera diferentes imágenes del pasado y el futuro. Las prácticas de memoria o recuerdo moldean nuestra perspectiva histórica y por tanto influyen en cómo vemos el presente. El deseo diseña otro futuro, abre espacios para nuevas posibilidades y así desencadena cambios en el presente. La acción urbana nace del poder de nuestra imaginación.

Emerging City. The city is only to a limited extent the product of conscious planning; largely it is the result of rules and forces originating far beyond the realm of planning. A city's development is shaped by the consequences and side effects of laws, funding programs, markets, and technological progress. Relevant interventions in urban development are thus dependent upon changes in the social parameters, such as in immigration policy, property laws, or economic development measures.

Exceptional City. Territorial islands allow for experimentation with special rules or measures to balance out local weaknesses, for example by granting unique privileges. Since the Middle Ages, cities have been granted special rights upon their founding or during periods of decline, making them attractive for immigrants and enabling them to revitalise the economy. The special economic zones of today are limited exclusively to offering economic incentives. Emancipatory projects and social-libertarian experiments, by contrast, are very rare.

Imagining

Communicating City. Cities are places of communication and exchange. Yet this basic condition of urban life is critically undermined by the effects of shrinkage —migration, population decline, fragmentation, and introversion. Artistic interventions foster communication and new relationships between individuals, between a city and its residents, and between the people who moved away and those left behind. At the same time, novel forms of representation and changes in perception lead to reflection about oneself and a reappraisal of one's environment. The very diversity of conflicting opinion lends a new quality to public space.

Marketing City. Cities thrive on an influx of residents, tourists, and investors. After losing economic sectors once vital to their identity, cities seek to create a new profile and promote their locational advantages by means of marketing campaigns, major events, and prestigious architectural projects. Urban marketing targets a public beyond the city as well as local residents and thus must attempt to satisfy contradictory demands.

Profiled City. Cities acquire a profile by building on their singular local strengths. This gives the urban transformation of shrinkage —at first a disintegration imposed by external forces— direction and contour. Conflict, crises, and difference can be catalysts for the development of new identities and local character. Urban profiling is imperative in order that cities with uneven spatial development can assert themselves as competitive locations.

Imaginary City. Imagination generates different pictures of the past and the future. Practices of remembrance mould our understanding of history and in this way influence how we see the present. Desire designs another future, opens up space for new possibilities, and thus sparks off change in the present. Urban action is born of the power of our imagination.

Eibar

Archipiélagos. Ciudades Industriales
Archipelagos. Industrial Cities

Eibar. Ciudad industrial mixta y compacta de finales del siglo XIX. Roles y maquetas Colaborativas

Gaizka Altuna Charterina

Debido a unas condiciones orográficas complejas, con localidades situadas en valles angostos y profundos, muchas ciudades del País Vasco desarrollaron modelos de ciudad industrial compacta. En ellas, los espacios para la industria podían ocupar, tanto edificios completos e independientes, como las plantas bajas de edificios en uso compartido con vivienda. Estas premisas condicionaban y limitaban tanto el crecimiento de la escala industrial como el programa industrial asociado. Este es el caso de Éibar, donde es habitual encontrar edificios industriales con estructuras de hormigón armado y luces estructurales pequeñas (5-6 metros).

Durante cursos previos de CoLaboratorio se había trabajado sobre principios Open Building, relacionados con las teorías de John Habraken, diferenciando aquello que es contingente de lo infraestructural. Dicha labor se desarrolló en contextos abstractos e ideales, en distintas geolocalizaciones. Sin embargo, el mercado inmobiliario contemporáneo demanda más la rehabilitación de antiguos edificios que la construcción de nueva planta. Es por ello que uno de los objetivos de este curso era recoger todo aquel conocimiento previamente producido y estudiar las posibilidades de aplicarlo a un contexto real, concreto y complejo, trabajando sobre preexistencias. A estos efectos, Éibar resultaba un contexto perfecto debido a la gran cantidad de edificación industrial en desuso existente.

Metodológicamente se trabajaron tres cuestiones importantes:

División por roles: Los proyectos, aunque al final del curso tenían un desarrollo individual, se iniciaban en grupos de tres alumnos. A cada uno de ellos le era asignado un rol de especialista (bioclimático, técnico o social). Cada uno de los especialistas debía comenzar con el desarrollo de la parte del proyecto relativa a su rol; después debían negociar la combinación de las tres partes. Mediante este método se pretendía que, por un lado, que los alumnos aprendieran a trabajar en entornos especializados y por otro, que adquiriesen capacidad de negociación en un grupo de trabajo.

Soluciones generalizables: Cada uno de los espacios industriales en los que se trabajó se encontraba en un lugar concreto, con sus condiciones específicas. Sin embargo, existen una serie de denominadores comunes entre ellos. Es por ello que, uno de los requisitos que debían cumplir los alumnos era que las soluciones concretas producidas en los espacios asignados debían ser extrapolables a otras localizaciones de la urbe. Durante el curso se trabajó en dos escalas distintas. En la primera parte se trabajó a escala de edificación, siendo a cada grupo de tres alumnos asignado un edificio industrial en desuso en el cual debían intervenir. Las intervenciones de rehabilitación incidían en el diseño de nuevas envolventes para mejorar la eficiencia energética. También recurrían a practicar nuevos operaciones de vaciado en las estructuras para facilitar la accesibilidad y las circulaciones necesarias para la implementación de nuevos programas de

Eibar. An industrial, mixed-use, compact city at the end of the 19th century. Roles and collaborative models

Gaizka Altuna Charterina

Due to complex topographical conditions, with towns growing in deep and narrow valleys, many cities in the Basque Country have developed compact industrial cities models where the industrial spaces occupy both whole isolated buildings and the ground floors of buildings, in mixed-use with housing. These premises conditioned and limited both the industries' growth in scale and that of its associated programme. This is the case in Eibar, where reinforced concrete industrial buildings and narrow structural spans (five to six metres wide) are widespread.

CoLaboratorio's previous courses developed around the 'Open Building' systems, based ol John Habraken's theories, differentiating between what is contingent and what is infrastructural. This work was carried out in abstract and ideal contexts, in different locations. However, the contemporary property market demands more rehabilitation of old buildings than the construction of new ones. This is why one of the aims of this course was to compile all the knowledge previously accumulated and study the possibility of applying it in a real context, specific and complex, working with the pre-existing. For these purposes, Eibar seemed to be a perfect scenario due to the number of industrial buildings currently in disuse.

The methodology revolved around three important questions:

Role division: The projects, although developed individually at the end of the course, began in groups of three. Each of the group members were given a specialised role (bioclimatic, technical, or social). Each of the specialists had to begin developing the part of the project relevant to their role, and then negotiate the combining of the three parts. This method was aimed at, on one hand, having students learn to work in specialised areas and on the other, have them acquire the ability to negotiate in a workgroup.

Generalisable solutions: Each of the chosen industrial spaces had highly-specific conditions. Nevertheless, there were a number of common denominators among them. That is the reason why, one of the brief requirements was that the specific solutions produced in the assigned space could be extrapolated to other locations in the city. During the course the work was carried out at two different scales. Over the first period, the students worked at a building scale: each group of three people was assigned an industrial building in disuse where they had to intervene. The renovation interventions emphasised on the design of new envelopes in order to improve energy efficiency. They also resorted to introducing new voids in the structures in order to improve the accessibility and the circulations needed for the implementation of new housing programmes and other uses. During the second semester, the whole city was parcelled into strips perpendicular to the valley (between 125 and 250m wide, with areas between 12 and 20 hectares) and

vivienda y otros usos. Durante el segundo semestre se loteó la ciudad entera en franjas perpendiculares al valle (de 125m o 250m de ancho, y áreas similares de 12-20 ha) y se asignó un lote a cada grupo de tres alumnos, en el cual tuvieron que plantear intervenciones a escala urbana, que más tarde hubieron de extender o transferir al resto de la ciudad. Las intervenciones de los alumnos hicieron especial hincapié en la renaturalización de la ciudad, la conexión de puntos de interés a distintas cotas que facilitara la movilidad y la accesibilidad y el esponjamiento de la ciudad generando nuevos vacíos.

Maquetas colaborativas: En la segunda parte del curso se trabajó utilizando un formato común, una gran maqueta colectiva de toda la ciudad en una escala 1:500. Dicha maqueta se construyó colectivamente, acordando materiales y códigos. Cada grupo era el responsable de construir el fragmento de maqueta de la franja en la que había asignado. Esto suponía una doble oportunidad para los alumnos, puesto que, además de ensayar su proyecto en su lote podían también hacerlo en el resto de la ciudad utilizando la maqueta colectiva.

Izquierda: Otoño. Loteo en Bandas de Eibar / Left: Autumn. Batching in strips Eibar
Derecha: Primavera. Viaje a Eibar. Errentería (Vaumm) / Right: Spring. Eibar trip. Errentería (Vaumm)

every parcel was assigned to each group of three students, who had to propose interventions at an urban scale, which would be taken or transferred to the rest of the city later. The student interventions focused in particular on the re-naturalisation of the city, the connection of sites of interest at different heights to facilitate mobility and access, and the improvement of the city porosity by generating new voids.

Collaborative models: Over the second part of the course, the work was carried out communally on a large-format, a collective model of the whole city at a 1:500 scale. This model was built collectively, using agreed-upon materials and codes. Each group was responsible for building the model fragment of their assigned strip. This was a double opportunity for the students, since, in addition to testing their project in their lot, they could also do it in the rest of the city by using the collective model.

2015-2016. Eibar

Professors / Profesores: Almudena Ribot, Ignacio Borrego, Javier García-Germán y Enrique Espinosa;
PhD candidates / Doctorandos: Begoña de Abajo y Gaizka Altuna;
Assistants / Mentoras: Irene García y Sara Galante

Autumn students (published work): Mariam Al-Hamouti (p.75, 76), Teresa M. Pagés (p.77), Pablo Mera (p.74, 77)

Spring students (published work): Luis Acedo-Rico (p.72-73, 77), Paloma Anaya, Alberto Calderón, Javier Cardín, Elena Castrillo, Paula Coderch (p.72-73), Miguel Corregidor, Luis Carlos de la Rosa, Laura Domínguez, Sergio Durán, Sergio Durántez, David Egido, Carlota de Elvira (p.76), Jose María Fernández, Paloma Fernández-Daza, Diego Antonio García, Raquel García, Nazario García, María del Valle Gausí, Guillermo Gutiérrez, César Hernández, Álvaro Herreros, Yi Ling Hsieh, Sharon Lee, Manuel López, Rubén López, Fernando López, María Lorenzo, Nicolás Martín, Daniel Méndez, Ramiro Méndez, Miguel Milián, Camino Miñambres, Alba Morcillo, Jorge Nieto (p.72-73, 76), Ana Pastor, María Pérez, Elena Quintana, Marina Rodrigues, Joan Rodríguez, Jaime Rojo, Paula Ruiz, Diego Sancho, Álvaro Santi, Eduardo Schiebek, Ángela Schwartzennegger, Jesús Sobaler, María Suja (p.77), Paula Terol, Miguel Trujillo, Margareta Usandizaga, Marta Vaquero, Antonio Velasco, Miguel Ygoa

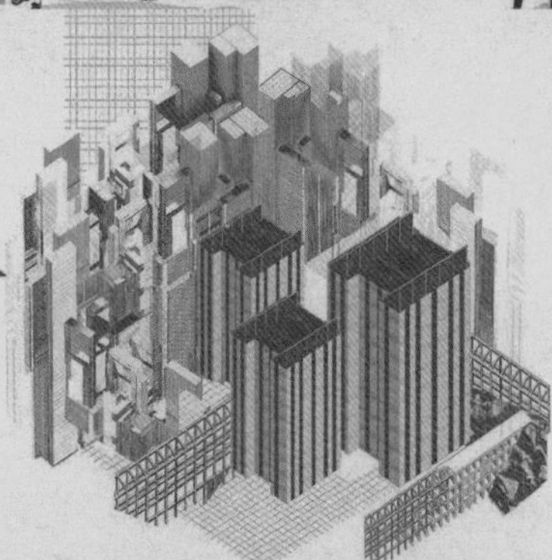

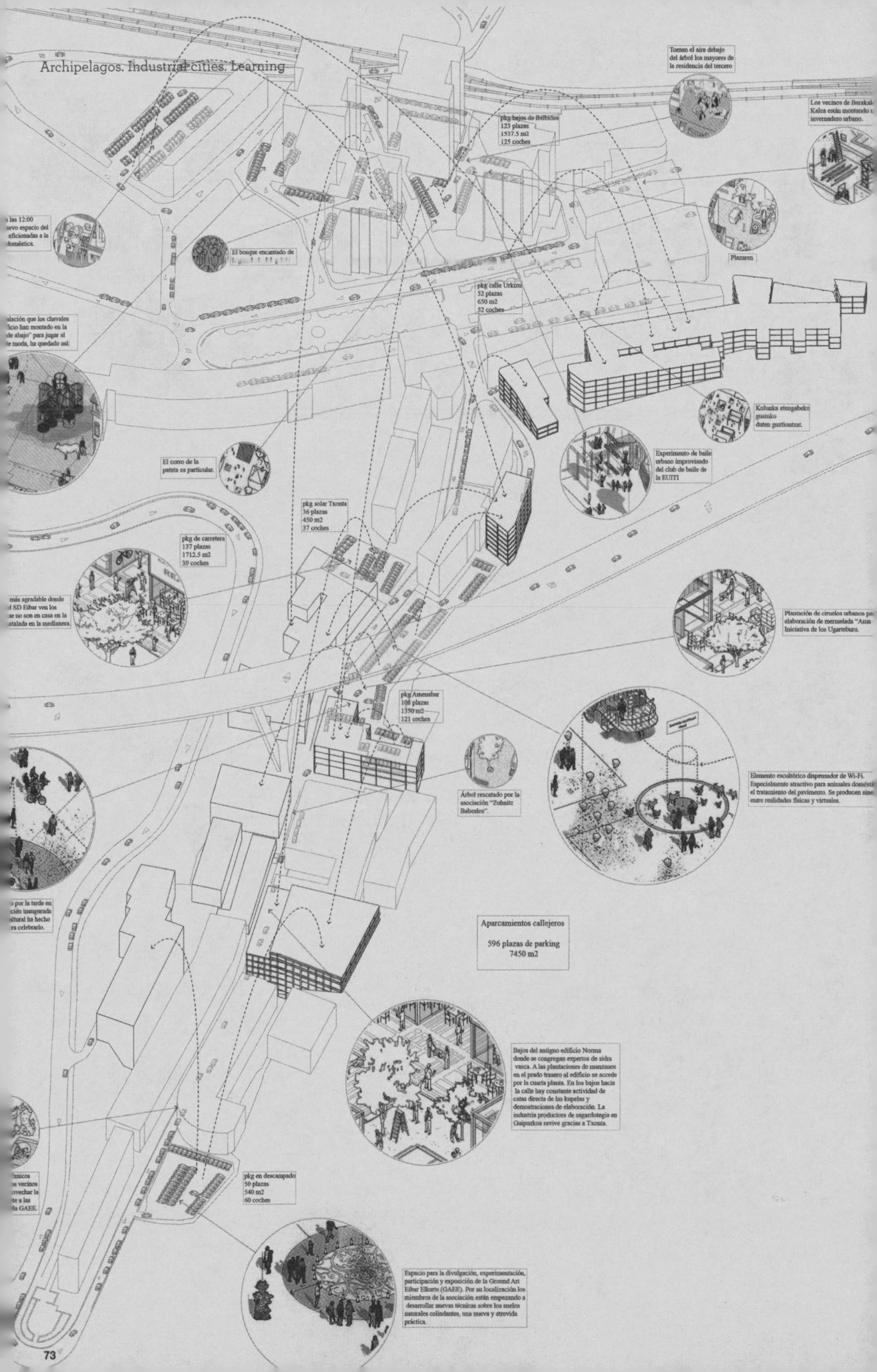
Toman el aire debajo del árbol los mayores de la residencia del tercero
Los vecinos de Barakal
Kalea están montando
invernadero urbano.
pkg bajos de Ibilbidea
123 plazas
1537.5 m2
125 coches
las 12:00
evo espacio del
eficionadas a la
doméstica.
El bosque encantado de
Plazaren
pkg calle Urkizu
52 plazas
650 m2
52 coches
alación que los chavales
ficio han montado en la
de abajo" para jugar al
e moda, ha quedado así:
Kulunka etengabeko
gustuko
duten guztiontzat.
El corro de la
patata es particular.
Experimento de baile urbano improvisado del club de baile de la EUITI
pkg solar Txonta
36 plazas
450 m2
37 coches
pkg de carretera
137 plazas
1712.5 m2
39 coches
más agradable donde
l SD Eibar ven los
e no son en casa en la
stalada en la medianera.
Plantación de ciruelos urbanos pa
elaboración de mermelada "Ama
Iniciativa de los Ugarteburu.
pkg Amenabar
108 plazas
1350 m2
121 coches
Árbol rescatado por la asociación "Zubaitz Babesles".
Elemento escultórico dispensador de Wi-Fi.
Especialmente atractivo para animales domést
el tratamiento del pavimento. Se producen sine
entre realidades físicas y virtuales.
por la tarde en
ción inaugurada
ltural ha hecho
ra celebrarlo.
Aparcamientos callejeros
596 plazas de parking
7450 m2
Bajos del antiguo edificio Norma donde se congregan expertos de sidra vasca. A las plantaciones de manzanos en el prado trasero al edificio se accede por la cuarta planta. En los bajos hacia la calle hay constante actividad de catas directa de las kupelas y demostraciones de elaboración. La industria productora de sagardotegia en Guipuzkoa revive gracias a Txonta.
ónicos
s vecinos
ovechar la
te a las
la GAEE.
pkg en descampado
50 plazas
540 m2
60 coches
Espacio para la divulgación, experimentación, participación y exposición de la Ground Art Eibar Elkarte (GAEE). Por su localización los miembros de la asociación están empezando a desarrollar nuevas técnicas sobre los suelos naturales colindantes, una nueva y atrevida práctica.

Lo Vivido

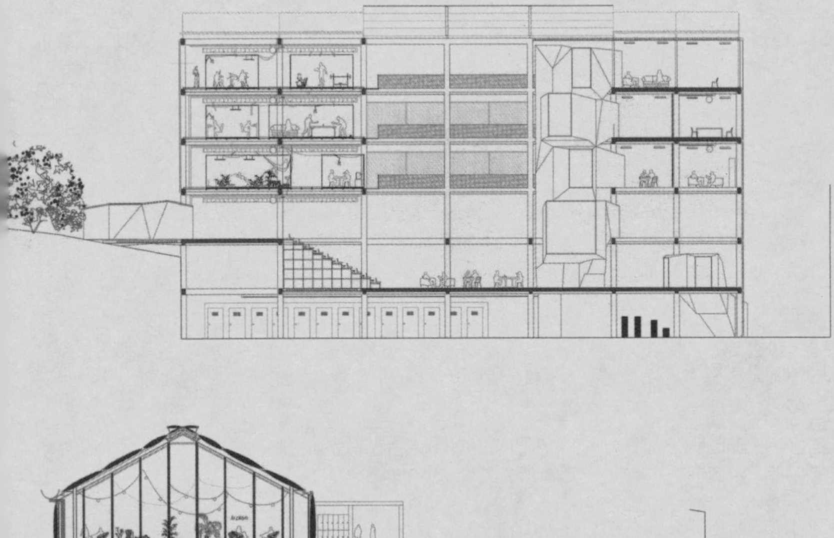

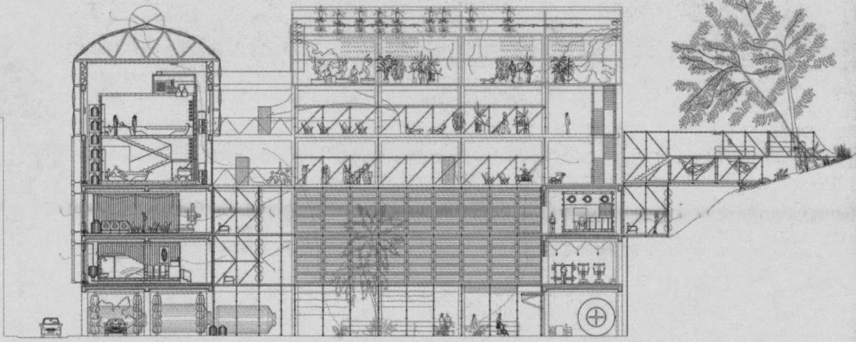

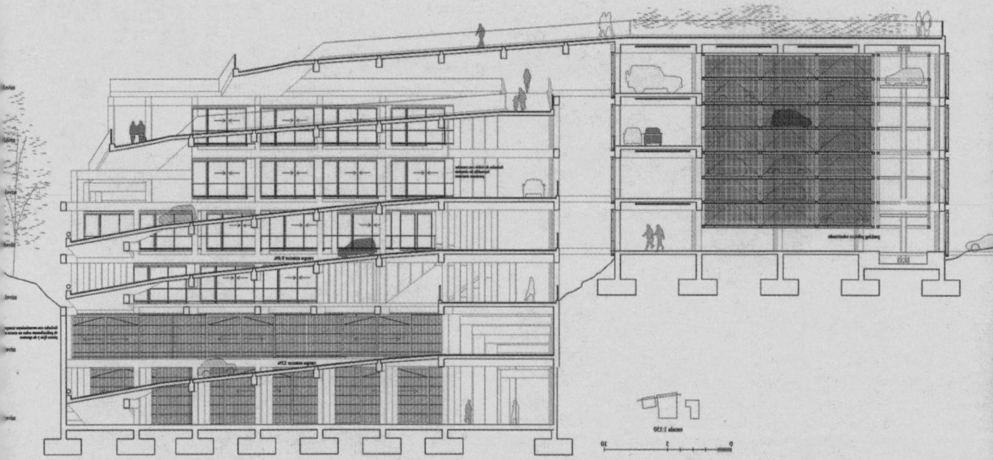

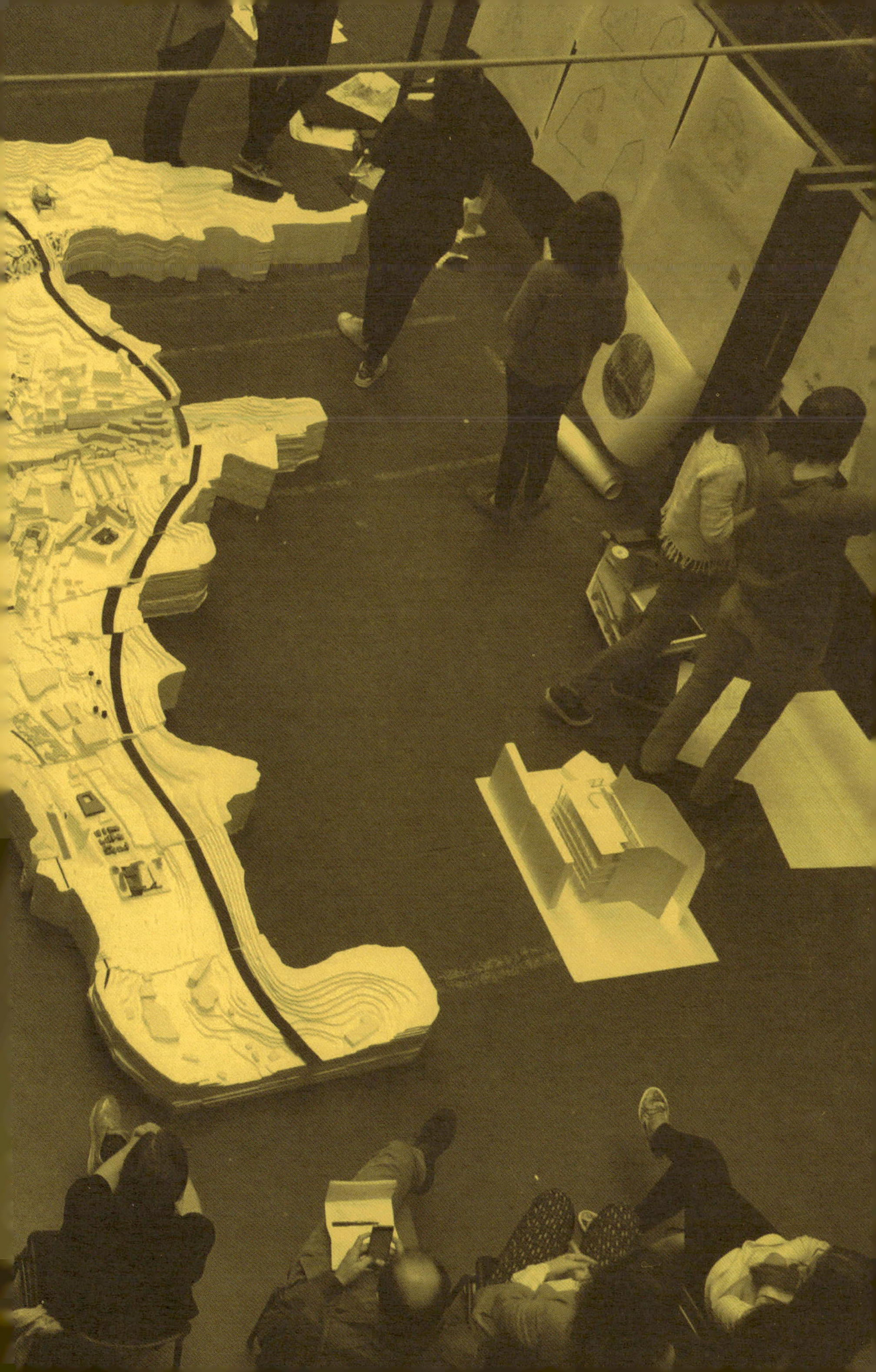

2 Tramas

Polígonos Industriales

Fabrics

Industrial Estates

La transformación territorial de los polígonos industriales del sur metropolitano de Madrid: el Cobo Calleja de Fuenlabrada

Andrés de las Alas-Pumariño y Alberto López Torrellas*

oEl polígono industrial Cobo Calleja, en Fuenlabrada, es un buen ejemplo de las transformaciones experimentadas por la actividad productiva de la Comunidad de Madrid. El origen de este área industrial se remonta a principios de los años setenta del siglo XX. Es difícil precisar la fecha de inicio de su construcción porque no existe ningún documento de planeamiento, licencia urbanística o título administrativo que apruebe y autorice su construcción. El polígono fue promovido y construido por el empresario y constructor autocrático Manuel Cobo Calleja, ejemplo del desarrollismo español, quien, en esos años, detectó una fuerte demanda de edificios industriales en el sur metropolitano.

Debemos buscar el origen de esta demanda en tres aspectos. En primer lugar, el intenso proceso de reorganización y reconversión productiva que entonces vivía la gran industria[01]. La desintegración de las grandes empresas, especialmente metalúrgicas, y su descentralización en multitud de pequeñas y medianas empresas caracteriza esta etapa del desarrollo industrial. Nos encontramos en el origen de la división del trabajo entre empresas[02], la subcontratación y la fragmentación del colectivo obrero que encarnaban las grandes fábricas. En segundo lugar, en la expulsión de actividades industriales del municipio de Madrid tras la aprobación del Reglamento de Actividades Molestas, Insalubres, Nocivas y Peligrosas (Decreto 2414/1961), cuyo objeto era evitar la instalación de actividades que "produzcan incomodidades, alteren las condiciones normales de salubridad e higiene" en los cascos urbanos de las ciudades españolas. Y en tercer lugar, la ausencia de cualquier control urbanístico al carecer, en la época, el municipio de Fuenlabrada de cualquier normativa urbanística. Las primeras Normas Subsidiarias del municipio fueron redactadas en 1974, cuando la ocupación del espacio industrial de Fuenlabrada estaba ya totalmente definida. En 1963 el gobierno franquista había aprobado el Plan General de Ordenación Urbana del Área Metropolitana de Madrid, que por primera vez introduce el concepto de área metropolitana y crea para su desarrollo y control la Comisión de Planeamiento y Coordinación del Área Metropolitana de Madrid (COPLACO) formada por representantes del Ministerio de la Vivienda y de los ayuntamientos del área; el municipio de Fuenlabrada no fue incluido en el Área Metropolitana de Madrid favoreciendo una descontrolada ocupación del espacio en condiciones de urbanización muy deficientes.

En estas condiciones se empezó a construir el polígono industrial Cobo Calleja, que hoy, cincuenta años después, se extiende en 169 hectáreas. El polígono agrupa a casi mi

* Andrés de las Alas-Pumariño. Dr. en Sociología. analas@ayto-fuenlabrada.es / Alberto López Torrellas. Arquitecto. alopez@ayto-fuenlabrada.es. Concejalía de Urbanismo, Infraestructura, Industria y Mayores. Ayuntamiento de Fuenlabrada.

01 Regini, M. y Sabel Ch. (1989). "Los procesos de reestructuración industrial en la Italia de los años 80" en Sociología del Trabajo nº 6: 3–20

02 Castillo, J.J. (1989) La división del trabajo entre empresas. Las condiciones de trabajo en las pequeñas empresas de la electrónica y el mueble de madera. Madrid. Ministerio de Trabajo y Servicios Sociales.

The territorial transformation of the industrial estates in South Metropolitan Madrid: Fuenlabrada's Cobo Calleja

Andrés de las Alas-Pumariño and Alberto López Torrellas*

The Industrial Estate of Cobo Calleja in Fuenlabrada is a good example of the transformations experienced in the Community of Madrid's productive sector. The origin of this industrial site goes back to the beginning of the 1970s. It is difficult to determine the precise date the building works began because there is no planning document, licence or administrative report granting or authorising its construction. The estate was promoted and built by the autocratic businessman and constructor Manuel Cobo Calleja —an example of Spanish developmentalism— who identified at the time a growing demand for industrial buildings in the metropolitan south.

The origin of this demand is threefold. Firstly, the intense restructuring and productive conversion that large industry was going through at that time.[01] The breakup of large companies, the metal industry in particular, and their dispersal into a multitude of small and medium enterprises (SMEs) characterises this stage of industrial development. At the source of this division of labour among businesses is the subcontracting and fragmenting of the working class collectives that large factories embodied.[02] Secondly, the ejection of industrial activities from the municipality of Madrid following the adoption of the regulations concerning Irritating, Unhealthy, Hazardous, and Dangerous Activities (Decree 2414/1961), with the aim to prevent the establishing of activities that would "cause discomfort or alter normal conditions of sanitation and hygiene" in Spanish city centres. Thirdly, the absence of any sort of planning control, as the Fuenlabrada municipality did not have urban regulations at all. The first municipal subsidiary rules were drawn up in 1974 when the occupation of the industrial site in Fuenlabrada was already completely defined. In 1963, the Franco government had approved the General Urban Development Plan (PGOU) for the Metropolitan Area of Madrid, which introduced the concept of metropolitan area for the first time, creating the Metropolitan Area of Madrid Planning and Management Commission (COPLACO) for its development and management. It was formed by representatives from the Ministry of Housing and the local councils. The municipality of Fuenlabrada was not included in the Metropolitan Area of Madrid, fostering an unchecked occupation of space in highly-deficient conditions of urbanisation.

This was the context in which the Cobo Calleja industrial estate began its development; today, fifty years later, it extends over 169 hectares. The area holds almost a thousand SMEs employing approximately 7,500 workers. These numbers

* Andrés de las Alas-Pumariño. Doctor in sociology. analas@ayto-fuenlabrada.es / Alberto López Torrellas. Architect. alopez@ayto-fuenlabrada.es. Department of Urban Planning, Infrastructure, Industry, and Heritage. Fuenlabrada Town Hall.

01 Regini, M. y Sabel Ch. (1989). "Los procesos de reestructuración industrial en la Italia de los años 80" en Sociología del Trabajo, nº 6: 3–20

02 Castillo, J.J. (1989) La división del trabajo entre empresas. Las condiciones de trabajo en las pequeñas empresas de la electrónica y el mueble de madera. Madrid. Ministerio de Trabajo y Servicios Sociales.

pequeñas y medianas empresas que ocupan aproximadamente a siete mil quinientos trabajadores y trabajadoras. Estas cifras lo convierten en una de las áreas industriales con mayor densidad empresarial de Europa.

Manuel Cobo Calleja construyo un producto muy atractivo para la época: naves rectangulares con dimensiones de 75 metros por 20 en módulos diáfanos de 1500 metros cuadrados y con mucha altura, muy apreciadas para la implantación de actividades industriales y almacenes; y con una excelente localización apoyado en el encuentro de la carretera radial N-401 Madrid-Toledo (actual A42) -que lo vinculan con el distrito industrial del sur de Madrid (Villaverde y Getafe)- con la carretera Villaviciosa de Odón – Pinto (actual M-506), que de forma transversal lo conecta con el municipio de Pinto y la carretera nacional N-IV Madrid Andalucía (actual A-4).

La trama urbana creada por Cobo Calleja se forma según un modelo ortogonal, cartesiano, en "espina de pez", a partir de un eje perpendicular a la carretera N-401 (calle Manuel Cobo Calleja) de 18,50 m de ancho entre naves, del que salen calles paralelas entre sí, de unos 16 metros de ancho, separadas por los 75 metros de longitud de nave. La longitud de estas calles no está definida por ningún patrón, obedeciendo exclusivamente a la disponibilidad de suelo (rústico) por parte del promotor y a la topografía del terreno. Así, la urbanización, con una fuerte articulación interna, se iba extendiendo poco a poco en forma de cuadricula irregular con límites poco definidos, entre las carreteras mencionadas y la línea de ferrocarril Madrid- Ciudad Real (hoy C-4) en la ladera norte del Cerro de la Cantueña. Paradigma de este crecimiento descontrolado es el modo en que desborda el límite del término municipal de Fuenlabrada extendiéndose al municipio de Pinto hasta el límite que marca la línea ferroviaria.

Hacia el sur, la fuerte elevación del cerro de La Cantueña provoca, bordeando su ladera oriental, un giro de 90 grados en la dirección de las calles para adaptar la trama –siempre constante en el tamaño de las naves- a unas pendientes no superiores al 5%.

El producto inmobiliario se basaba exclusivamente en la nave construida, sin retranqueo alguno a las calles que las delimitan en sus extremos y separadas por unos pasillos cortafuegos de tres metros de ancho, cuya propiedad quedaba de forma arbitraria o bien en manos del promotor (naves sin retranqueos laterales), o bien era vendida como anexo a una de las naves (retranqueo lateral de tres metros para una de las naves y sin retranqueo para la otra), o bien se dividía por la mitad. Esta indefinición legal y formal del uso de estos pasillos entre naves ha dado lugar a un sinfín de

Figura 1: Polígono Cobo Calleja. 1975
Fuente: http://www.madrid.org/nomecalles/Inicio.icm
Image 1: Cobo Calleja Industrial Estate. 1975

make it one of the most densely business-populated industrial areas in Europe.

Manuel Cobo Calleja built a very attractive product for the times: rectangular 75-by-20m warehouses in open-plan 1,500-square-metre modules with very high ceilings, highly-valued for industrial activities and storage warehouses; as well as its exceptional location, sitting at the crossroads between the radial N-401 Madrid–Toledo (now the A42) —connecting it to Madrid's southern industrial district in Villaverde and Getafe— and the road between Villaviciosa de Odón and Pinto (now the M-506) —which connected it crosswise to the municipality of Pinto and the national Madrid–Andalusia N-IV route (now the A-4).

The urban plot set out by Cobo Calleja is based on an orthogonal, cartesian model following a fishbone structure around an 18.5m-wide axis, perpendicular to the N-401 street (Manuel Cobo Calleja street), from which stem 16m-wide parallel streets, separated by the 75m of the warehouses. The length of the streets follows no pattern, governed exclusively by the availability of land (rural) for the promoter and the topography of the terrain. Thus, the urbanisation —with a strong internal structure— extended gradually as an irregular grid with undefined boundaries between the previously mentioned roadways and the Madrid–Ciudad Real railway route (now the C-4) on the northern hillsides of the Cerro de la Cantueña. The epitome of this unrestricted growth is the way it extends beyond the municipal limits of Fuenlabrada into the municipality of Pinto until it reaches the boundary of the railway line. Towards the south, the steep elevation of the Cerro de la Cantueña along its eastern slopes forces a 90 degree turn in the street orientation in order to adapt the grid —with constant warehouse sizes— to grades never above 5%.

The properties consisted exclusively of the built warehouse, without any setback distance towards the boundary streets at the ends and separated by 3m-wide firebreak corridors, property of which was arbitrarily left to the promoter (warehouses without lateral setbacks) or sold as an annex to the warehouse (with a lateral 3m setback for one building and no setback for the other or divided between them). This legal and formal indetermination in the use of these corridors between warehouses has led to countless problems with the use of the spaces, with highly-varied case-based reasoning regarding their use, property, regulations, and planning.

Fuenlabrada's 1987 General Urban Development Plan (PGOU) identifies, in the industrial area emerging around the Cobo Calleja Estate (I-1, with 119 hectares),

Figura 2: Plan General de Ordenación Urbana de Fuenlabrada. 1987
Fuente: Ayuntamiento de Fuenlabrada
Image 2: Fuenlabrada's General Urban Development Plan (PGOU). 1987

problemas en el uso de estos espacios, siendo la casuística de su uso, propiedad, regulación y ordenación muy variada.

El Plan General de Ordenación Urbana de Fuenlabrada de 1987 distingue en el área industrial surgida en torno al polígono Cobo Calleja (I-1, con 119 has.) otros ocho polígonos de menor tamaño promovidos por diferentes empresas constructoras, todos ellos satélites del Cobo Calleja, cuya trama y delimitación obedecen a la configuración del suelo rústico (parcelación, arroyos y caminos) sin criterios de ordenación urbana.

En este espacio se desarrolló, durante los años ochenta, un tejido industrial, con una alta especialización en el sector de los transformados metálicos y el mueble de madera, con una fuerte ligazón espacial y productiva basada en el reclutamiento local de trabajadores y en estrechas relaciones de cooperación interempresariales que lo convertían en "un auténtico distrito industrial"[03].

En un estudio municipal[04] de 1995 se censaron 1.500 empresas que ocupaban a casi 17.000 personas en Cobo Calleja. Entre las mismas predominaban (68%) las dedicadas a actividades industriales pero ya se detectaba un fuerte incremento de las actividades terciarias (32%) destacando los trabajos vinculados a la comercialización y distribución de productos industriales y la reparación de equipos y maquinaria: la *servindustria*[05]. El estudio evidenciaba la existencia en el sistema productivo local con unos rasgos sociales comunes:"empresarios y empresas tienen un origen común, construido social y culturalmente en la tradición industrial del Sur metropolitano"[06].

Otro aspecto importante que contribuyó a la consolidación de este tejido industrial fue la existencia de voluntad institucional[07] del Ayuntamiento para mejorar el medio social e industrial. La primera acción municipal fue el reconocimiento de los empresarios como actores necesarios para abordar la transformación urbana.

En esta época, el polígono presentaba importantes deficiencias derivadas del mal estado de sus infraestructuras y de la gestión que de ellas hacía su promotor, Manuel Cobo Calleja, quien además de la comercialización de las naves industriales, en compraventa o alquiler, distribuía, arbitrariamente, el agua escasa y de baja calidad, obtenida a través de la explotación de pozos irregulares, y las líneas telefónicas, generando multitud de conflictos con las empresas y las autoridades locales.

Tras la constitución de los primeros ayuntamientos democráticos en 1979 y mientras se redacta el Plan General de Ordenación Urbana de 1987, el Ayuntamiento de Fuenlabrada utiliza la figura del Convenio Urbanístico para la legalización de las naves existentes y carentes de licencia municipal de construcción. En los convenios se establecen los principales parámetros urbanísticos: clasificación y calificación del suelo; parcela mínima, ocupación y edificabilidad, así como la participación del firmante en la urbanización y las cargas urbanísticas.

03 Celada, F. (1988) "El distrito industrial de la periferia Suroeste del área metropolitana de Madrid". Economía y Sociedad n.1 (p.70–85).

04 "Estudio socioeconómico del mercado de trabajo local y del tejido productivo de Fuenlabrada" (1995-1996). Ayto. Fuenlabrada

05 Méndez, R. y Rodríguez, J. (2007). "Transformaciones productivas y nuevas formas urbanas: difusión de las actividades económicas en la región metropolitana funcional de Madrid". Anales Geografía de la U. Complutense Madrid, vol. 27, nº 2: 105–13

06 Santos, M; Fernández, J.A. y Alas, A. (1997).

07 Becattini, G. (1999). "El distrito industrial marshalliano como concepto socioeconómico" en Pike, F., Becattini, G., y Sengenberger, W. Los distritos industriales y las pequeñas empresas. Madrid. Ministerio de Trabajo y Servicios Sociales.

another eight smaller industrial estates promoted by different construction businesses, all satellite companies of Cobo Calleja, whose plots and boundaries follow the structure of the rural land (its subdivisions, streams, and paths) without any urban planning guidelines.

During the 1980s, an industrial fabric developed in this space, highly specialised in metal processing and wooden furniture and with tightly-bound spatial and productive relationships based on local recruitment of workers and a close cooperation among businesses, making it a “true industrial district”.[03]

A 1995 municipal report[04] carried out a census that showed 1,500 businesses employing almost 17,000 people in Cobo Calleja.[05] The predominant group (68%) were those engaged in industrial activities, but already there was a strong increase in third-sector activities (32%), mainly related to the sale and distribution of industrial products as well as equipment and machinery repairs: the ‘servindustry’ (Méndez, 2007). The study revealed the existence of a local production system with common social features: “enterprises and business-owners have a common origin, built socially and culturally in the industrial traditional of the metropolitan south”.[06]

Another important aspect that contributed to the consolidation of this industrial fabric was the institutional will of the local authorities to improve the social and industrial environment.[07] The first municipal action was to recognise the business-owners as key stakeholders in views of addressing urban transformation.

At the time, the estate presented important shortfalls stemming from the poor condition of its infrastructures and the mismanagement of the promoter, Manuel Cobo Calleja, who on top of commercialising the industrial buildings —either selling or renting them—, also randomly distributed the scarce and low-quality water supply from a irregular exploitations of wells, as well as managing the telephone lines, causing numerous conflicts with local authorities and businesses.

After the constitution of the first democratic local authorities after the dictatorship in 1979, and while drawing up the 1987 PGOU, Fuenlabrada Council used ‘planning agreements’ [convenios urbanísticos] to legally formalise the existing warehouses lacking a municipal building licence. The agreements set out the main urban parameters: classification and use of the land; minimum plot surface, lot coverage, and floor area ratio; as well as the signatory’s participation in the urbanisation process and development charges.

In 1985, Cobo Calleja’s property development company signed a ‘planning agreement’ with Fuenlabrada Council legalising 650 warehouses, with a total built

03 Celada, F. (1988) “El distrito industrial de la periferia Suroeste del área metropolitana de Madrid”. Economía y Sociedad n.1 (p.70–85).

04 “Estudio socioeconómico del mercado de trabajo local y del tejido productivo de Fuenlabrada” (1995-1996). Ayto. Fuenlabrada.

05 Méndez, R. y Rodríguez, J. (2007). “Transformaciones productivas y nuevas formas urbanas: difusión de las actividades económicas en la región metropolitana funcional de Madrid”. Anales Geografía de la U. Complutense Madrid, vol. 27, nº 2: 105–134

06 Santos, M; Fernández, J.A. and Alas, A. (1997).

07 Becattini, G. (1999). “El distrito industrial marshalliano como concepto socioeconómico” en Pike, F., Becattini, G., y Sengenberger, W. Los distritos industriales y las pequeñas empresas. Madrid. Ministerio de Trabajo y Servicios Sociales.

En 1985 la Inmobiliaria Cobo Calleja firma un Convenio Urbanístico con el Ayuntamiento de Fuenlabrada a través del cual se legalizan 650 naves con una superficie total construida de 641.730 metros cuadrados, al tiempo que se declara agotado el aprovechamiento de las parcelas en las que se han construido. La Inmobiliaria Cobo Calleja, igualmente, se compromete a finalizar obras de urbanización del polígono y a contribuir a la financiación de las obras de reurbanización y al pago de cuotas de urbanización exterior.

El PGOU de 1987 establecía la tramitación de planes de reforma interior (PERI) para mejorar la urbanización y las infraestructuras de los polígonos que constituyen esta área industrial, fijando una ordenanza básica urbana; sin embargo éstos no llegaron a tramitarse por lo que muchas de las irregularidades urbanísticas, como el exceso de ocupación, el cerramiento y construcción de muchos de los espacios libres (patios y cortafuegos), la carencia de plazas de aparcamiento y zonas carga y descarga, o la inexistencia de zonas verdes públicas, han perdurado hasta hoy.

En la década de los 90 varias son las actuaciones que van a marcar un importante giro en la recualificación del polígono: La colaboración entre la corporación municipal y la asociación empresarial del polígono, tras un intenso proceso de diálogo social, que permitió acometer obras de rehabilitación y mejoras mediante la aplicación del Programa Rehabilitación Integral de Áreas Industriales (PRIAI) de la Comunidad de Madrid[08]; la recualificación ambiental del Cerro de la Cantueña, regulada por un Plan Especial; y la creación del Consorcio Urbanístico La Cantueña, cuya finalidad es la promoción de un parque industrial, localizado en el margen occidental de la A-42 frente a Cobo Calleja, que persigue recualificar el conjunto del área y potenciar el eje estructurante de la calle Cobo Calleja mediante su prolongación, a través de un puente sobre la carretera de Toledo.

En 1994 el Ayuntamiento ordena[09] a Manuel Cobo Calleja el cese en la prestación del servicio de suministro de agua, encomendándolo a la empresa pública Canal de Isabel II, marcando el inicio de la rehabilitación del área industria.

La Comunidad de Madrid, el Ayuntamiento de Fuenlabrada y la Asociación de Interesados en el Polígono Cobo Calleja firmaron en 1995, un convenio de colaboración que establecía las bases de ejecución de las obras de rehabilitación del polígono. Los titulares de las parcelas se comprometían al abono del 40% de los costes, que se estimaron en doce millones y medio de euros, financiando el resto la Unión Europea, a través del Fondo Europeo de Desarrollo Regional, la Comunidad de Madrid y el Ayuntamiento.

La rehabilitación del polígono completó la red viaria existente potenciando su mallado y el viario de borde, ordenó el tráfico interno del polígono y el de sus accesos, incrementó el número de plazas de aparcamiento, mejoró y amplió las infraestructuras existentes, el ajardinamiento y el reacondicionamiento ambiental del polígono. Este proceso finalizó con la constitución[10] de la Entidad Urbanística de Conservación y Mantenimiento

08 Acuerdo del Consejo de Gobierno de la Comunidad de Madrid de 24 de mayo de 1990, por el que se aprueba el Programa de Rehabilitación Integral de Áreas Industriales del Sur Metropolitano, Corredor del Henares y Arganda.

09 Decreto del Alcalde de Fuenlabrada de fecha 24 de marzo de 1994.

10 Acuerdo de Pleno del Ayuntamiento de Fuenlabrada de 20 de mayo de 1998.

surface of 641,730 square metres, while declaring that the use of the built plots was exhausted. Cobo Calleja's development company made the commitment to finish the urbanisation works on the estate, contribute to the financing of the reurbanisation works and pay the exterior planning fees.

The 1987 PGOU laid out the application process for interior reform plans (PERI) in order to improve the planning and infrastructure of the estates forming this industrial area, setting out a basic urban ordinance; however, it was never fully processed and many of the planning irregularities continue to this day —excessive lot coverage, the enclosure and building of many of the open spaces like patios and firebreaks, the lack of parking spaces or loading and unloading bays, or the absence of public green areas.

During the decade of the 1990s, there are a number of interventions that lead to an important shift in the zoning of the estate: the collaboration between the municipal body and the estate business association —following an intense process of social dialogue that made possible to undertake renovation and improvement works by applying the Industrial Area Comprehensive Renovation Programme (PRIAI) from the Community of Madrid;[08] the environmental reclassification of the Cerro de La Cantueña, regulated through a special plan; and the creation of the Planning Consortium La Cantueña, whose aim was to promote an industrial park, on the western margin of the A-42 in front of Cobo Calleja, intent on rezoning the whole area while boosting the structuring axis of Cobo Calleja street by prolonging it via a bridge over the Madrid–Toledo motorway.

In 1994, the Council decreed that Manuel Cobo Calleja stop its provision of the water supply, entrusting it to the public company El Canal de Isabel II, marking the beginning of the industrial area's renovation.[09]

The community of Madrid, Fuenlabrada Council, and the Association of Stakeholders of the Cobo Calleja Estate signed a collaboration agreement in 1995 that established the basis for the implementation of the estate's renovation works. The property owners made the commitment to cover 40% of the costs, which were estimated around 12.5 million Euros, while the EU financed the rest through the European Regional Development Fund, the Community of Madrid, and the Council.

The renovation of the estate completed the existing road network by enhancing its connectivity and border roads, it organised the traffic within the estate and its access points, it increased the number of parking spaces, it improved and extended the existent infrastructures as well as creating green spaces and environmentally reconditioning the estate. This process ended with the constitution of the Cobo Calleja Urban Body for Management and Maintenance, formed by the business-owners and Fuenlabrada Council and responsible for the management and maintenance of the industrial estate. [10]

The 1999 General Development Plan (PGOU) kept the basic volumetric planning

08 Agreement by the Governing Board of the Community of Madrid on the 24 May 1990, approving the Programa de Rehabilitación Integral de Áreas Industriales (PRIAI) in the Metropolitan South, the area of Corredor del Henares, and Arganda.

09 Decree by the Fuenlabrada Mayor on the 24 March 1994.

10 Fuenlabrada Council Board agreement on the 20 May 1998.

Cobo Calleja formada por los industriales y el Ayuntamiento de Fuenlabrada que desde la fecha se encarga de la gestión y conservación del área industrial.

El Plan General de 1999 mantuvo las condiciones básicas de ordenación volumétrica (ocupación, edificabilidad, retranqueos y altura) de la ordenanza del Plan del 87, suprimió la figura de los planes especiales, y propuso, en el eje de la calle Cobo Calleja, la creación de dos áreas de centralidad (APR 8 y 9) para servicios terciarios, liberando espacio para la obtención de pequeñas plazas ajardinadas asociadas a los cruces más significativos de la trama. Nuevamente problemas de gestión, iniciativa y estructura de propiedad, unidos a la baja edificabilidad permitida en relación con la existente y a una relativa permisividad de usos terciarios en otras parcelas, impidieron su desarrollo.

La novedad más destacable que introdujo el PGOU de 1999 fue una mayor compatibilidad de usos terciarios sobre los ejes estructurantes urbanos (en nuestro caso, los frentes a las carreteras A-42 y M-506, así como sobre la calle Cobo Calleja), siempre y cuando se adaptasen las construcciones existentes a los parámetros de éstos (menor ocupación de parcela, mayores retranqueos, etc).

La transformación de la actividad económica tanto en la región como en Fuenlabrada ha sido continua. La industria ha disminuido progresivamente al tiempo que aumentaba la economía de servicios. El último Directorio de Unidades de Actividad Económica[11] identificaba 273.442 unidades de actividad en la región de las cuales el 7,6 % correspondía a industrias mientras que en Fuenlabrada censaba 7.850 establecimientos siendo el 13,98% manufacturas (frente a un 22,86% de 1998).

En los últimos años se ha sido incrementando el número de empresas dedicadas al almacenaje, uso industrial asociado a la distribución y comercialización de productos industriales en una primera fase y a la venta al mayor (compatible en hasta un 49% de la edificabilidad) a partir de 1998, cuando comienzan a implantarse las empresas chinas.

El Ayuntamiento de Fuenlabrada tiene identificadas 976 naves industriales en Cobo Calleja. Aproximadamente 480, que representan el 49,18% del total, se dedican a la logística, distribución y comercialización mayorista de toda clase de artículos. Hoy Cobo Calleja es conocido como una de las mayores áreas de actividad comercial china en Europa junto a Badalona, el Prato y París. Las causas de este crecimiento son similares a las que dieron origen al polígono en los años setenta: la expulsión del comercio mayorista de los barrios madrileños de Lavapiés y Tirso de Molina; la ubicación del polígono que posibilita un rápido el acceso a Madrid; la tipología constructiva de las naves que facilita el almacenaje; y su relativo bajo precio.Las empresas de logística y distribución comercial están presentes en todo el polígono con un marcado patrón territorial: la actividad comercial se concentra en el espacio comprendido entre la calle Manuel Cobo Calleja y la Carretera M-506 y los almacenes, que constantemente los abastecen, se concentran en la parte alta del polígono.

Los mayoristas chinos han acelerado el proceso de transformación urbana del Cobo Calleja. Prolifera la división de las naves en pequeñas superficies comerciales, con diferentes titulares y actividades, que ponen de manifiesto las carencias del parque edificado, gran parte del cual se encuentra en situación de "fuera de ordenanza".

11 Comunidad de Madrid (2010) Directorio de Unidades de Actividad Económicas.

Figura 3: Polígono La Cantueña – Área Cobo Calleja. 1999
Fuente: http://www.madrid.org/nomecalles/Inicio.icm
Image 3: La Cantueña Industrial Estate, Cobo Calleja Area. 1999

conditions (lot coverage, floor area ratio, setbacks, and height) from the 1987 development plan, eliminated the 'special plans', and proposed —on the Cobo Calleja street axis— the creation of two central areas (APR 8 and 9) for third-sector services, freeing space for small gardened squares linked to the most significant crossroads on the grid. Once more, problems with the management, initiative, and property structure, along with the low floor area ratio in relation to what was already there, and a certain tolerance for third-sector uses in other plots, all hinder its development.

The most noteworthy change that the 1999 PGOU introduced was greater compatibility of third-sector uses on the structuring urban axes (in this case, those facing the A-42 and M-502 roadways, as well as Cobo Calleja street), as long as the existent buildings were adapted to these uses (less plot coverage, larger setbacks, etc.).

The transformation of the economic activity both in the region and in Fuenlabrada has been constant. Industries have gradually diminished while third-sector economies have increased. The last 'Directory of local units of economical activity' identified 273,442 activity units in the region, of which 7.6% corresponded to industries, while in Fuenlabrada there were 7,850 businesses, of which 13.98% were in manufacturing (compared to 22.86% in 1998).[11]

Over the last few years there has been an increase in the number of businesses dedicated to storage, industrial uses associated to the distribution and sale of industrial products initially and wholesale activities since 1998 (compatible up to 49% plot coverage), when Chinese companies begin to establish themselves.

Fuenlabrada Council has identified 976 industrial warehouses in Cobo Calleja. Approximately 480 —49% of the total— are dedicated to logistics, distribution, and wholesale of all kinds of products. Today, Cobo Calleja is known as one of the largest areas of Chinese commercial activity in Europe, along with Badalona, Prato, and Paris. The causes for this growth are similar to those that led to the birth of the area in the seventies: wholesale businesses driven out of the central neighbourhoods of Lavapiés and Tirso de Molina in Madrid; the location of the industrial estate, allowing quick access to Madrid; the building typologies, facilitating storage capabilities; and their relative low prices.

Commercial logistics and distribution companies are present throughout the whole estate with a distinct territorial pattern: the commercial activity is

11 Community of Madrid (2010) 'Directorio de Unidades de Actividad Económicas'.

Figura 4: Calle del polígono en la actualidad. *Fuente: CoLaboratorio*
Image 4: Street on Cobo Calleja today

La necesidad de impulsar un mayor control urbanístico, motivó la aprobación, en 2003, de una ordenanza municipal de Regulación de Almacenamiento y Venta al Mayor que fue recurrida y anulada por los tribunales y posteriormente, en 2016, la redacción de la Modificación Puntual nº 9 del Plan General de Ordenación Urbana[12]. Se trata -como se señala en la justificación de la Memoria- entre otros objetivos, de "asegurar el funcionamiento ordenado de las áreas industriales, mediante la regulación pormenorizada del estándar y las condiciones formales de la dotación de aparcamiento en el interior de las parcelas. Para conjugar esta necesidad con el objetivo de alcanzar un mayor esponjamiento del tejido industrial y favorecer la implantación de edificios multiempresariales en las parcelas ocupadas actualmente en toda su superficie, se regula la obligatoriedad de disponer de una superficie libre en el interior de las mismas, reduciendo su ocupación hasta el límite máximo fijado por la normativa".[13]

Como hemos señalo a lo largo de este artículo la transformación del espacio productivo es continua. Impulsada por los cambios que experimenta la actividad económica madrileña y por la ausencia, premeditada, de un política territorial (e industrial) de ámbito regional. Estamos convencidos que la modificación del territorio continuará produciéndose y que por supuesto afectará al Cobo Calleja. Algunas iniciativas públicas como la construcción de una estación de ferrocarril en la línea de cercanías C-4 que trascurre paralela al polígono o la próxima revisión del planeamiento podrán acelerarlas. Y tal vez en un futuro próximo podamos ver hechas realidad alguna de las propuestas de ordenación que los alumnos y alumnas de *Colaboratorio* (UPM) soñaron para Cobo Calleja el pasado año[14]. Que estas terminen en utopía o distopía dependerá del uso social que realicemos de ellas.

12 Modificación Puntual nº9 PGOU 99.Consejo de Gobierno CM de 07/12/2015 (BOCM 02/02/2016)

13 Modificación Puntual nº9 PGOU 99.Consejo de Gobierno CM de 07/12/2015 (BOCM 02/02/2016) Pág 4

14 Las alumnas y alumnos de la asignatura de proyectos (Colaboratorio) de la Escuela Técnica Superior de Arquitectura de la Universidad Politécnica de Madrid analizaron y reflexionaron sobre el espacio industrial y su evolución tomando como punto de partida Cobo Calleja.

Figura 5: El área industrial en la actualidad. 2017
Fuente: http://www.madrid.org/nomecalles/Inicio.icm
Image 5: The industrial area today. 2017

concentrated in the space between Manuel Cobo Calleja street and the M-506 roadway; the warehouses —in constant supply—cluster at the higher end of the estate.

Chinese wholesalers have accelerated the urban transformation process of Cobo Calleja. There is an abundance of cases that have subdivided the warehouses into smaller commercial premises, with different property-owners and activities, highlighting the shortfalls of the building stock, most of which is classified as 'out of ordinance' or irregular. In 2003, the need to bolster greater planning control led to the approval of a municipal ordinance for Storage and Wholesale that was later contested and annulled at the courts, and in 2016, the drafting of the Specific Modification n.9 of the 1999 PGOU.[12] Among other things, it focuses on —as the description brief points out— "guaranteeing the orderly functioning of the industrial areas through the comprehensive regulation of the formal standards and conditions for parking provision within the plots. In order to combine this need with that of opening up the industrial fabric more and fostering the establishment of multi-business buildings in the currently-occupied plots over their whole surface, the compulsory condition of having free surface within them will be regulated, reducing their plot coverage to the maximum limit set out in the ordinance".[13]

As we have pointed out throughout this article, the transformation of the productive space is continuous, driven by the changes experienced through economic activities in Madrid and by the deliberate absence of a territorial (and industrial) planning policy at a regional level. We are convinced that territorial changes will continue to occur and that they will most definitely affect Cobo Calleja. Some public initiatives such as the construction of a railway station on the C-4 rail route that travels parallel to the estate or the next review of the ordinance may accelerate them. Perhaps in a not too distant future, we will see the materialisation of some of the planning proposals that the students of the CoLaboratorio last year imagined for Cobo Calleja.[14] Whether they end up being utopias or dystopias will depend exclusively on the social use we make of each one of them.

12 Modificación Puntual nº9 PGOU 99. Consejo de Gobierno CM, 07/12/2015 (BOCM 02/02/2016).

13 Modificación Puntual nº9 PGOU 99. Consejo de Gobierno CM, 07/12/2015 (BOCM 02/02/2016), p. 4.

14 The students of the design module (CoLaboratorio) from the Escuela Técnica Superior de Arquitectura (ETSAM) of the Polytechnical University of Madrid analysed and reflected on the industrial space and its evolution by taking the Cobo Calleja Industrial Estate as their starting point. They work was exhibited on a model in the hall of Fuenlabrada Council in June 2017.

Enclaves chinos en ciudades españolas: nuevas geografías étnicas en la economía global*

Marta Catalán Eraso

Hoy en día todo el mundo habla de globalización,
pero pocos sitios la representan mejor que este parque empresarial.
China ha dejado de ser la gran fábrica del mundo para convertirse
en el 'mercado del mundo'.

José Blanco, por entonces Ministro de Fomento,
hablando sobre la Plaza Oriente en Cobo Calleja[01].

Los enclaves chinos en las ciudades españolas están asociados a procesos de reestructuración urbana, cuyos detalles ilustran extensas transformaciones económicas en España y en la economía global en general. Durante la última mitad de siglo, desde la apertura de la economía china en los años 70 y la consiguiente mejora de las relaciones geopolíticas entre China y España, ciudadanos chinos han estado emigrando y agrupándose en las ciudades españolas— paulatinamente convirtiendo zonas urbanas concretas en enclaves de apoyo y comunidad étnica. Por el lado español, estos nuevos flujos transnacionales de la economía global han resultado en enclaves que actúan como nodos para el capital global[02]. En lugar de ser meros destinos de refugio, estos enclaves son más como tornos. Atraen a migrantes, capital, y conocimiento que entra igual que sale hacia otros lugares de la diáspora china por todo el mundo[03]. Las variadas formas urbanas de los enclaves chinos en España difieren mucho de la típica y popular imagen de los *'Chinatowns.'* Desconectados de los flujos migratorios chinos del siglo XIX, los enclaves contemporáneos distan de ser guetos con historia que se remonte al colonialismo y los imperios de la época; tampoco son parte de la estrategia urbanística para promover el turismo a través de la capitalización de la diferenciación étnica de ciertos barrios como sucede en otros Chinatowns alrededor del mundo[04]. Al contrario, los enclaves chinos en las ciudades españolas son sobre todo motores financieros para la economía, tanto global como local[05], así como parte de infraestructuras urbanas que continúan

* Este texto pertenece a un proyecto más amplio que he desarrollado en los últimos cuatro años en la Universidad de Hong Kong para mi disertación doctoral sobre el impacto de las inversiones transnacionales chinas en el entorno construido dentro de la acelerada urbanización neoliberal de las ciudades españolas. Deseo agradecer a mi asesora, la Dra. Cecilia L. Chu, y a su compañera, Sben Korsh, sus consejos sobre las versiones anteriores de este ensayo.

01 Santaeulalia, I. (2011, February 17). "Abierto en Fuenlabrada el mayor parque empresarial chino de España." *El País.* Retrieved from https://elpais.com/economia/2011/02/17/actualidad/1297931581_850215.html

02 Li, W. (1998). *Anatomy of a New Ethnic Settlement: The Chinese Ethnoburb in Los Angeles.* Urban Studies, 35(3), 479-501.
Li, W. (2009). *Ethnoburb: The new ethnic community in urban America. Honolulu*: University of Hawai'i Press.

03 Benton-Short, L. & Price, M. (2008). *Migrants to the Metropolis: The Rise of Immigrant Gateaway Cities. Syracuse*, NY: Syracuse University Press.
Laguerre, M. (2000). *The global ethnopolis: Chinatown, Japantown, and Manilatown in American society.* New York: St. Martin's Press.

04 Cairns, S. (2003). *Drifting: Architecture/ Migrancy.* In S. Cairns (Ed.), Drifting: Architecture and Migrancy. London: Routledge.

05 Albrow, M. (1997). *The Global Age.* Stanford: Stanford University Press.
Wilson, R. & Dissanayake W. (Eds.).(1996). *Global/Local.* Durham: Duke University Press.

Chinese enclaves in Spanish cities: new ethnic geographies in the global economy*

Marta Catalán Eraso

"Today everyone is talking about globalization,
but few places represent it better than this business park.
China is no longer the big factory of the world, but instead the 'market of the world.'"
José Blanco, Spanish Ministry of Development at the time,
referring to Plaza Oriente in Cobo Calleja [01]

Chinese enclaves in Spanish cities are particular urban forms that contain processes of urban restructuring, the details of which illustrate larger economic transformations in Spain and the global economy. In the last half century, since the 1970s' opening up of China's economy and the subsequent geopolitical warming between China and Spain, Chinese people have been moving to and clustering within Spanish cities —steadily turning specific urban areas into enclaves of ethnic community and support. On the Spanish side, these new transnational flows of the global economy have resulted in enclaves that act as nodes for global capital[02]. Instead of mere endpoints of refuge, these enclaves are more like turnstiles. They attract migrants, capital, and knowledge that goes both in and out towards other diaspora sites around the world[03]. The various forms of Chinese enclaves in Spain differ greatly from the typical notion people have of 'Chinatowns' around the world. Unrelated to nineteenth-century migrant flows from China, these Chinese enclaves in Spanish cities are far from being ghettos with a history tracing back to colonialism and empire; nor are they part of the urban planning strategy to promote tourism by capitalizing on local forms of ethnic distinction[04]. On the contrary, Chinese enclaves in Spanish cities are above all financial engines for the economy, at once global and local[05], and they belong to urban infrastructures —which continue to 'deterritorialize'[06] in specific ways (i.e. Chinese)— that lay at the core of

* This text belongs to a larger project I have developed over the last four years at The University of Hong Kong for my doctoral dissertation on the impact of transnational Chinese investments in the built environment within the accelerating neoliberal urbanization of Spanish cities. I wish to thank my advisor, Dr. Cecilia L. Chu, and peer, Sben Korsh, for their advice on the earlier versions of this essay.

01 Santaeulalia, I. (2011, February 17). "Abierto en Fuenlabrada el mayor parque empresarial chino de España". *El País*. Retrieved from https://elpais.com/economia/2011/02/17/actualidad/1297931581_850215.html

02 Li, W. (1998). *Anatomy of a New Ethnic Settlement: The Chinese Ethnoburb in Los Angeles.* Urban Studies, 35(3), 479-501.
Li, W. (2009). *Ethnoburb: The new ethnic community in urban America*. Honolulu: University of Hawai'i Press

03 Benton-Short, L. & Price, M. (2008). *Migrants to the Metropolis: The Rise of Immigrant Gateaway Cities*. Syracuse, NY: Syracuse University Press.
Laguerre, M. (2000). *The global ethnopolis: Chinatown, Japantown, and Manilatown in American society.* New York: St. Martin's Press.

04 Cairns, S. (2003). *Drifting: Architecture/ Migrancy.* In S. Cairns (Ed.), Drifting: Architecture and Migrancy. London: Routledge.

05 Albrow, M. (1997). *The Global Age. Stanford*: Stanford University Press.
Wilson, R. & Dissanayake W. (Eds.).(1996). *Global/Local*. Durham: Duke University Press.

06 Appadurai, A. (1990). *Disjuncture and Difference in the Global Cultural Economy*. Theory, Culture & Society, 7(2-3), 295-310.

'desterritorializando,' [06]de manera muy específica (i.e. china) los actuales centros de la globalización[07]. Conectados por fuerzas geopolíticas y de reestructuración económica global, los cambios urbanos que estos enclaves han generado ejemplifican el papel crucial que ha jugado el capital chino en las transformaciones recientes del contexto urbano español, además de, en general, el efecto del auge mundial de China en cuanto a modelos de desarrollo urbano.

Los enclaves chinos en ciudades españolas tienen unas formas y unos usos urbanos variados que reflejan las complejas dinámicas del capital chino y los cambios que éste ha experimentado impulsado por el libre mercado. La llegada de un mayor influjo de migrantes chinos a España se alineó con la necesidad de un mercado nacional español capaz de competir con las economías europeas más desarrolladas a finales de los ochenta. Usera y Santa Coloma de Gramenet, dos barrios obreros a las afueras de Madrid y Barcelona respectivamente, son ejemplos de estos enclaves étnicos. Han tenido la capacidad de absorber a gente recién llegada, algo crucial tras el prolongado crecimento inicial de la migración desde China. En estos dos barrios se habla chino por las calles y en las tiendas, y muchos propietarios son chinos, mayoritariamente de Qingtian, y cuyos productos de consumo son de China. Los supermercados disponen de los principales periódicos de la diáspora china, mientras los bares, las peluquerías y otros espacios de consumo invocan la imagen de la tierra natal con nombres como Mi do [名都] o Wen zhou [温州]. Los interiores de los restaurantes siguen las tradiciones chinas, creando espacios de desplazamiento cultural lejos de su tierra, celebrando acontecimientos como torneos de Mahjong, el Año Nuevo chino y el Festival del Medio Otoño.

En estos espacios la comunidad china comparte sus experiencias y prácticas del día a día, y han sido el germen social y cultural de una extraordinaria y peculiar competencia transnacional en la fabricación textil desde el año 2000. La llegada continuada de migrantes chinos a esta industria, algunos proviniendo de similares redes del sector textil en Italia, impulsó la expansión generalizada de la industria textil en España. Esto incluyó una amplia cadena de talleres clandestinos por todo el país con dudosas cualidades laborales, además de mayoristas con grandes almacenes y, en concreto en Santa Coloma, la transformación del distrito industrial de Montigalá en unos de los centros de producción y distribución de pronto moda más importantes de toda Europa[08].

Parte de estos inmigrantes chinos se localizó en barrios céntricos en decadencia, sumándose involuntariamente a procesos de gentrificación existentes. Aprovechando la ventaja de alquileres baratos debido a la presencia de muchos locales comerciales vacíos y bastante grandes a mitad de los 90 en Madrid y Barcelona, estos emprendedores comenzaron a agruparse en Tirso de Molina y Lavapiés —a solo unas calles del la reconocida Puerta del Sol madrileña, y la calle Trafalgar—, y en ese espacio liminal entre el Barrio Gótico y l'Eixample, el barrio burgués de Cerdá. El comercio chino atrajo clientes y viandantes animados por la revitalization económica de los barrios. Y al mismo

06 Appadurai, A. (1990). *Disjuncture and Difference in the Global Cultural Economy.* Theory, Culture & Society, 7(2-3), 295-310.

07 Hing-Yuk Wong, Cindy, & McDonogh, Gary W. (2016). *Negotiating Global Chinatowns: Difference, Diversity and Connection.* Cambio, 3(6), 41-54.

08 Beltrán, J. & Sáiz, A. (2003). *La comunidad china en Santa Coloma de Gramenet. Santa Coloma de Gramenet*. Barcelona: Diputación de Barcelona.

current forms of globalization[07]. Connected by forces of global economic restructuring and geopolitics, the urban changes these enclaves have brought about exemplify the important role that Chinese capital has played in recent transformations to the Spanish urban milieu, as well as more generally, the effect of China's rise on models of urban development around the globe.

Chinese enclaves in Spanish cities have variegated urban forms and uses that reflect the complex dynamics of Chinese capital and its market-driven changes. The arrival of a more extensive influx of Chinese migrants in Spain aligned with the need for a robust national market to match the more advanced economies in the late 1980s European Union. Usera and Santa Coloma de Gramenet, two working-class suburbs in Madrid and Barcelona respectively, were able as ethnic enclaves to absorb newcomers. This was crucial to the conditions behind the initial sustained growth of Chinese migration. In these two enclaves, Chinese is widely spoken on the streets and within the shops, and numerous stores are Chinese-owned, mostly from Qingtian, and sell Chinese consumer products. Supermarkets stock major Chinese diaspora newspapers, while bars, hairdressers, and other spaces of consumption

invoke the notion of the 'homeland' with names such as Mi do [名都] or Wen zhou [温州]. Restaurants interiors follow Chinese tradition, creating spaces of cultural displacement far away from the homeland, as well as celebrating events such as Mahjong tournaments, the Chinese New Year, and the Mid-Autumn Festival.

It is in these spaces that the community of Chinese migrants share their knowledge and trusted practices of everyday life, as well as built up an extraordinary and peculiar transnational expertise in textile manufacturing. The continued arrival of Chinese migrants into this industry, some of them coming from similar textile networks in Italy, propelled the overall expansion of the textile market in Spain. This included an informal system of sweatshops across the country under dubious labour conditions, as well as wholesale companies with large warehouses and, namely in Santa Coloma, the launching of Montigalá's industrial district into one of the most significant centers of fast fashion production and distribution in all of Europe[08].

The emergence of these Chinese textile wholesale clustering in Spain's declining downtown areas, was also tied to larger processes of urban gentrification. Gaining leverage through cheap leases for many empty and rather large shop floors, in mid-90s Madrid and Barcelona, Chinese entrepreneurs began to gather in Tirso de Molina and Lavapies —only several blocks away from the popular Madrilenian Puerta del Sol— and Trafalgar —in the liminal space between Barcelona's walled city and the middle-class Eixample district built by Cerdà. Chinese commerce attracted clients and pedestrians encouraged by the economic revitalization of the neighborhoods. But at the same time what for decades had been a declining area began to grow through government-sponsored development policies, targeted as part of city hall's overall strategy to promote and expand up-and-coming central

07 Hing-Yuk Wong, Cindy, & McDonogh, Gary W. (2016). *Negotiating Global Chinatowns: Difference, Diversity and Connection.* Cambio, 3(6), 41-54.

08 Beltrán, J. & Sáiz, A. (2003). *La comunidad china en Santa Coloma de Gramenet. Santa Coloma de Gramenet.* Barcelona: Diputación de Barcelona.

Figura 1. Negocios al por mayor chinos en Badalona Sud, 2017. Foto de la autora. **Image 1: Chinese wholesale business in Badalona Sud, 2017. Picture by author**

Figura 2: Comercio del dia a dia con productos y servicios chinos en Santa Coloma de Gramenet, Barcelona, 2017. Foto de la autora. **Image 2: Everyday shops selling Chinese products and services in Santa Coloma de Gramenet, Barcelona, 2017. Picture by author**

tiempo, lo que había sido durante décadas una zona en declive comenzó a desarrollarse a través de políticas de crecimiento subvencionadas por el Estado, patrocinadas desde el ayuntamiento para la promoción y la expansión de zonas céntricas prometedoras. Los barrios comenzaron a vivir una transformación urbana incesante y radical, con tintes de gentrificación y que forzó a las comunidades de mayoristas textiles a abandonar el lugar. Tras cambios en la normativa de carga y descarga de mercancía, y varios planes que daban prioridad a la vivienda frente al comercio a mediados de la primera década del siglo XXI, los emprendedores chinos —disuadidos por el aumento exorbitante de los alquileres y las ordenanzas restrictivas que dificultaban el negocio, comenzaron a buscar emplazamientos alternativos.

Finalmente, una gran mayoría de los empresarios chinos trasladaron sus negocios a las afueras —a Cobo Calleja y Badalona Sud, a distritos industriales ya establecidos donde tenían acceso a espacios más amplios a precios más asequibles. Aunque inicialmente su presencia provocase reacciones negativas entre propietarios y gobiernos locales, a día de hoy estos distritos ejemplifican una mediación fructífera en el desarrollo urbano entre la población china y las autoridades municipales. Estos cambios en las formas y normativas urbanas no solo han contribuido a la creación de tipologías diferenciadas en las edificaciones industriales, también ilustran el papel activo que ha jugado el emprendimiento chino en la transición de la economía española de una producción industrial a otros modos de comercio más avanzados. A pesar de lo escandaloso de ciertos casos de corrupción con el capital chino en España, a día de hoy, Cobo Calleja y Badalona Sud son un crisol de actividad económica donde empresarios chinos han subdividido edificios industriales, añadido usos comerciales y promovido nuevas edificaciones amparados por la ley.

Plaza Oriente, un complejo en el polígono Cobo Calleja, es un ejemplo paradigmático de este fenómeno. Con la típica puerta roja china a la entrada, el complejo es propiedad de y está operado por emprendedores chinos y ha sido descrito como el "el mayor

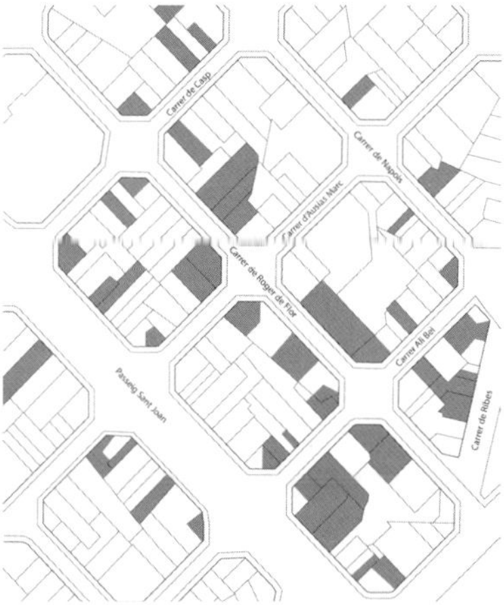

Figura 3: Tiendas de empresarios chinos en Fort Pienc, Barcelona, 2017. Mapa hecho por la autora. **Image 3: Shops owned by Chinese entrepreneurs in Fort Pienc, Barcelona, 2017. Map by author.**

areas. The neighborhoods then began to undergo a continual and radical urban transformation that forced the existing Chinese community of textile wholesalers to leave. After a change in leasing laws, restrictive urban regulations that affected the loading and unloading of goods, and several plans giving residential priority in these areas in the mid-2000s, Chinese entrepreneurs —discouraged by skyrocketing prices and restraining ordinances hindering their businesses, began to seek alternative locations.

They ended up moving to the outskirt areas of Cobo Calleja and Badalona Sud—already established industrial districts where they could enjoy larger spaces at more affordable rates. Although the initial presence of Chinese entrepreneurs sparked negative sentiments among landowners and local governments, today these districts exemplify the successful mediation of land development interests between Chinese people and companies, and the municipal authorities. These negotiated urban forms and norms of the built environment have not just contributed to distinctive typological variations in the industrial buildings. They also illustrate the active role that Chinese entrepreneurs have played in the shift of the Spanish economy from industrial production to more advanced modes of trade and commerce. Despite several scandalous cases of corruption related to Chinese capital in Spain, today, Cobo Calleja and Badalona Sud are melting pots of activity where Chinese entrepreneurs have lawfully subdivided industrial buildings, added commercial uses, and developed new edifices.

Plaza Oriente, a large complex in Cobo Calleja, is exemplary of this. Owned and operated by Chinese entrepreneurs, and described as the "largest Chinese entrepreneur park of Spain"[09], the complex has a typical red Chinese gate at the entrance. With an expected creation of 1000 jobs, Spanish development Minister, José Blanco deemed it necessary to attend the complex's opening, declaring that no

09 Santaeulalia. Op. Cit., 2011.

parque empresarial chino en España"[09]. Con la creación de unos 1.000 puestos de trabajo, el por entonces ministro de Fomento, José Blanco, estimó necesaria la visita a la inauguración del complejo, declarando que ningún otro lugar encarnaba mejor los ideales de la globalización. Además, tras la introducción de una normativa que permitía usos comerciales en el perímetro del polígono industrial de Cobo Calleja, un grupo de inversores chinos ha construido un centro comercial con supermercado, karaoke y centros de belleza chinos. Con el nombre Fénix, su reluciente fachada dorada se asoma en forma de L invertida a la autovía de Toledo, una clara señal de la pujante presencia china en la zona.

Han surgido otros modelos característicos de los enclaves chinos en España tras la crisis del 2008. Como ejemplo más notable, Fort Pienc —en el centro de Barcelona, ofrece un grupo comercial único de empresas chinas, cuyas prósperas prácticas por la inclusividad entre comerciantes extranjeros y locales han sido reconocidas desde la Unión Europea. Al contrario que otros enclaves chinos, aquí los empresarios están comprando y haciéndose cargo de empresas españolas preexistentes, como farmacias, agencias de viaje y escuelas de música. Estas nuevas circunstancias comerciales aportan un valor añadido al barrio al servir tanto a la población local como a un número creciente de clientes en China. Otro enclave en el centro de Madrid, la calle Leganitos y alrededores, se ha creado por medio de un número de establecimientos chinos dedicados sobre todo a la restauración, una tendencia típica en otros ciudades europeas durante la segunda década del siglo XXI[10]. En este 'food town', con restaurantes legendarios como Zhou Yulong en los subterráneos de la Plaza España, la comida china funciona como una marca de identidad cultural y constituye una parte importante de la economía del barrio, además de visibilizar una comunidad que de otro modo sería invisible[11].

La evolución de estas tipologías de enclaves chinos ejemplifica cómo, siguiendo lógicas neoliberales de la demanda europea de flexibilizar el trabajo externo, los empresarios chinos han sido capaces de adaptarse a las necesidades económicas y transformar sus prácticas desde la informalidad de los talleres textiles a prósperos modelos urbanos que sirven de ejemplo para otras formas de hacer ciudad más inclusivas por y para las comunidades de migrantes. Mientras que es evidente que España no es de ninguna manera una típica nación de la diáspora China, ni tampoco se sitúa en una posición prominente en cuanto a la cantidad de individuos chinos que recibe, es precisamente por esto por lo que ofrece una nueva perspectiva de interés para un número creciente de países cuyas reconfiguraciones urbanas puedan ser sometidas por capital chino y aún así no llegar a las portadas internacionales. Mayor investigación de estos enclaves contribuirá a arrojar luz sobre el creciente e imparable poder económico chino y cómo actualmente está reconfigurando discursos urbanos alrededor del mundo.

09 Santaeulalia. Op. Cit., 2011.

10 Christiansen, F. (2013). Ethnic Chinese in the European economy: Risk and the transnational ethnic enclave. In T. Chee-Beng (Ed.), Routledge Handbook of the Chinese Diaspora. New York: Routledge.

11 Chen, Y. (2011). "Food Town," *Chinatown and the American journey of Chinese Food*. In V. Kunnemann and R. Mayer. (Eds.), *Chinatowns in a Transnational World: Myths and Realities of an Urban Phenomenon*. New York: Routledge.

other place better embodied the ideals of globalization. Also, following an ordinance that allowed commercial uses in Cobo Calleja's perimeter, a group of Chinese investors have built a shopping mall, with a Chinese supermarket, karaoke and beauty salons. Named Fénix, it has a bright golden facade shaped as an inverted L which overlooks the busy highway to Toledo, a strong signifier of the Chinese enclave in the area for the daily commuters.

Other distinct models of Chinese enclaves have arisen in Spain after the 2008 crisis. Most remarkably, Fort Pienc, located in downtown Barcelona, offers a unique commercial cluster of Chinese-owned businesses, whose thriving practices for commercial inclusion have been recognized from the European Union. Unlike other Chinese enclaves, here Chinese entrepreneurs are buying and taking over existing Spanish businesses like chemistry shops, travel agencies, and music schools. These new business arrangements bring added value to the existing neighbourhood by serving both the local people, including Spaniards and Chinese, and a growing number of customers back in China. Another enclave in downtown Madrid, along Leganitos street, has surfaced through a recent trend of Chinese-managed shops largely based on Chinese hospitality, a trend typical elsewhere in Europe during the 2010s[10]. In this 'food town', with legendary restaurants such as the one in the parking under España Square, Chinese food functions as a marker of cultural identity and constitutes an important part of the economy of this area, rendering this, otherwise invisible community, visible[11].

The evolving urban types of Chinese enclaves exemplify how, following neoliberal logics for the European demand on external labour flexibility, Chinese entrepreneurs have been able to adapt to the economic needs and transform their practices from informality to thriving urban models that sets example for other migrant-led forms of city-making. While Spain is certainly not a traditional nation of the Chinese diaspora, nor it is particularly located among the highest recipients of Chinese endeavours, it is precisely for these reasons that it brings insights into a growing list of nations whose urban reconfiguration might be subdued to Chinese capital and not make it to the international headlines. Further examination of these ethnic enclaves can illuminate the Chinese unrelenting growing economic power and how this is currently reshaping urban discourses across the world.

10 Christiansen, F. (2013). Ethnic Chinese in the European economy: Risk and the transnational ethnic enclave. In T. Chee-Beng (Ed.), Routledge Handbook of the Chinese Diaspora. New York: Routledge.

11 Chen, Y. (2011). "Food Town," *Chinatown and the American journey of Chinese Food. In V. Kunnemann and R. Mayer. (Eds.), Chinatowns in a Transnational World: Myths and Realities of an Urban Phenomenon*. New York: Routledge.

Conversación con Juan Herreros

Almudena Ribot

Almudena Ribot (AR): La entrevista está dividida en tres paquetes, un paquete que sitúa estos tejidos postindustriales en la práctica actual de la arquitectura, es decir, lugares como oportunidad para los arquitectos; un segundo paquete que tiene que ver con tu experiencia, lo que tú llamas "correcciones tipológicas", y cómo ves tú los tejidos postindustriales dentro de esa experiencia y un tercero que tiene que ver con la perspectiva de los alumnos, es decir, las posibilidades que existen en estos lugares como aprendizaje de proyectos. Quizá primero, como una especie de grado cero deberíamos saber qué entiendes por postindustrial. Para mí son lugares organizados para la industria en los que ésta ha dejado de existir, estamos en una era en la que ya esta industria no existe, y por lo tanto han perdido su cualificación fundamental. Eso es lo que yo llamo postindustrial, pero a lo mejor tú quieres añadir algo más a esa definición.

Juan Herreros (JH): Supongo que, hablando de arquitectura, ambos asociamos lo postindustrial a una nueva generación de formas de producción cuyos procesos no están basados en la nave, el almacén, el puente-grúa, el tráiler, la cadena de montaje y demás ingredientes de la industria pesada que tanto han fascinado a los arquitectos.

AR: Exacto.

JH: Lo que me parece relevante es que los polígonos industriales son lugares construidos al margen de la arquitectura como disciplina urbana, compositiva y constructiva. No están trazados con los instrumentos conocidos del urbanismo; no están construidos con la materialidad ni los lenguajes arquitectónicos del momento; tienen sus propias leyes. Pero hay que reconocer que este extrañamiento respecto de la norma de la disciplina, su inmediatez constructiva y su falta de toda intención más allá de un pragmatismo banal, los convierten en material atractivo, o al menos estamos dispuestos a dárselo para trabajar con ellos, especialmente ahora que el modelo productivo que los sustentaba está en crisis, como material pedagógico a pesar, digamos, de lo escueto de sus valores.

AR: Me parece estupendo, sin embargo, no sé si comparto contigo del todo la opinión, creo que son lugares muy resilientes, es decir, que son muy capaces de absorber arquitecturas. A mí me ha sorprendido trabajar con ellos y darme cuenta que esa racionalidad hecha por otros, efectivamente por los ingenieros, como es tan seca y tan cruda, permite bastante modificación. Yo pensaba incluso preguntarte si no te parece que los arquitectos hemos perdido esa oportunidad, o sea, que nos acabamos de dar cuenta, relativamente (estoy hablando de una década...)

JH: Yo soy más orgulloso con respecto de las capacidades de la arquitectura. Pienso que estos lugares son tremendamente deficientes y no veo la inteligencia de los ingenieros sorprendiéndome por su inventiva; más bien pienso que es precisamente la arquitectura en tanto que disciplina crítica, intelectual y muy entrenada, la que puede poner al servicio de esta realidad una capacidad de lectura e interpretación muy aguda y convertirla en algo digamos de alta poética. Y tampoco pienso que hayamos perdido la oportunidad. Digamos que no se nos dio, ni a los arquitectos ni a los buenos ingenieros. De hecho,

Conversation with Juan Herreros

Almudena Ribot

Almudena Ribot (AR): The interview is divided into three sections. The first focuses on these post-industrial fabrics of contemporary architectural practice, that is, places as an opportunity for architects. The second concerns your own experience, what you call "typological corrections", and how you see these post-industrial fabrics within that experience. The third looks at the students' perspective, that is, the possibilities that these places offer when learning to design. First perhaps, as a kind of zero degree, we should ask what you understand by post-industrial. For me, they are industry-organised areas where the industry itself is no longer present —this is a period where this kind of industry no longer exists— and so the areas have lost their fundamental defining feature. This is what I call post-industrial, but perhaps you would like to add something more to this definition.

Juan Herreros (JH): I suppose that, speaking of architecture, we both associate the post-industrial to a new generation of forms of production whose processes are not based in the warehouse, the depot, the bridge crane, the trailer, the assembly line, and other elements of heavy industries that have fascinated architects so much.

AR: Exactly.

JH: What seems relevant to me is that these industrial estates are places built outside architecture as an urban discipline —compositional and constructive. They're not laid out with urban planning's usual tools, they are not built with the material quality of the architectural language of the moment, they have their own laws. But one must admit that this estrangement regarding the norms of the discipline, its constructive immediacy, and its lack of all intention beyond banal pragmatism make them attractive material. Or at least we're willing to see them as such in order to work with them as pedagogical material —especially now that the productive model that sustained them is in crisis— despite, shall we say, the starkness of their value.

AR: Interesting, although I would add something else. I think they are very resilient places, i.e. they are very capable of absorbing architectures. Working with them, I've been surprised to find that this rationality executed by others —indeed, by engineers—, being so dry and crude, allows for a lot of modification. I was even going to ask you if you don't think that we've missed our chance as architects, that we've relatively just begun to become aware of this, in the last decade or so.

JH: I have more confidence in architecture's capabilities. I think these places are tremendously inadequate and I don't see engineers' intelligence surprising me with its inventiveness. Rather, I believe it is precisely architecture as a critique-oriented discipline, intellectual and highly-trained, that can offer this reality a sharp and keen understanding and interpretation and transform it into something, shall we say, highly poetic. I don't think we have missed the opportunity either. Let's say that the opportunity wasn't offered to us, neither to architects or good engineers. In fact, when the first estates were built, they emerged as residual spaces in many ways, in locations detached from the city, without the participation of its professionals,

cuando se construyeron los primeros polígonos industriales surgieron como lugares residuales en muchos sentidos, en localizaciones ajenas a la ciudad, sin la participación de sus profesionales, al margen de toda ambición técnica o intelectual. En el caso de Madrid, el sur acumula una larga historia de actividades que no debían entrar en la ciudad y ello incluye a los camiones, la emigración del campo, los vertederos y tantos ingredientes en los que la ciudad negocia su supervivencia cada día de manera invisible. Estos factores son hoy material histórico y político, y desde esa óptica me interesa fijarme en estas extrañas configuraciones urbanas.

AR: Más bien son un producto especulativo, según tu punto de vista.

JH: Un producto especulativo de muy baja calidad que, al estudiarlo como un producto económico, social y político descubrimos que el bajo interés arquitectónico no está reñido con la posibilidad de esconder el germen de cosas valiosas y sorprendentes. Pero insisto en que es la arquitectura la que lo detecta y la que lo explota, y no hay otra disciplina capaz de hacerlo, o al menos de poner juntas todas las miradas especializadas en una visión de conjunto.

AR: Por supuesto, estoy de acuerdo. Encuentro que, a escala infraestructural o urbana, son en realidad una trama bastante racional, bien comunicada con los centros de las ciudades y los aeropuertos y con todas las servidumbres. Es decir, potencialmente posibles. Y, a escala más cercana, los edificios (que suelen ser poco interesantes y efectivamente en España quizá peores) son desmaterializables, construidos en seco y es fácil reconsiderarles.

JH: Cierto, tienen esta condición repetitiva con esas calles desproporcionadamente anchas donde una misma nave construida con sistemas elementales se multiplica y resulta válida para mil negocios diferentes que ahora resulta que son supermercados, gimnasios, estudios de artistas y viviendas que ya revelan promesas de posibles arquitecturas.

AR: A mí me parece que, frente a los grandes enclaves del patrimonio industrial (pienso en la cuenca del Ruhr o incluso en Madrid, en Matadero). Frente a esos enclaves, que son verdaderamente patrimoniales, en donde los programas tienen que ver con la cultura (es difícil proponer otro tipo de programas), estos otros lugares más vulgares, como son los polígonos industriales, parece que permitirían absorber más ciudad, podrían tocarse con menos pudor.

JH: Sí, claro, es más menuda, menos monumental, menos singular y tiene toda la carga positiva de la neutralidad, del anonimato. En cierto modo, nuestra generación, que no ha tenido la oportunidad de trabajar en el centro de las ciudades y que desde el principio de nuestras carreras profesionales hemos sido una especie de vagabundos periféricos, tiene esa sensibilidad y esa capacidad para señalar a otros que vienen detrás que aquí hay temas para la arquitectura, que ahí las nuevas generaciones encontrarán cosas que hacer si las saben ver. Eso es lo que convierte en valioso un lugar anodino, que se puede convertir en un laboratorio de experimentos novedosos de arquitectura. Lo otro, transformar la gran sala de turbinas en museo rimbombante es una expresión del éxito o del progreso que se nos escurre un poco entre los dedos y no nos termina de representar y quizás por eso nuestros alumnos han respondido de manera tan sensible y comprometida a nuestros enunciados.

AR: También estoy de acuerdo en esto. Enganchando ahora con los asuntos que estáis trabajando en la escuela acerca de estas 'correcciones tipológicas'. Es decir, al trabajar con preexistencias, ¿cómo encajan ahí estos entornos industriales? ¿Sigues la misma

lacking any technical or intellectual ambition. In the case of Madrid, the south has a long history of activities that were banned from the city, including trucks, rural immigration, dumpsites or landfills, and so many of the ingredients the city uses to invisibly negotiate its daily survival. These factors are today's historical and political makeup, and from this perspective I'm interested in examining these strange urban configurations.

AR: Rather, they are a speculative product, in your opinion.

JH: A low-quality speculative product that, looking at them as an economic, social, and political product, shows that low architectural interest is not at odds with the possibility of having a hidden seed for brave and surprising things. Although I insist that it is architecture that identifies it and exploits it, and there's no other discipline able to do it, or at least to bring all the specialised perspectives together into an overall vision.

AR: Of course, I agree. I find that, at an infrastructural or urban scale, they actually create quite a rational pattern, well connected to the city centres, airports, and with all the services; that is, potentially possible. And, at a closer scale, the buildings (mostly of little interest and, indeed, in Spain maybe worse) are dry-built, so they can be dematerialised and easily rethought.

JH: True, they have that repetitive nature with those disproportionately wide roads where one same warehouse built with an elementary system multiplies and is appropriate to a thousand different businesses, which turn out to now be supermarkets, gyms, artist studios, and housing that already hold a promise of possible architectures.

AR: I think that, as opposed to the great industrial heritage sites —the Ruhr Valley, or even the Matadero in Madrid, come to mind—, compared to these enclaves, which are a true heritage, where the programmes have to do with the culture (it is difficult to propose other kind of programmes), these other more vulgar sites, the industrial estates, seem to be able to absorb more city, they can be handled with less embarrassment or shame.

JH: Yes, of course, it is smaller, less monumental, less unique, and has all the positive charge of neutrality, of anonymity. In some way, our generation —that did not have the chance to work in the city centres, who from the beginning of our professional careers have been some kind of outskirt vagrants— has that sensibility and ability to signal to others who come after that here there are things for architecture, that here is where the new generations will find things to do if they know how to look. This is what makes a nondescript place valuable, able to become a laboratory of innovative architectural experimentation. The other ones —transforming a great turbine hall into a flashy museum is an expression of a success or progress that slips between our fingers and doesn't quite represent us; perhaps this is why our students have responded with such sensitivity and commitment to our briefs.

AR: I also agree with this. Linking now to those matters you are working on at the school regarding 'typological corrections'... i.e. working with the pre-existing. How do industrial environments fit in there? Do you follow the same methodology you use when you work, for example, in Cuatro Caminos? This is something you have worked on this term.

metodología que utilizas cuando trabajas, por ejemplo, en Cuatro Caminos? Porque este asunto lo habéis tratado, hemos coincidido este curso.

JH: Empecé trabajando el tema de las Correcciones Tipológicas en la Universidad de Columbia en el 2008 y lo traje a la ETSAM como campo de investigación continuado de los años del Aula Fin de Carrera, los dos primeros cursos del Máster Habilitante y varias temporadas del Máster del Departamento. En este tiempo lo hemos desplegado en los ensanches de Madrid y Barcelona, los barrios marginales de Bombay y de Nueva York -China Town, Harlem, Bronx-, los pueblos de la España Vacía... y complejos elefantiásicos de Río de Janeiro y Madrid. El salto a los polígonos industriales se produce cuando me propongo verificar que habíamos destilado un método de trabajo pedagógico de alta capacidad inventiva que debería valer también allí donde la calidad de la arquitectura no es la razón para construir sobre lo construido, sino que precisamente la falta de referencias y técnicas conocidas haría que los alumnos pudieran evolucionar en direcciones más inesperadas y descubrirse a ellos mismos manejándose con soltura en un mundo desconocido. De hecho, el ambiente al principio del curso era de orfandad porque no era fácil encontrar asuntos con el contenido arquitectónico preexistentes a los que agarrarse. Y esa fragilidad, esa liviandad de las naves industriales, fue el medio que permitió a los estudiantes entrar en sintonía con ellos mismos y entender que mediante acciones simples de la escala necesaria, movilizando la cantidad de arquitectura pertinente, se pueden lograr cambios de gran trascendencia. Por otro lado, la capacidad analítica de los estudiantes se desarrolla increíblemente bien a través del análisis de una preexistencia arquitectónica, algo que hicieron otros a los que hay que entender y considerar, y no tanto de un enclave urbano glorioso o un paisaje fantástico. Esta exploración de las arquitecturas que recibimos desarrolla su capacidad para mirar la ciudad con una indulgencia creativa, que entiende que las cosas no son buenas o malas, blanco o negro, y que casi todo puede tener algún valor o es susceptible de alcanzarlo en una segunda oportunidad. Ese es el espíritu principal de las Correcciones Tipológicas.

En este planteamiento me mueve la convicción de que en el futuro inmediato la construcción sobre lo existente va a ser un tema primordial por sostenibilidad y por sensatez. Ten en cuenta que en Finlandia el 70% de los proyectos que se visan ya son intervenciones sobre edificios existentes, y no son de interiorismo o comerciales sino transformaciones tipológicas y cambios de uso. Desde luego es un gran tema.

AR: La repetición de las naves industriales se diferencia de los centros de las ciudades, que son más específicos. Estos lugares son más neutros y en realidad más mutables. Me parece que cuando actúas proyectando tu acción es más transferible a otros casos porque es más abstracta, ¿no?

JH: ...y porque en cierto modo no es un trabajo sobre ese lugar específicamente, sino que responde a la pregunta de qué instrumentos tiene la arquitectura para trabajar en entornos anodinos, o cuáles no tiene pero es necesario desarrollar. Nunca he propuesto trabajar en la serie de las Correcciones Tipológicas sobre un edificio, como mucho nos hemos centrado en grandes complejos que pueden ser considerados fragmentos de ciudad y que interrumpen la trama y alteran significativamente el orden de la ciudad: Cocheras del Metro de Cuatro caminos, Parque Móvil de Cea Bermúdez, Depósitos del Canal en Santa Engracia. Pero ya fueran estos casos, los ensanches o los polígonos industriales, la

JH: I started working on the idea of Typological Corrections at Columbia University in 2008 and I brought it to the ETSAM as an ongoing research area in the years of the Aula Fin de Carrera, the first two years of the Máster Habilitante, and a number of years in the Department Masters Programme. Over these periods, we have used it in the 'ensanche' districts in Madrid and Barcelona, marginalised neighbourhoods in Bombay and New York —Chinatown, Harlem, Bronx—, the villages of emptied rural Spain... and the overgrown complexes of Rio de Janeiro and Madrid. The jump to industrial estates happened when I sought to determine whether we had created a highly-inventive pedagogical work method, one that should also serve in places where the quality of the architecture is not the reason to build on what is already built, but where it would be precisely the lack of references or techniques that could allow the students to develop in more unexpected directions and learn about themselves by working with ease in an unknown context. In fact, the environment at the beginning of the course was that of abandonment because it wasn't easy to find anything with the pre-existing architectural content that would serve as a basis. It was this fragility, the 'lightweight' nature of the industrial warehouses, that gave them the medium in which they could find themselves and understand that though simple operations at the right scale, mobilising the relevant 'amount' of architecture, far-reaching changes can be achieved. Besides, the students' analytical abilities develop incredibly well when analysing pre-existing architecture, something someone else did and that has to be understood and taken into account, not so much a glorious urban enclave or a fabulous landscape. This exploration of the architectures we receive develops their capacity to look at the city with creative indulgence, understanding that things are neither good nor bad, black or white, that almost anything has some value or is susceptible to acquiring it given a second chance. This is the core spirit of the Typological Corrections.

In this approach, my driving force is the conviction that in the immediate future, building on the pre-existing is going to be a key area in terms of sustainability and common sense. Consider that in Finland, 70% of licenses for projects are already interventions on existing buildings, and they are not interior design or commercial designs, but typological transformations and changes of use. Indeed, it is a crucial topic.

AR: The repetitive character of the industrial warehouses is distinct from the city centres, which are increasingly specific. These places are more neutral and in fact, more changeable. It would seem that when you act through design, the action is more transferable to other cases because it is more abstract, don't you think?

JH: And because in some way, it isn't a project on that place specifically but rather a response to the question of what instruments does architecture have in order to work in nondescript environments, or which ones does it lack that should be developed. In the Typological Corrections series, I have never proposed to work on a building; at the most, we have focused on large complexes that could be seen as fragments of the city and that interrupt the urban fabric and significantly alter the order of the city: the Metro coach sheds in Cuatro Caminos, the Parque Móvil complex in Cea Bermúdez, the Canal water deposits in Santa Engracia... Yet, whether the cases were these, or the 'ensanches', or the industrial estates, the question was always focused on the kind of situation and

pregunta siempre ha sido por el tipo de situación, no por el caso concreto.

AR: Claro, los Nuevos Ministerios es un ejemplo muy bueno, porque también tiene algo de isla que puede absorber ciudad. Es un sistema de crecimiento proyectual, en realidad, que se comporta en la ciudad como una isla, es decir, que podría densificarse. Apetece inmediatamente, es un vacío, densifiquémoslo y hagámoslo heterogéneo como el resto de la ciudad, que se comporta con vivienda al 70%, o lo que fuera. En ese sentido, me parece también que es buen ejemplo, pensando en esa redensificación, modificándolo mucho, con esa imaginación a la que tú llamas.

JH: Estoy de acuerdo, y si no perdemos de vista la idea de isla y asemejamos los Nuevos Ministerios a un polígono periférico vemos que las barreras urbanas de uno son equivalentes a las autopistas o vías de tren que limitan al otro, o que parece lógico plantearse la densificación en ambos casos porque ni la ciudad ni el polígono pueden seguir devorando suelo agrícola indiscriminadamente. Y si imaginamos viviendas en los nuevos ministerios, también las vemos en los polígonos, donde de hecho ya se dan, aunque de manera ilegal, pero en absoluto infraviviendas, más bien casos muy interesantes de gente habitando espacios muy generosos y amables cuando se transforman en lugares domésticos. En el polígono de Alcorcón, sobre el que trabajaron mis alumnos de Columbia y Madrid simultáneamente, hay ya unas cuantas naves industriales colonizadas por personas, algunas por elección propia ante el precio de la vivienda y la dificultad para encontrar espacios de cierto tamaño, otras porque la crisis les había empujado a vivir en el taller. En definitiva, había varias cadenas económicas que se habían zafado del mercado a cambio de aceptar ciertas incomodidades a cambio de espacio, economía y libertad. El caso es que algo que parecía un mal final derivaba en nuevas ecuaciones que la vivienda convencional nunca ofrecerá a estas personas: vivir con varios perros, trabajar en casa, disponer de espacio para hobbies, aparcar el coche, la moto o las bicis dentro de casa... Nadie parecía descontento con su situación. Sólo se quejaban de que no había gente suficiente. ¿Fascinante esa demanda de comunidad para completar el escenario perfecto, no te parece?

AR: Muy bonito, sí. Es cierto, ya han cambiado, en realidad han cambiado de uso, son casi terciarios o como dices se habitan, se viven, dan servicios a esta nueva vida. Por lo tanto, si no lo hacemos los arquitectos lo harán los propios ciudadanos.

JH: Es obvio. Si las ciudades de tamaño medio -pensemos en las del sur de Madrid- no pueden ofrecer locales de cierto tamaño para alojar nuevos programas o rituales de la cultura urbana -un gran gimnasio, un supermercado importante, un club de motoristas...- o simplemente no hay quien los alquile porque todos tienen precio de restaurante, y resulta que solo hay que cruzar una calle para adentrarse en el polígono, el futuro inmediato está servido. Y eso sin pensar que los ayuntamientos necesitan suelo para nuevas generaciones de equipamientos -mercados de origen, colegios con sus instalaciones deportivas, etc.- Ahí es dónde creo que radica una de las claves de la oferta de los polígonos en la transmutación de las naves y almacenes que el sistema industrial rechaza, en complejos híbridos que mezclen usos residenciales con centros de trabajo y equipamientos, inventando una ciudad que se desembaraza de la traba de los usos permitidos, obligados o compatibles y de tantas otras obsesiones del urbanismo del siglo pasado.

AR: Sí, eso está muy bien. ¿Y los alumnos? Pensamos que los alumnos se llevan ese

not the specific case.

AR: Of course, Nuevos Ministerios is a good example, because it is also something like an island that can absorb city. Really, it is a design-based growth system that behaves like an island in the city, i.e. it could be densified. It is immediately appealing, a void; let's densify it and make it heterogeneous like the rest of the city —working with 70% housing, or whatever. In this sense, I also think that it is a good example —thinking about that redensification, with substantial modifications— of that imagination that you called for.

JH: I agree, and if we don't lose sight of that idea of island and we compare Nuevos Ministerios to an estate in the outskirts, we see that the urban boundaries of one are equivalent to the motorways or railway lines that limit the other. It also seems logical to propose the densification of both of them because neither the city nor the estate can continue devouring agricultural land indiscriminately. If we can imagine housing in Nuevos Ministerios, we can also see it in the estates, where in fact there are already —albeit illegally, but by no means substandard—, rather interesting cases of people inhabiting very generous and kind spaces when transformed into domestic places. In an industrial estate in Alcorcón, on which my students at Columbia and Madrid worked simultaneously, there are already a number of warehouses colonised by people —some voluntarily in response to the price of housing and the difficulty to find spaces of a certain size, others because the crisis has driven them to live in the workshop. Ultimately, there were a number of economic networks that had escaped the market, accepting certain discomforts in exchange for space, financial gain, and freedom. The fact is that something presumably bad led to new set ups that conventional housing would never offer these people: living with multiple pets, working at home, having space for hobbies, parking the car, motorbike or bikes indoors... Nobody seemed unhappy with their situation. Their only complaint was that there isn't enough people. This demand for a community to complete the perfect setting is fascinating, don't you think?

AR: Indeed, beautiful. It is true, they've already changed or in fact, they've changed use, almost becoming third-sector or, as you say, they're inhabited, providing services to this new life. So, if architects don't do it, citizens themselves will.

JH: Clearly. Whether smaller cities, those south of Madrid, for example, aren't able to offer spaces of a certain size for new programmes or urban culture rituals—a large gym, an important supermarket, a motor club—; or it is just that nobody can rent them because they have restaurant prices, the thing is that all you have to do is cross a street to be in the estate, the future is immediately within reach. And this is without considering that the councils need ground for the new generations of facilities —source markets, schools with sports facilities, etc.— I think this is one of the cornerstones of the industrial estates' appeal, the transmutation of the warehouses and storage units rejected by the industrial system into complex hybrids that mix residential uses with workplaces and facilities, inventing a city that sets itself free from uses permitted, compulsory or compatible, and so many other obsessions of last century's urban planning.

AR: Yes, indeed; and the students? We think that the students take away that

aprendizaje más sistemático, se llevan de regalo que la preexistencia les aporta parte del sistema, porque tiene implícita esa pauta o seriación.

JH: Desde luego, lo existente es la primera capa del proyecto, y de su lectura más o menos interesante dependerá el interés del resultado, pero me gustaría enriquecerlo con una cuestión de actitud intelectual o ideológica que incorpora, por un lado, ya lo hemos comentado, la necesidad de que los alumnos aprendan a mirar cosas que aparentemente no tienen valor, y por otro, que aprendan a dudar de sus propios prejuicios. Me explico: Cuando trabajamos en el polígono industrial de Alcorcón, los alumnos, a pesar del extrañamiento que les producía un lugar tan heterodoxo, entraron pronto en sintonía con sus condiciones y yo lo achaco a que, en cierto modo, era inofensivo, estaba construido con pequeñas ambiciones pequeñas, y era fácil redescribirlo como reflejo de la crisis, algo muy humano, en definitiva. Sin embargo, en los Nuevos Ministerios les costó mucho más, porque los Nuevos Ministerios convocaban todos sus prejuicios en forma de connotaciones políticas, de la arquitectura como representación, incluso el papel de la arquitectura de autor consagrado. Sin embargo, con el tiempo también fueron capaces de apreciar el valor del diseño del edificio y de operar con sus contenidos extemporáneos de manera crítica y, como en los polígonos, fueron capaces de decir: ahora yo sé mirar una arquitectura que a primera vista no me interesa, porque tengo capacidad crítica y puedo elegir los temas que en cada caso son pertinentes. Por completar el ciclo, te cuento que cuando trabajábamos en los ensanches, a los profesores nos interesaba la repetición de la manzana como sistema urbano en sí mismo, pero a los alumnos les interesan los edificios uno a uno. Poder mirar la ciudad, su continuidad o coherencia, aceptando que existe una capacidad tremendamente generosa en esa fábrica sistemática, para aceptar casos fallidos en convivencia con piezas atractivas de arquitectura, es una lección para comunicar la grandeza de la arquitectura anónima y banal si, al menos, es capaz de construir ciudad.

AR: Claro, ese es el aprendizaje precisamente, trabajar con sistemas, ¿no? O en estrategias de sistema espacial, vamos. Creo que además los alumnos aprenden a tener una autoría un poco más oculta, diría yo. En estos terrenos o territorios más vulgares, como realmente son menos icónicos, tu acción es menos forzada. Además, como no importa tanto cómo tocar y quitar, no tienes ese prejuicio y proyectas con menos mochila de pudor, más suave. Yo lo he visto así en mis alumnos.

JH: Desde luego vienen tiempos que demandan nuevas versiones de autoría. Me viene a la memoria un ejercicio propuesto por Enrique Walker en Columbia consistente en intervenir tres edificios fallidos de otros tantos arquitectos metabolistas japoneses aún en uso, pero que el tiempo había convertido en un amasijo de reformas hasta su atrofia total. El review final se centró sobre la metodología del trabajo, lo que se respeta, lo que se deja, lo que se reinterpreta, lo que se apoya, lo que se elimina, etc., pero el último tema de discusión fue el de la autoría. Como una revelación, se planteó la pregunta por el futuro del concepto actual de autoría previendo que la transformación de edificios existentes puede ofrecer casos complejos de varios arquitectos construyendo sucesivas capas sobre edificios existentes, no con un afán reparador o rehabilitador de su condición original sino como una acción de diseño que considera lo existente como un dato más de un proyecto nuevo.

AR: Sí. En las preexistencias en general, y de las preexistencias sosas y vulgares en particular. Me parece a mí que la autoría ahí dice: ¿qué tenemos que hacer? ¿Cuántos

systematic knowledge, receiving the gift that the pre-existing provides them with part of the system, because the pattern or serialisation is imbedded.

JH: Absolutely, the pre-existing is the first layer of the project, and the interest of the result will depend on the more or less interesting reading of the setting. But I would like to add the enriching matter of intellectual or ideological attitude that involves, on one hand as previously mentioned, the need for students to look at things that don't appear to have much value and, on the other hand, that they learn to doubt their own prejudices. Let me explain. When we worked on the estate in Alcorcón, the students — despite the feelings of strangeness that such a unorthodox place provoked— soon tuned in on the conditions, and I put this down to the idea that somehow it was innocent, it was built on small ambitions and aspirations and it was easy to re-describe as a reflection of the crisis, something ultimately very human. However, Nuevos Ministerios was much more challenging for them, because this area summoned all their politically-charged prejudices, of architecture as a representation, even in its role of acclaimed 'signature architecture'. However, in time they were also able to appreciate the value of the buildings' design and operate with its unplanned content critically and, as with the estates, they were able to say: I now know how to look at initially-unappealing architecture because I have critical thinking skills and I can choose what is important at each stage. To finish the cycle, I'll say that when we worked on the 'ensanches', we as lecturers were interested in the repetition of the block as an urban system in itself, but the students were interested in the buildings independently. To be able to look at the city — its continuity or coherence— accepting that this systematic factory has an incredibly high capacity to take on failed attempts along with attractive architectural pieces. It's a lesson on the greatness of nondescript and banal architecture if, at the very least, it is able to build city.

AR: That's precisely what is learnt, to work on systems, isn't it? Or rather, spatial system strategies. I also think that students learn to develop a slightly less visible authorship signature in their work. In these vulgar territories, being truly less iconic, one's action is less forced. Besides, because what or how you touch or take away is not important, the prejudice is gone and the design is less limited by one's baggage of embarrassment, more fluid. This is what I've seen in my students.

JH: The times ahead definitely require new versions of authorship. An exercise proposed at Columbia by Enrique Walker comes to mind; the idea was to intervene in three failed projects designed by three Japanese metabolist architects, still in use but that had quickly become a mess of reforms leading to total atrophy. The final review focused on the work methodology, what was respected, what was left, what was reinterpreted, what supports, what is erased, etc., but the last discussion point was that of authorship. As a kind of revelation, the question that arose was the future of the current concept of authorship with the foresight that the transformation of existing buildings can lead to complex cases of various architects building successive layers onto existing buildings, not as a way or renovating or regenerating their original state but as a design approach that takes the pre-existing as yet another factor for a new project.

AR: Yes, with the pre-existent in general and the nondescript and vulgar pre-

somos trabajando aquí? Y aprovecho esta mención que haces, para enganchar con Columbia. ¿Planteas los mismos asuntos? Me refiero, dentro de este contexto postindustrial, la escala americana debe ser completamente diferente, la calidad constructiva también es diferente. Pienso que aquí entramos con esa falta de pudor, entre otras cosas, porque son del sur de Europa, pobres, de los años 70. ¿Allí sucede lo mismo, o cómo ves tú esto?

JH: Son dos escenarios muy diferentes. En las ciudades americanas, salvo los casos evidentes de compacidad de una traza densificada "a la europea", predomina la dispersión y la autonomía de los edificios sobre sobre la forma compacta y continua que conocemos aquí, tanto en la ciudad habitada como en el polígono industrial de naves sucesivas a lo largo de una calle. Tienes razón que la calidad es muy diferente y la transformación de enclaves industriales en residenciales -Brooklyn, Meatpacking District de Nueva York, Chicago, etc.- suele hacerse sobre un soporte físico de calidad, uno a uno de la mano del mercado inmobiliario, y con criterios burgueses de alto poder gentrificador con las consecuencias que todos conocemos.

AR: Exacto, no existe esa relación de densidad - no densidad.

JH: Son objetos en el paisaje. No creo que tuvieran valor pedagógico como tema de trabajo dentro del programa de las Correcciones Tipológicas porque son demasiado interesantes como están... Por eso resulta tan sorprendente ver a los estudiantes de Madrid y de Columbia trabajar a la vez en el polígono de Alcorcón. Los americanos, en realidad de varias nacionalidades diferentes, despliegan la mirada desprejuiciada del forastero tomando el objeto de trabajo como una pieza de un organismo complejo que incorpora información histórica, política, geográfica que conduce hacia la construcción de la narrativa del proyecto a la que se remiten todas las decisiones de diseño produciendo una carpeta final mucho menos definida que la de nuestros alumnos de la ETSAM y con menos recursos gráficos y técnicos en general pero más consistente en su argumentación. Por su parte, los alumnos de Madrid arrancan de un análisis igualmente contextual del que se suele obtener un programa, pero los sustentos conceptuales desaparecen pronto para dar un acelerón hacia la resolución organizativa -unas plantas- y constructiva -unas secciones- con la habitual desaparición de los alzados de las entregas, sustituidos por las imágenes. La diferencia es que los americanos sienten que están trabajando en un proyecto de orden superior y que los ejercicios son estaciones en ese devenir que obliga a que cada proyecto sea específico y genérico a la vez. Si te fijas en el trabajo de los estudios americanos como WorkAC, Moss o Soil verás que repiten una y otra vez el mismo proyecto o se apoyan claramente en los anteriores para hacer el siguiente. En Europa no es frecuente trabajar así y siento que es importante explicar a los alumnos que no es necesario empezar de cero cada vez, que no hay que inventar digamos un estilo de arquitectura o una manera de trabajar en cada ejercicio; que el verdadero proyecto, especialmente en los niveles altos, es la construcción de una forma de trabajo propia, una metodología operativa en sintonía con sus intereses personales y hay que dejarles hacer y que desarrollen los recursos estratégicos con los que luego van a hacer su primer concurso o van a intentar conseguir un empleo con un porfolio ambicioso.

existent in particular, I do think that authorship asks: what do we have to do? How many are we working here? And while you mention Columbia, do you pose the same themes? What I mean is that, in the context of the post-industrial, its scale in the USA must be completely different, as must be the constructive quality. I think here we go in with less deference, among other things, because the areas are in the south of Europe, poor, from the seventies... Is it the same there, or how do you see it?

JH: They are two very different settings. In American cities, with the exception of clear cases of compact 'European-style' urban fabrics, what predominates is dispersion and the autonomy of buildings rather than the compact and continuous forms we know here, both in the populated city and in industrial estates with series of warehouses along a street. You are absolutely right about the difference in quality and also, the transformation of industrial enclaves into residential ones —Brooklyn, the Meatpacking District in New York, Chicago, etc.— tends to happen on a high-quality physical support structure, head-to-head with real estate markets, and following middle-class criteria with a powerful gentrifying force and the consequences we all know.

AR: Exactly, they don't have that 'dense'-'not dense' relationship.

JH: They are objects in the landscape. I don't think they would have pedagogical value as work areas in the Typological Corrections programme because they are too interesting as they are... That's why it is so surprising to see the students at Madrid and Columbia working simultaneously on the industrial estate in Alcorcón. The ones in the USA —from a number of nationalities, in fact— unfold the unprejudiced view of the foreigner taking the object of study as a piece of a complex organism that contains historical, political, geographical information that leads to the construction of a project narrative on which all the design decisions are based, leading to a much less defined project folder at the end than our students at the ETSAM, also generally showing less graphic and technical skills but much more consistent in its argumentation. In turn, the students in Madrid begin with an equally contextual analysis from which they generally extract a programme, but the conceptual underpinnings quickly disappear in favour of a rapid sprint towards organisational and constructive solutions —plans and sections respectively— and the usual disappearance of elevations, substituted by rendered images instead. The difference is that in America they feel like they're working on a higher-order project and that the exercises are stops on that path, forcing each project to be specific and generic at the same time. If you look at the projects by American firms like WORKac, Moss, or SO–IL you'll see that they repeat the same project again and again, or they clearly base themselves on previous works when working on the next one. In Europe, working like this isn't common and I feel it is important to explain to the students that it is not necessary to start from scratch every time, that there's no need to invent an architectural style, shall we say, or a way of working for each exercise; that the true project, especially at higher levels, is the building of one's own work method, an operational methodology in line with one's personal interests. We have to let them do things and develop the strategic resources they'll go on to use on their first competition or to find a job with an ambitious portfolio.

Potteries Thinkbelt

Cedric Price

Conferencia en el marco de la exposición "Arquitectura Silenciosa 5. PTb: Caducidad, educación y energía". Sala de la Arquería. Nuevos Ministerios. Madrid. 20 Diciembre 2000. Traducción y adaptación por Juan Herreros.

Buenas tardes.
¿Cuál es la utilidad de una exposición sobre un proyecto que tiene cuarenta años, más que la mayoría de los que se encuentran en esta sala? ¿cuál es el valor de este trabajo en la actualidad? Porque el único sentido que tiene visitar esta exposición es que puedan extraer cosas que sean útiles para ustedes ahora y que puedan trasladarlas a su propio trabajo, ya sean ustedes políticos, arquitectos o ciudadanos. Esa es la única razón por la que unos viejos dibujos, unos viejos retazos de arquitectura que bien podrían ser edificios, están hoy aquí: no los vean como un libro de historia.

Creo que hay algunos ámbitos en los que el proyecto *Thinkbelt* conserva hoy su vigencia. El primero es su emplazamiento en la región de North Staffordshire, un lugar árido y sucio, toscos terrenos industriales. Gran parte de las fábricas han desaparecido y la tierra está agotada, pero no es un páramo deshabitado, todavía queda mucha gente que vive allí. En estas cien millas cuadradas que ocupa el Thinkbelt hay muy pocos árboles, muchos pozos, muchos viejos almacenes y muchas vías de tren en desuso. Todo esto, aún sigue en aquel lugar después de cuarenta años.

Así que tenemos el mismo paisaje y más o menos la misma población, pero los viejos empleos han desaparecido como ocurriera en Detroit o Bilbao y en su lugar puede surgir otra industria, una industria nueva que no es considerada como tal: 'el aprendizaje'. Un experimento que bien podría ser explotado, pues la experiencia de North Stafforshire recuerda a los conflictos pesqueros entre España y Marruecos o a la vieja historia de la minería del carbón en toda Europa, actividades todas ellas que nos remiten a emplazamientos concretos.

El aprendizaje no tiene nada que ver con el conocimiento acumulado en los libros, no tiene tradición, si es antiguo está muerto, depende de las personas implicadas y de su capacidad de pensar. Esta capacidad es una auténtica fuente de empleo al menos en el ámbito de los países desarrollados. El producto derivado de esta industria puede en algún momento estar vinculado con las comunicaciones, con la electrónica, con Internet o con cualquier cosa, pero es el pensamiento y la posibililidad de cambiar de opinión lo que proporciona crecimiento y empleo, no los productos finales.

Si el *Thinkbelt* puede resultar pertinente en la actualidad, cuarenta años después, se debe a que la movilidad de las personas a la hora de pensar ha aumentado. Mientras que aquel proyecto se basaba en gran medida en viejas infraestructuras -vías de ferrocarril abandonadas- para la reactivación de las antiguas fuentes de empleo, ahora la movilidad es literalmente internacional. Las personas pueden trasladarse más deprisa, cambiar

Potteries Thinkbelt

Cedric Price

Conference within the exhibition program "Arquitectura Silenciosa 5. Potteries Thinkbelt". Sala de la Arquería, Nuevos Ministerios, Madrid, December 20th, 2000
Transcription by Juan Herreros.

Good evening.
What is the use of an exhibition on a project that is more than forty years old, a lot older than most of you in this room. What is the value of it now? Because that is the only point of looking at the exhibition. It is for you to see points that you yourself can find useful and you can translate into your own work, whether you're a politician or an architect or a citizen. Ideas exist today —drawings in this exhibition— but they're not relics. Don't look at them as a history book, glean from them what might be useful for you yourself today.

I think there are some areas in which the *Thinkbelt* is useful today: the first example is in North Staffordshire. It was a dirty, rough industrial country and it still is dirty and rough. A lot of the industry has gone, but the land is still tired —dirty and tired. Industrial but it's not wasteland, people still live there. The Thinkbelt occupies 100 square miles with very few trees. There are lots of slag heaps, lots of pits, lots of old factories, a lot of unused railway lines —as they were 40 years ago.

So, you have the same area of land, 100 square miles with roughly the same population of people, the old jobs, the old employment has gone like in Detroit, Bilbao and a new industry emerges. It's not seen as a new industry, but that industry is 'learning'. An experiment that could be exported if you think of the fishing disputes between Spain and Morocco or the coal-mining in France and in England. The point is that those are location sites.

Learning isn't something that is accessed by accumulated knowledge in books. It's persons, young persons, who are thinking for themselves. Now as far as learning goes, it is as old as the people who are learning make it. While you're alive you have an opportunity to learn. That, in effect, not only provides employment, it is employment for an increasing proportion of developed nations. At one time the by-products of such thinking might have been connected with communications, electronics, the internet, or anything, but it is the thought and the capacity to change one's mind which provides the growth employment, not the end-products.

And that's what the *Thinkbelt* is about, the capacity of the Thinkbelt to be relevant now, 40 years later, is purely because the ability of people thinking has itself increased. Whereas the Thinkbelt was largely based on old structures, old railway lines, old sectors of employment re-employed, now the ability is literally international because people can move faster, through increasing mobility, without a backlog of assumed traditions —I'm talking about assumed family traditions.

de empleo sin sentir el peso de las tradiciones familiares asumidas. A eso se refiere el Thinkbelt: investigar la capacidad de las actividades para mutar como consecuencia de un cambio en el pensamiento. Y la arquitectura resultante puede perdurar mientras esos pensamientos sean vigentes, y deberían necesariamente durar lo mismo que los ladrillos, o el cemento o el acero, tanto como duran las modas, porque cualquier cosa puede alojar en sí misma la semilla de su propia desintegración.

Por lo tanto, es mucho más importante diseñar buena comida y zapatos Hush Puppies que un museo de la comida o un museo del calzado. Hoy en día las posibilidades del individuo para acceder al aprendizaje, a los medios de comunicación, a las fuentes de información, la capacidad en definitiva para cambiar de opinión y postura hace que cada vez sean más importantes los servicios disponibles para una comunidad "joven" (joven es cualquier persona que está viva y tiene la capacidad de cambiar de opinión) mientras que el reconocimiento de su ubicación permanente, como las catedrales o las iglesias o las universidades, es cada vez menos relevante. Lo importante de trabajar como lo hicimos en el Thinkbelt, es poner en cuestión siempre lo estático, poner en cuestión la utilidad de las cosas en el momento en que ya no son necesarias, su longevidad, su vida, poner en cuestión por qué las conservamos. Porque si un ser humano vive, pongamos, setenta años, aunque en algunas partes del mundo solo cuarenta, no merece la pena dedicar la vida a preservar objetos que son relevantes solo porque están ahí. La creciente movilidad es una buena oportunidad para que cada comunidad se tome menos en serio su entorno permanente y sea más capaz de darle su valor real a los cambios inmediatos y a las vidas que se están desarrollando, en vez de a sus orígenes e historia pasada.

Una parte del PTb no tiene ya utilidad, pero la movilidad, el cambio de la comunidad, la reutilización de la tierra y toda su disposición para comunicarse, para pensar y para cambiar, es aún inherente a los Thinkbelt de las ciudades contemporáneas, eso espero, como deberían serlo muchos otros aspectos con respecto a los cuales la arquitectura se está quedando atrás, está perdiendo su valor como actividad, que no tiene que ver con la moda, que tiene que ver con la vida, con vivir y trabajar disfrutando de los cambios.

El aprendizaje debería ser un pasatiempo del que se obtiene placer, por eso lo llamé *Thinkbelt* y no universidad. No era un movimiento de boy-scouts, estábamos todos juntos, los que tenían y los que no, cambiando de opinión, aprendiendo y haciendo que el lugar progresara de una forma sana, no de una manera enfermiza y moribunda. Y pueden ustedes interrumpirme ahora y yo puedo contestar a sus preguntas... ¿Alguna pregunta? Si quieren pueden interrumpirme, porque eso significa que pueden estar cambiando de opinión. No es de mala educación. La interrupción es una réplica necesaria, no es molestar. Creo que ya he dicho bastante. ¿Alguna pregunta?

And that's what I'm talking about in the Thinkbelt. It is the capacity for activities to change as a result of thoughts changing, and the resultant architecture can last as long as those thoughts are current and shouldn't necessarily last as long as bricks do or concrete does or steel does or fashions in architecture do... because those things are tawdry and are always likely to have the seeds of their own disintegration amongst them.

So, it is far more important to design good food and Hush Puppies than it is to design a museum for good food or shoes. The capacity for people to change their minds, and their ability to change their minds, through access to learning, means of information, sources of information, and the ability to change their position makes the permanent recognition of their location, like cathedrals and churches and universities and prisons, less and less important. More and more important is the service that is available through a live, 'young' community. I use 'young' in inverted commas —'young' is anyone who is still alive and has the capacity to change their mind. The point about the Thinkbelt, and the point about lots of work we've been involved in since then, is always questioning the static, three-dimensional look. Not questioning its uselessness when it is useful, but questioning its longevity, questioning its life, questioning why we save things. Because if human beings have a lifespan of, say, 60 or 70 years, but in parts of the world still only 40, it is not worth spending a community's life on preserving objects that have no relevance except that they're still around. The increasing mobility of the community is a good chance for such a community to be less serious about its permanent environment and more capable of putting real values on the immediate activities and the lives that are being led as opposed to the history of lives in the past.

So that's what I take from something like the Thinkbelt. You want to glean bits from it. A lot of it is useless. But it is the mobility, the thinking and exchanging of those thoughts, which are inherent to the Thinkbelt (I hope they are), and they should be inherent today in a whole lot of aspects in which architecture is at the moment falling behind. And it used to be a valuable activity. It isn't related to fashion, but to life, living, and enjoying change.

Learning should be an enjoyable pastime —that's why it's called a *Thinkbelt* and not a university. It's not about those who have, looking after those who don't have. It wasn't a Boy Scout movement. It was altogether changing your mind and helping society to progress in a healthy way and not in a diseased, moribund way. Any questions? You can still interrupt. Because that means you're changing your mind. It's not bad manners. Interruption is a necessary repetition upon the wilfully inattentive, like nagging. It's rather good for you. It's good for those who nag and those who are nagged. I think I've said enough. Any questions?

Atmósferas y Sensus Communis
Métodos literarios para el análisis y el diseño urbano

Klaske Havik y Hans Teerds

La bruma se extendía hasta donde le llegaba la vista sobre el amplio río, siguiendo su indolente curva hacia la ciudad. Por momentos se entreveían apenas las curtidas barcas ancladas en la distancia... Miró con atención cómo se dibujaban las desaliñadas siluetas de las pequeñas embarcaciones. Pasó un carguero con todas las luces encendidas... Escondido entre la niebla y el anochecer, tan cerca del agua y de su olor a barro, petróleo, brea y algas le llenó de una incomprensible sensación de seguridad... Muy pronto, para su sorpresa, una luz surgió del horizonte: la posada sobre el dique.[01]

Para novelistas y poetas, la atmósfera es un aspecto central en su trabajo. En unas pocas frases —incluso con un par de palabras— son capaces de evocar experiencias de espacios y entornos. El fragmento citado de la descripción literaria que hace Humbert Lampo del puerto de Amberes contiene todos los elementos que constituyen una atmósfera: temporalidad, espacio, objetos, paisaje, luz, el ente que percibe, las sensaciones, las condiciones climatológicas, el ánimo general y la memoria. Si es cierto que a menudo es a través de descripciones literarias que la atmósfera se materializa de manera elocuente, la investigación de la relación entre la atmósfera, el lenguaje y el espacio puede ser muy valiosa a la hora de entender las atmósferas urbanas como la relación consciente y encarnada, material y conceptual, espacial y temporal entre la gente y su entorno. Por tanto, aproximarse a la cuestión de la atmósfera bajo un 'prisma' literario ofrece la posibilidad de entender no solo cómo se viven las atmósferas, sino también cómo se pueden evocar, tanto en lo escrito como en lo construido.

Más allá de una definición

Aun siendo difícil de captar y definir, la atmósfera, como una compleja construcción de tiempo y espacio, objeto y sujeto, materialidad y ambiente, es uno de los aspectos cualitativos esenciales de los espacios urbanos y una noción crucial para conceptualizar las complejas relaciones afectivas entre la ciudadanía y el espacio urbano. Aunque cada persona lo sienta de manera diferente, se podría decir que las atmósferas afectan a las personas desde el mismo momento en el que entran en un espacio, abren una puerta, doblan una esquina o se mueven por la ciudad, sea de manera consciente o no. Las atmósferas tocan los sentidos de manera inmediata, esto es, sorteando en un primer momento la reflexión e interpretación del intelecto. Este afecto inmediato también quiere decir que no siempre somos conscientes de las atmósferas. Al fin y al cabo, la mayor parte de los espacios se viven en la distracción.[02] La experiencia de la

01 Hubert Lampo, De Goden moeten hun getal hebben [The Gods must have their Number] (Amsterdam, Boekenweek, 1969) 15–1 (traducido al castellano desde la versión en inglés de Klaske Havik)

02 "La arquitectura ha sido desde siempre el prototipo de una obra de arte cuya recepción tiene lugar en medio de la distracción y por parte de un colectivo". Solamente los turistas perciben la ciudad con concentración, con lo que "quien se recoge ante una obra de arte se hunde en ella, entra en la obra". Walter Benjamin, *La obra de arte en la época de su reproductibilidad técnica*,

Atmospheres and Sensus Communis
Literary methods for the analysis and design of urban sites

Klaske Havik y Hans Teerds

As far as his eye could see, the wide river, which bended towards the city in a languid curve, was covered in fog. For a short span of time he could vaguely see the weathered boats anchored there... He watched with attention how the small boats revealed their grubby outlines.
A cargo passed by with all the board lights on. ... Hidden in the mist and the nightfall, the proximity of the water and its smell of mud, oil, tar and seaweed filled him with an inexplicable sense of security. ... Very soon, to his surprise, a light loomed up on the horizon: the inn on the dike.[01]

For novelists and poets atmosphere is a crucial aspect of their work. In a few sentences – even a couple of words – they are able to evoke experiences of spaces and environments. The above mentioned fragment of Hubert Lampo's literary description of Antwerp harbor contains all the elements that together constitute an atmosphere: temporality, space, objects, landscape, light, the perceiving subject, sensory perceptions, climatological conditions, mood and memory. If indeed it is through literary descriptions that atmosphere is often eloquently brought to the fore, a further investigation into the relationship between atmosphere, language and space is be most valuable to understand urban atmosphere as the conscious and embodied, material and conceptual, spatial and temporal relation between people and their environment. Approaching the question of atmosphere with a literary 'lens' thus offers the possibility to understand not only how atmospheres are experienced, but also how they can be evoked; both in words and in buildings.

Beyond Definition

As difficult as it is to fully grasp and define, atmosphere, as a complex construction of time and space, object and subject, materiality and mood, is one of the key qualitative aspects of urban places and a crucial notion to conceptualize the complex affective relations between citizens and urban space. Atmosphere one might state, although differently experienced by every person, affects the human being the very moment he or she enters a space, opens a door, rounds a corner, or moves through the city, consciously or unconsciously. Atmosphere touches the senses in immediate ways, that is: surpassing in the first instance, the intellectual reflection and interpretation. This immediate affection thus also means that we are not always aware of the atmosphere. Most spaces after all are experienced in distraction.[02]

01 Hubert Lampo, De Goden moeten hun getal hebben [The Gods must have their Number] (Amsterdam, Boekenweek, 1969) 15-17 (translation from Dutch Klaske Havik)

02 "Architecture has always represented the prototype of a work of art the reception of which is consummated by a collectivity in a state of distraction." Only the tourists experience the city in concentration, he adds. Which means that the tourists are "absorbed by it. He enters into this work of art." Walter Benjamin, 'The Work of Art in the Age of Mechanical Reproduction', in: Walter Benjamin, Illuminations, Essays and Reflections (edited by Hannah Arendt) (New York, Schocken

arquitectura y la ciudad, de hecho el entorno cotidiano de un gran número de personas, ocurre en el uso y la percepción, como sostiene Walter Benjamin en su famoso ensayo 'La obra de arte en la época de su reproductibilidad técnica'. El entorno cotidiano se apropia a través del uso y se determina por el hábito. Sin embargo, en ocasiones, incluso durante la distraída experiencia de la ciudad, los sentidos se despiertan y evocan, y somos conscientes de nuestro entorno. Entonces, como defienden McCarter y Pallasmaa, "proyectamos nuestros esquemas corporales, memorias y significados personales en el espacio; el espacio extiende la experiencia de nuestros cuerpos más allá de nuestra piel, y el espacio físico y nuestros espacios mentales se funden el uno con los otros".[03] Se podría decir que esta experiencia misma de la atmósfera es una unión momentánea de consciencia y percepciones materializadas —la apertura repentina del espacio desde todos sus aspectos a todos los sentidos del ser humano. Apreciamos el espacio de manera física, psicológica y mental. Tomamos medidas y saboreamos la atmósfera. En una sola percepción, el espacio se imprime sobre cada uno de nosotros, y a través de este espacio, la realidad del mundo entero.[04]

De este modo reconocemos las atmósferas que evocan las palabras escritas en novelas y poemas. Lo escrito es capaz de afectar a quien lo lee, evocando imágenes que recuerdan a experiencias pasadas comunes al cuerpo humano. Como sugiere el geógrafo humano Yi-Fu Tuan en *Topophilia*, es precisamente la literatura lo que nos ofrece "información delicadamente matizada sobre cómo las personas perciben sus mundos".[05] Sin embargo, cuando se trata del estudio de las atmósferas, el papel del sujeto es un factor de añadida complejidad. Igual que cada lectura añade al espacio del texto las experiencias, memorias e imaginaciones individuales, el bagaje de cada persona influye la manera en la que un espacio se percibe. Al hablar de atmósferas, tales experiencias personales se pueden comunicar y compartir con otras personas. Por ello, se debe reconocer la naturaleza trans-subjetiva en la experiencia de las atmósferas. Bajo este prisma, conviene una reflexión sobre la noción de Hannah Arandt, *sensus communis*: el conocimiento y la experiencia que pertenece a una comunidad mayor, capaz de ser compartida e intercambiada. El *sensus communis*, escribe Arendt, "es el único responsable de que nuestros cinco sentidos y su información correspondiente, todo personal y 'subjetivo', se puedan encuadrar dentro de un mundo 'objetivamente' común, no subjetivo, que podemos compartir y evaluar de manera colectiva".[06] Arendt sostiene que este mundo solo se hace realidad a través la pluralidad de experiencias humanas: solamente desde estas perspectivas pueden materializarse todos los diferentes aspectos y complejidades del mundo. Las atmósferas nunca son un solo punto de vista, siempre son una pluralidad de experiencias. Para poder diferenciar estos aspectos —sin duda, lo que se hace en el diseño (urbano)— se debe poder mirar

(traducción de Andrés E. Weikert) (México D.F., Editorial Itaca, 2002), pág. 93.

03 Robert McCarter y Juhani Pallasmaa, *Understanding Architecture, A Primer on Architecture as Experience* (London: Phaidon Press Limited, 2012), pág. 14.

04 Hannah Arendt, *The Life of the Mind*, (New York: Harcourt Inc., 1978), pág. 50

05 Yi-Fu Tuan, Topophilia. *A Study of Environmental Perception, Attitudes and Values* (Minneapolis: University of Minnesota Press, 1974), pág. 49

06 Hannah Arendt, 'Culture and Politics': Hannah Arendt, ***Reflections on Literature and Culture***, (editado por Susannah Young-Ah Gottlieb) (Stanford University Press, 2007), pág. 199.

The experience of architecture and the city, indeed the everyday environment for many people, unfolds through use and perception, as Walter Benjamin states in his famous essay 'The Work of Art in the Age of Mechanical Reproduction.' The everyday environment on the contrary is appropriated by use, and is determined by habits. Sometimes, however, even in the distracted experience of the city, the senses are touched and evoked, and we become aware of the environment. We then, McCarter and Pallasmaa argue, "project our body scheme, personal memories and meanings into the space; the space extends the experience of our bodies beyond our skin, and the physical space and our mental spaces fuse with each other."[03] One might state that this very experience of atmosphere is a momentary coming together of embodied perception and consciousness – the sudden aperture of space in all its aspects to all the senses of the human being. We feel out the space, physically, physiologically and mentally. We take the measures and taste the atmosphere. In a single perception, the space impress itself upon us, and through that space the reality of the entire world.[04]

We thus recognize the atmospheres evoked by literary writers in their novels and poems. Writers are able to touch the reader, evoke images that hark back to preceding experiences common to the human body. As human geographer Yi-Fu Tuan suggested in his *Topophilia,* it is precisely literature that offers 'finely shaded information on how individuals perceive their worlds'.[05] However, when it comes to the study of atmospheres, the role of the subject is a complicating factor. Just like each reader adds to the space in the novel his or her own experiences, memories and imaginations, the background of the experiencing subject influences the way a space is perceived. When discussing atmospheres, such individual experiences can be communicated with and shared by others. We thus need to acknowledge the trans-subjective nature of the experience of atmospheres. In that light, a reflection on Hannah Arendts notion of *sensus communis* is appropriate: knowledge and experience that is part of a larger community, able to be shared and exchanged. The sensus communis, Arendt writes, "alone deserves credit for the fact that our private and 'subjective' five senses and their data are fitted to a non-subjective, 'objectively' common world that we may share and evaluate together with others."[06] According to Arendt, this world only becomes reality through the plural experiences of human beings: only through these distinct perspectives the world is rendered in all its aspects and complexities. Atmosphere never is a single perspective, it always consist of a plurality of experiences. In order to distinguish these aspects – and that of course is what (urban) designers are urged to do – one needs to be able to look from different perspectives. Arendt connects this ability with the human faculty to judge.

Books, 1968), 239.

03 Robert Mc Carter and Juhani Pallasmaa, *Understanding Architecture, A Primer on Architecture as Experience* (London: Phaidon Press Limited, 2012), 14.

04 Hannah Arendt, *The Life of the Mind*, (New York: Harcourt Inc., 1978), 50.

05 Yi-Fu Tuan, *Topophilia. A Study of Environmental Perception, Attitudes and Values* (Minneapolis: University of Minnesota Press, 1974), 49.

06 Hannah Arendt, 'Culture and Politics', in: Hannah Arendt, *Reflections on Literature and Culture* (edited by Susannah Young-Ah Gottlieb) (Stanford University Press, 2007), p. 199.

desde diferentes perspectivas. Arendt relaciona esta habilidad con la facultad humana de juzgar. Para poder juzgar, un ser humano debe asumir diferentes puntos de vista. Juzgar, por tanto, no tiene que ver con razonamientos, ni con aplicar 'dogmas': sus argumentos no son lineales. Entonces, mirar desde diferentes perspectivas no tiene que ver con 'verdad' sino con 'realidad'. Juzgar es la habilidad de asumir diferentes puntos de vista, 'ponerse en el lugar de todas las demás personas' a la vez que se 'reflexione sobre el juicio de una misma desde una posición universal'. Arendt considera que estos ejercicios requieren diferentes capacidades del ser humano: valor (para pensar de manera independiente y juzgar la experiencia personal), imaginación y creatividad (para explorar diferentes perspectivas), experiencia, 'cultura' o comunidad (sobre la cual un juicio se valida —y podemos añadir aquí: atmósfera, aquello que se comparte de manera intuitiva), y por último comunicación (la comunidad debe poder debatir el juicio, quien juzga debe poder explicar sus decisiones).

Se podría concluir aquí que para poder entender y producir atmósferas, quien practique diseño urbano y arquitectura debe tener lo que Immanuel Kant llamó 'mentalidad amplia', que permite trascender lo meramente individual —el tipo de pensamiento que sortea la intuición e incluye la pluralidad de perspectivas de la esfera pública. La arquitectura, como disciplina que no se limita a la intuición personal de las personas que diseñan, sino que también incluye el contexto de la arquitectura y la construcción de la ciudad, está necesariamente relacionada con esta cuestión de lo público, lo que es compartido a través de su atmósfera. El objetivo de esta 'mentalidad amplia' no es la empatía. Al contrario, se trata de generar un acuerdo 'político'. Un juicio solo obtiene su validez, escribe Arendt, a través de tal acuerdo, ya que "puede liberarse de las condiciones subjetivas y privadas". El juicio por tanto "necesita la presencia de otras 'en cuyo lugar' debe ponerse, cuyas perspectivas debe considerar, y sin quien jamás podría tan siquiera operar".[07] En este sentido, la idea de la mentalidad amplia y el objetivo de mirar desde perspectivas diferentes presupone la existencia del *sensus communis*. Tanto Kant como Arendt utilizan este término en latín y no el utilizado de manera general y popular 'sentido común' —lo que representa el énfasis de ambos en que no se trata de una especie de capacidad mental añadida, sino que este significado se encuentra enraizado en la comunidad humana. Debe entenderse por tanto como 'sentido comunitario'. Y como es sentido-comunitario, está abierto a ser comunicado.[08]

Se podría decir que las atmósferas le ofrecen a la arquitectura el terreno común que se necesita para poder darle a la sociedad este dominio público. Como experiencia compartida que despierta nuestros sentidos y evoca experiencias pasadas, la atmósfera le ofrece a la arquitectura la capacidad de comunicarse con la sociedad.

Atmósferas: cuestionando el rol del arquitecto

El mundo tal y como lo percibimos a través de atmósferas parece ser diferente al mundo de la ciencia, al análisis y la construcción. Las atmósferas evaden definiciones rígidas y análisis, lo que dificulta el trabajo del diseño urbano y la arquitectura a la hora de

07 Hannah Arendt, 'The Crisis of Culture', in: Hannah Arendt, Between Past and Future, pág. 217.

08 Hannah Arendt, *Lectures on Kant's Political Philosophy*, p.72

In order to judge a human being should be able to look from different perspectives. Judgment thus is not about reasoning, neither about applying 'dogma's': its arguments are not linear. Opening up different perspectives thus is not about 'truth', but about 'reality'. Judgment is the ability to look from different perspectives, 'to think from the standpoint of everyone else' as well as the ability to 'reflect upon one's own judgment from a universal standpoint'. These exercises, according to Arendt, however requires different capacities from the human being: courage (to think for oneself and to judge the own perspective), imagination and creativity in order to explore different viewpoints), experience, 'culture' or community (on the basis of which a judgment gets validity- and we might add here: atmosphere, that what intuitively is shared) and finally communication (the community should be able to discuss the judgment, the judge should be able to explain its decisions).

One might conclude here that in order to understand and produce atmospheres, urban planners and architects need to have the capacity of what the philosopher Immanuel Kant has called the 'enlarged mentality' that allows for transcending the merely individual – the type of thinking that bridges intuition and includes the plurality of perspectives in the public realm. Architecture, as a discipline that not only addresses the personal intuition of the architect, but also the context of architecture, and the construction of the city, is by necessity linked to this question of the public, which is shared through it's atmosphere. The goal of this 'enlarged mentality' is not to be empathic. On the contrary: it is meant to set up a 'political' agreement. Judgment derives its validity, writes Arendt, only through such agreement, since that "can liberate itself from the subjective private conditions". Judgment thus "needs the presence of others 'in whose place' it must think, whose perspectives it must take into consideration, and without whom it never has the opportunity to operate at all."[07] This idea of the enlarged mentality and the goal of thinking from different positions thus presupposes the existence of the *sensus communis*. Kant and Arendt both used this Latin term and not the more general and everyday used 'common sense' – which means that they emphasize that this is not a certain extra mental capacity but that this sense is rooted in a human community. It thus has to be seen as 'community sense'. And since it is community-sense, it is open for communication.[08]

Atmosphere, one might state, offers architecture the common ground that is needed to offer society this public realm. As a shared experience that touches our senses and evokes preceding experiences, atmosphere offers architecture the ability to communicate with society.

Atmosphere: Challenging the Architects' Position

The world as we experience it through atmospheres seems to differ from the world of science, from analysis and construction. Atmosphere withdraws from rigid definition and analysis, which makes it difficult for architects and urban planners to put it forward as a specific goal of a spatial project. Meanwhile, atmosphere might

07 Hannah Arendt, 'The Crisis of Culture', in: Hannah Arendt, Between Past and Future, 217.

08 Hannah Arendt, *Lectures on Kant's Political Philosophy*, p.72.

especificar un objetivo de un proyecto espacial. A la vez, la atmósfera puede entenderse como una cualidad crucial que la arquitectura y el urbanismo pueden evocar. De hecho, cada espacio con el que trabajan, los que ya existen y los imaginados, tienen su propia atmósfera concreta. Primero, el arquitecto se enfrenta en cada encargo al reto de 'ampliar' el marco del proyecto al introducir diferentes perspectivas. Deben desarrollarse nuevos métodos para percibir la 'realidad' de los emplazamientos, rastrear su atmósfera sin limitarla a mediciones, hechos o procesos económicos, y utilizar estas atmósferas para encontrar nuevas líneas de desarrollo. El reciente número de la publicación sobre arquitectura holandesa-belga OASE, titulado *Building Atmosphere*, se centra en el tema de atmósfera a través de dos destacados arquitectos en este campo: Juhani Pallasmaa y Peter Zumthor. En la editorial, *OASE* expone que la búsqueda de atmósferas requiere el estudio de "la relación compleja entre las personas y la arquitectura, siendo a la vez consciente y encarnado, evocando simultáneamente energía y silencio, materialmente cimentada y bañada por la luz, viva y eterna".[09] En el mismo número, el filósofo alemán Gernot Böhme también concluye que "la verdad está en la interacción; entre la presencia física y consciente y el cuerpo, entre la sensibilidad y la actividad, entre lo real y la realidad" y que "lo que actúa entre ambos (el estado corporal y las cualidades del espacio en el que estoy) como un intermediario —eso es la atmósfera".[10] Así, la atmósfera puede entenderse como un sustrato mediador. Por extensión, la atmósfera urbana podría definirse como el encuentro de las propiedades espaciales y materiales de un espacio urbano, y su experiencia por personas. Esto quiere decir que si el diseño urbano y la arquitectura quieren tener en cuenta la atmósfera como una noción central en su trabajo, deben encontrar métodos para tratar con esta mediación entre diferentes aspectos: entre la subjetividad que percibe y los objetos que producen y organizan, entre los detalles arquitectónicos y el todo integral, entre la memoria y la imaginación, entre la inocencia de la experiencia inmediata y la experiencia que otorga la práctica profesional del diseño, entre el pensamiento conceptual y la experiencia corporal. Precisamente la literatura trabaja con tales paradojas,[11] y abre diferentes perspectivas, aunque se sostienen sobre experiencias comunes. Por lo tanto, la literatura como posición estratégica ofrece potencial para conceptualizar y producir atmósferas urbanas

Narrando la atmósfera urbana de Amberes: un caso de estudio docente en arquitectura y urbanismo

'T Eilandje es un distrito urbano en la zona portuaria de Amberes. Fue el lugar donde se construían y mantenían los grandes barcos, a donde llegaban y se transportaban los bienes, donde pasaban los trabajadores del puerto, el lugar que inspiró a autores como Hubert Lampo a pintar la sombría atmósfera de los márgenes de la ciudad y la sociedad. Ahora 't Eilandje se ha convertido en un barrio urbano vivo con usos culturales y residenciales. Durante la última década las actividades del puerto se han ido en busca de aguas más grandes y la zona la experimentado transformaciones enormes. Se han reformado talleres para usarse como vivienda, locales hosteleros y espacios de oficinas;

09 Klaske Havik, Gus Tielens and Hans Teerds (eds.), OASE 91, *Building Atmosphere* (Rotterdam: nai010 publishers, 2013), 11

10 Ibid., 31, 99.

11 Klaske Havik, *Urban Literacy. Reading and Writing Architecture* (Rotterdam: nai010 publishers, 2014)

be regarded a crucial quality that architectural and urban spaces can evoke. Indeed, each space that architects and urban designers work with, those already existing and those imagined, are certainly characterized by their own specific atmosphere, and that architects and planners need to anticipate on that while constructing new atmospheres. The architect thus first is challenged in each assignment to 'enlarge' the scope of the project by introducing different perspectives. New methods need to be developed to touch upon the 'reality' of the sites, to trace their atmosphere without limiting it to mere measures, facts or economical processes, and to use these atmospheres in order to develop new lines of development. The Dutch-Belgian architecture journal OASE 's recent issue *Building Atmosphere*, centered the question of atmosphere on two leading architects in this field: Juhani Pallasmaa and Peter Zumthor. The editors of OASE state that a search for atmosphere entails studying: "the complex relationship between man and architecture, being at once mindful and embodied, simultaneously evoking energy and silence, materially grounded and touched by light, alive and ageless"...[09] In the same issue, German philosopher Gernot Böhme as well concludes that "truth lies in the interplay; between mindful physical presence and the body, between sensitivity and activity, between the real and reality"[10], and that "what between both (namely corporeal state and the qualities of the space I am in) is acting as an intermediary – that is the atmosphere." Atmosphere can thus be seen as a mediating substance. By extension, urban atmosphere could be defined as the encounter of the spatial and material properties of an urban space, and its very experience by people. This means that if urban planners and architects want to take into account atmosphere as leading notion in their work, they have to find methods to deal with this mediation between different aspects: between the perceiving subject and the objects the produce and arrange, between architectural details and the all-encompassing whole, between memory and imagination, between the naivety of immediate experience and the expertise of the professional designer, between conceptual thought and embodied experience. Precisely literary writers deal with such paradoxes[11], and open up different perspectives, which however are rooted in shared experiences. Therefore literature as a vantage point offers possibilities to conceptualize and produce urban atmospheres.

Narrating Antwerp's Urban Atmosphere: a case study in architectural and urban education

'T Eilandje is an urban area in the Docklands of Antwerp. Once the place where big ships were built and maintained, where goods arrived and were transported, where harbor workers roamed the area, the place that inspired writers such as Hubert Lampo to paint the dark atmosphere of the margins of the city and of society, 't Eilandje is now becoming a lively urban neighborhood with cultural as well as residential use. In the past decade, harbor activities have sought larger waters and

09 Klaske Havik, Gus Tielens and Hans Teerds (eds.), OASE 91, *Building Atmosphere* (Rotterdam: nai010 publishers, 2013), 11.

10 Ibid., 31, 99.

11 Klaske Havik, *Urban Literacy. Reading and Writing Architecture* (Rotterdam: nai010 publishers, 2014).

Figuras 1 y 2. La antigua zona portuaria de Amberes, 't Eilandje. Grúas como personajes urbanos y una vista de las transformaciones actuales. **Images 1 and 2: Antwerp's former dockland area 't Eilandje. Cranes as urban characters and a view of current transformations**

grandes intervenciones como el museo MAS —diseñado por Neutelings Riedijk architects— atraen un gran número de visitas a la zona. Ahora que se han llevado a cabo los primeros proyectos se puede hacer un análisis de las nuevas cualidades sociales y espaciales del barrio, y se pueden esbozar las futuras perspectivas de 't Eilandje. [fig. 1, 2]

El barrio de 't Eilandje es una de las muchas zonas portuarias europeas en proceso de remodelación. Al buscar aguas mayores, las actividades del puerto dejan zonas portuarias céntricas libres para la regeneración. En muchos casos, zonas industriales abandonadas ofrecen oportunidades atractivas para el desarrollo de nueva vida urbana cerca del centro histórico de las ciudades. Desde los departamentos de urbanismo, la política y la arquitectura, estos emplazamientos portuarios se ven como una oportunidad de crear nuevos entornos urbanos. Sin embargo, la atmósfera característica de tales lugares también trae algunos problemas de contaminación, vacío y deterioro. Los nuevos desarrollos también son a menudo el fin de las subculturas y otras prácticas marginales que tienen lugar en estas áreas. La ordenación y los procesos de diseño tradicionales fracasan a la hora enfrentarse a la compleja delicadeza de estos lugares, por lo que deben establecerse otros procesos para poder capturar las cualidades atmosféricas y encontrar maneras de construir con y sobre tales atmósferas. A través de un número de métodos literarios, estudiantes de arquitectura se han propuesto estudiar con detalle las cualidades y atmósferas concretas de cada emplazamiento. ¿Cuáles son los factores determinantes de la atmósfera típica de 't Eilandje, y cómo pueden guiar el diseño de intervenciones? Los siguientes párrafos tratarán sobre el trabajo de tres grupos de estudiantes, cada uno utilizando un planteamiento narrativo particular para el mapeo y el diseño de las atmósferas urbanas en 't Eilandje.

Aunque una atmósfera urbana puede percibirse como una experiencia inmediata y compleja de múltiples aspectos sensoriales, físicos e imaginados, difícilmente discernibles en el mismo momento de percibirse, para la arquitectura puede ser útil diseccionarlos y verlos de manera independiente. Por tanto, el primer grupo de estudiantes partió de los aspectos de la atmósfera que el arquitecto suizo Peter Zumthor identificó en su libro *Atmospheres*, como la 'compatibilidad material', el 'cuerpo de la arquitectura', el 'sonido de un espacio', los 'objetos cercanos' o los 'niveles de intimidad'.[12] Basándose en visitas al lugar, cada uno escribió narrativas descriptivas

12 Peter Zumthor, Atmospheres: Architectural Environments – Surrounding Objects (Basel: Birkhauser 2006).

the area underwent large transformations. Warehouses have been renovated and are in use as dwellings, restaurants and office spaces; big interventions such as the MAS museum, designed by Neutelings Riedijk architects, attract large numbers of visitors to the area. Now that the first developments have been implemented, an analysis can be made of the new social and spatial qualities of the neighborhood, and future perspectives of 't Eilandje can be sketched. [fig 1, 2]

Antwerp 't Eilandje is one of the many European harbor sites currently under redevelopment. As harbor activities seek larger waters, the relatively small harbor sites close to the city centers become available for regeneration. In many cases, abandoned industrial sites offer attractive possibilities for the development of new urban life close to the historic city centers. City planning departments, politicians and architects see the harbor sites as a chance to create new urban milieus. However, the distinct atmospheric quality of such harbor sites also come with issues of pollution, vacancy and dilapidation. Also, new developments are often the end of subcultures and other marginal practices that take place in such areas. Traditional master planning and design procedures fail to address the complex delicacy of these sites, and other approaches need to be developed to capture atmospheric qualities and to find ways of building upon such atmospheres. Through a number of literary methods, students of architecture have set out to carefully dissect the site-specific qualities and atmosphere of each site at hand. What are the decisive factors of the typical Eilandje atmosphere, and how can they guide design interventions? In the forthcoming paragraphs, we will discuss the work of three groups of students, each in their own ways using a narrative approach to the tracing and projecting of urban atmospheres at 't Eilandje.

While an urban atmosphere may be perceived as an immediate, complex experience of multiple sensory, embodied and imaginative aspects that are not distinguishable at the very moment of experience, for architects it may be fruitful to dissect these aspects and view them separately. Therefore, the first group of three students departed from the aspects of atmosphere that Swiss architect Peter Zumthor distinguished in his book *Atmospheres*, such as Material Compatibility, the Body of Architecture, the Sound of a Space, Surrounding Objects or Levels of Intimacy.[12] Based upon the visits to the site, they each wrote descriptive narratives, taking into account these aspects in isolation. Each of the investigation was both put into words and mapped out through drawing, photography or film. This resulted in among other things a description of the sounds on the site paired with sketches of the profiles of the streets and spaces; a description of movements with a film recording; a description of materials paired with photographic representations. Then, the different descriptions of the same places were superimposed and combined into a larger story, expressed both in textual fragments of the original texts and spatial-material compositions expressing the urban atmosphere. [fig 3, 4]

The second group of students played with the balance between reality and imagination, using associative images to capture their readings of Antwerp's urban

12 Peter Zumthor, Atmospheres: Architectural Environments – Surrounding Objects (Basel: Birkhauser 2006).

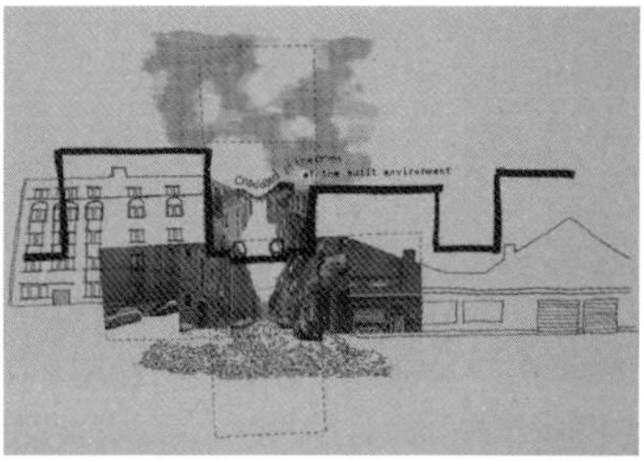

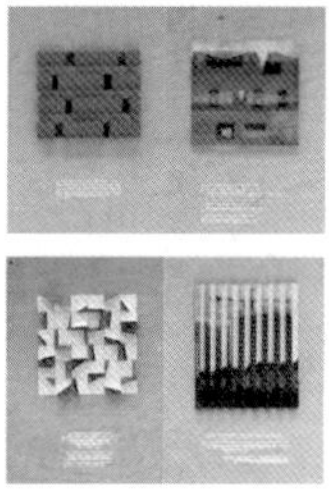

Figuras 3, 4: Capturando las atmósferas urbanas de Amberes con textos y composiciones espaciales y materiales. **Images 3 and 4: Capturing Antwerp's urban atmospheres in words and spatial and material compositions.**

alrededor de estos aspectos por separado. Cada uno se expresó tanto en palabras como en un mapeo de dibujos, fotografías o vídeo. Entre otras cosas, esto resultó en una descripción de los sonidos del lugar pareada con esbozos de los perfiles de las calles y los espacios; una descripción de movimientos en vídeo; una descripción de materiales con representaciones fotográficas. Entonces, las diferentes descripciones de un mismo lugar se superpusieron y combinaron para crear una historia más extensa, expresada tanto con fragmentos de texto de los originales como con composiciones espaciales y materiales, expresando la atmósfera urbana. [fig. 3, 4]

El segundo grupo de estudiantes jugó con el equilibrio entre realidad e imaginación, utilizando imágenes asociativas para capturar sus lecturas de las atmósferas urbanas de Amberes. Aquí, cuatro estudiantes siguieron cuatro itinerarios diferentes —o usando la referencia situacionista, derivas—[13] a través de la zona, y narraron sus experiencias a través de la asociación de imágenes, creando collage de espacios reales o imaginarios que evocan una atmósfera similar. Con el fin de comunicar estas imágenes asociativas, el grupo creó una herramienta de visualización, mostrando cada trayecto como un conjunto de transparencias superpuestas, cada una representando otro collage [fig. 5]. Basándose en este conjunto de narrativas asociativas, las atmósferas de la zona de 't Eilandje se mapearon sobre una maqueta que muestra las distintas capas del emplazamiento [fig. 6]. Entonces, el grupo se propuso crear un puente entre cada una de estas atmósferas, literalmente, diseñando cuatro puentes que conectan las diferentes "islas" que componen en lugar.

Un tercer grupo planteó otra aproximación a la narrativa, utilizando el arte de la narración no solo para analizar pero también para diseñar atmósferas urbanas y explorar posibilidades. Construyeron una 'máquina de cuentos' compuesta de diferentes capas: primero, el contexto urbano existente; segundo, las intervenciones espaciales posibles; tercero, actividades u objetos temporales; y cuarto, la actividad humana. Cada capa contenía cuatro posibles imágenes, cada una con su correspondiente frase. Al combinar las diferentes opciones de cada capa, las cuatro imágenes superpuestas formaban una nueva situación, con la narrativa asociada que forman las cuatro frases. A través de esta herramienta se pueden construir múltiples historias, que a su vez ofrecen material para más debate crítico y la elaboración de propuestas.

13 La deriva [*dérive*], una exploración errante a través de áreas urbanas, fue introducida por la Internacional Situacionista al final de los años cinquenta. Ver por ejemplo *The Situationist City* por Simon Sadler, (Cambridge, MA., 1998).

Figuras 5, 6: Las herramientas creadas por el grupo de estudiantes para narrar cualidades atmosféricas: el visor de paseos asociativos y la maqueta de capas. **Images 5 and 6: Tools developed by students to narrative atmospheric qualities: the viewer for associative walks, the layered model**

atmosphere. Here, four students made four different walks (or, to use the Situationist reference, dérives[13]) through the area, and narrated their experiences through associative images: collages showing real or imaginary spaces that evoked a similar atmosphere. In order to communicate these associative images, the students built a viewing tool, showing each walk as a set of superimposed transparencies, each representing another collage [fig 5]. Based on this set of associative narratives, different atmospheres of the Eilandje site were mapped out in a model showing different layers of the site [fig 6]. Then, the students proposed to literally bridge these different atmospheres by the design of four different bridges, connecting the different "islands" of which the site consists.

A third group of students employed another take on narrative, using storytelling not only to analyze but also to project urban atmospheres and to explore possible scenarios. They constructed a 'story machine' containing different layers: first, the urban setting as existing; second, possible spatial interventions; third, temporary activities and objects; and forth, human activity. Each layer contained four images of possibilities, each with an accompanying sentence. By combining different options for each layer, the four overlapping images form a new situation, with a connected narrative composed of the four accompanying lines. By means of this tool, multiple stories can be constructed. These stories provided material for further critical discussion and elaboration of scenarios.

Observation, association and projection as balancing acts

As the above described studies showed, literary methods offer multiple ways to address atmosphere through a narrative approach. With the first group, the skill of observation became most clearly to the fore. By their detailed descriptions of the different aspects constituting the urban atmosphere, they revealed the poetic details that the site contained, both in a material and immaterial sense, and were able to understand their spatial, material and sensory qualities. Their meticulous reading of the site indeed balanced between parts and whole, as well as between subject and object. As Gaston Bachelard suggested in The Poetics of Space, they note, as poets and phenomenologists, 'how things speak'.[14] In that sense, observation,

13 The *dérive*, a wandering exploration through urban areas, was introduced by the Situationists International in the late 1950's. See for instance Simon Sadler, The Situationist City (Cambridge, MA 1998).

14 'Poets are born phenomenologists ... Noting that things "speak" to us'. Gaston Bachelard, *The Poetics of Space*. The classic look at how we experience intimate places (Boston: Beacon Press, 1994 [1964]), xxviii.

La observación, asociación y proyección como equilibrismo

Como muestran los estudios descritos arriba, los métodos literarios ofrecen una multitud de maneras de aproximarse a la atmósfera utilizando un planteamiento narrativo. Con el primer grupo, la habilidad de la observación fue la que destacó con mayor claridad. A través de sus detalladas descripciones de los diferentes aspectos que constituyen la atmósfera urbana, revelaron los detalles poéticos del lugar, tanto en un sentido material como inmaterial, y fueron capaces de entender sus cualidades espaciales, materiales y sensoriales. Su lectura meticulosa del lugar buscó el equilibrio entre las partes y el todo, a la vez que entre sujeto y objeto. Como sugiere la cita de Gaston Bachelard en *La poética del espacio*, se dieron cuenta, como poetas y fenomenólogos, 'cómo hablan las cosas'.[14] En este sentido, la observación —esencial en el posicionamiento fenomenológico de entender la experiencia encarnada del espacio— se convierte en una herramienta indispensable para la arquitectura que trabaje con las atmósferas urbanas. Y es a través de la mirada receptiva y observadora del poeta y el cuidadoso uso de las palabras para describir estos detalles que las cualidades atmosféricas pueden evocarse. El segundo grupo utilizó la asociación como una herramienta de mediación entre el entorno espacial objetivo del lugar y sus experiencias personales de él. Sus impresiones del emplazamiento se expresaron y comunicaron a través de imágenes de otras experiencias. Sus paseos fueron estudios de práctica espacial. Como Michel de Certeau sugirió, es al andar cuando la perspectiva de quien lo usa, de quien habita, puede estudiarse; y a través de estos paseos a pie, puede mostrarse otra narrativa de la ciudad.[15] La herramienta desarrollada para representar estos paseos se asemeja a la idea de '*montage*' de Walter Benjamin.[16] En este sentido, el dispositivo literario de la analogía destaca como una manera de comunicar algo sobre la atmósfera de un lugar y de hacer que la experiencia sea compartida. Por último, el tercer grupo pudo utilizar la narrativa como un tipo de proyección de posibles futuros escenarios. Aquí, el grupo de estudiantes cuestionó el equilibrio entre la realidad y la ficción al superponer distintas posibilidades. Las combinaciones de los diferentes escenarios de cada capa ofrecían guiones que podían ser explorados y utilizados para cuestionar ideas preconcebidas.

En este texto, se ha argumentado que la atmósfera es una noción que nos permite aproximarnos a las complejas relaciones afectivas que existen entre la ciudadanía y el espacio urbano; que está relacionada con el *sensus communis*, la posibilidad de comunicar conocimiento y experiencias compartidas —aunque la atmósfera siempre conlleva lo subjetivo. A través de una aproximación literaria, que permite equilibrar pares tan difíciles como sujeto-objeto y realidad-ficción, hemos buscado maneras de desarrollar métodos analíticos y proyectuales que pueden usarse en la arquitectura y el diseño urbano para entender las atmósferas urbanas e incluso para diseñar las condiciones para nuevas atmósferas que pueden ser leídas, vividas y compartidas.

14 "En un libro reciente, J.H. van den Berg escribe: 'Los poetas y los pintores son fenomenólogos natos'. Y observando que las cosas nos 'hablan'[.]" Gastón Bachelard, *La poética del espacio*. (traducción de Ernestina de Champourcin) (Buenos Aires: FCE Argentina, 2000 [1964]), pág. 16.

15 Michel de Certeau, 'Walking in the City' in *The Practice of Everyday Life* (Berkeley: University of California Press, 1988 [1984]), 91-110

16 Op. Cit. Nota 2

Figuras 7, 8: La 'máquina de cuentos', compuesta de cuatro capas para formar nuevos escenarios urbanos. **Images 7 and 8: The story machine, consisting of four layers to develop new urban scenarios.**

crucial for a phenomenological position to understand the embodied experience of space, becomes a crucial skill for architects dealing with urban atmosphere. And it is through the receptive, observing gaze of the poet, and the careful use of words to describe these details, that atmospheric qualities can be evoked. The second group used association as a mediating tool between the objective spatial setting of the site and their personal encounters with it. Their impressions of the site were expressed and communicated through images of other experiences. Their walks were studies of spatial practice. As Michel de Certeau suggested, it is indeed by means of walking that the perspective of the user, the inhabitant can be studied, and through these walking trajectories, another narrative of the city can be revealed[15]. The tool developed to represent these walks resembles Walter Benjamins idea of montage[16]. In this way, the literary device of analogy comes to the fore as a way to communicate about the atmosphere of a site, and indeed to make this experience shared. Finally, the third group was able to use narrative as a way of projection of possible future situations. Here, the students challenged the balance between reality and fiction by superimposing different possibilities. The combinations of different scenarios for each layer provided scripts, which could be further explored and challenge preconceptions.

In this article, we have argued that atmosphere is a notion that allows addressing the complex affective relations between citizens and urban space; that it touches upon *sensus communis*, the possibility to communicate a shared knowledge and experience- even if atmosphere always involves the subjective. Through a literary approach, which allows balancing such difficult pairs as subject-object and reality-fiction, we have sought for ways to develop analytical and projective methods that architects and urban planners can use to understand urban atmospheres and even to design the conditions for new atmospheres, which can be read, experienced, and shared.

15 Michel de Certeau, 'Walking in the City' in *The Practice of Everyday Life* (Berkeley: University of California Press, 1988 [1984]), 91-110.

16 Op. Cit. Note 2.

Cobo Calleja

Tramas. Polígonos Industriales
Fabrics. Industrial Estates

Cobo Calleja. Ciudad industrial especializada de mitad de siglo: el polígono industrial. Tácticas proyectuales colaborativas

Enrique Espinosa

El polígono industrial de Cobo Calleja (Fuenlabrada, Madrid) fundado a mediados del siglo XX, es un caso paradigmático de tejido industrial moderno y fordista: orden, repetición y seriación. En este curso de CoLaboratorio se tomó el polígono como un tablero de juego. A cada alumno le fue asignado un lote del polígono, previamente subdividido. Cada uno de los alumnos disponía de una superficie equivalente de 200x200 metros, una métrica dada, y unas reglas de juego. Durante el primer cuatrimestre, los alumnos identificaron cuatro tipos de estrategias proyectuales (super-estructuras, acupuntura urbana, intersticios y circuitos), que luego los alumnos del segundo cuatrimestre heredaron y tomaron como propias y operativas. En este urbanismo asociado a los polígonos industriales se experimentó la capacidad de transformación de un tejido de escala urbana para devenir ciudad mixta, incorporando vivienda y siguiendo premisas y parámetros como los estudiados por Salvador Rueda en "La ciudad compacta", así como una idea de trasladar los principios *Open Building* de teoría de soporte-relleno a una escala urbana, con el objetivo de repensar estrategias de actualización y transformación para el futuro de estos contextos postindustriales.

Metodológicamente en este curso se ensayaron dos grandes asuntos:

1. La clase como estudio: el trabajo de los 54 alumnos fue, bien aditivo, generando información y repositorios compartibles y útiles para el resto, o bien complementario, implicando el desarrollo de un proyecto común a través de 14 fragmentos de 54 individuos a su vez agrupados en subgrupos de 3-4 personas. Es decir, por un lado entre toda la clase se trató de construir una visión y conocimiento holístico del contexto, compartiendo y definiendo un posicionamiento común, pero a la vez, la clase se dividía para realizar diversas tareas o para proyectar en los diferentes sectores del proyecto para mejorar en eficiencia y poder, de esta manera, abordar el desarrollo de un proyecto conjunto complejo.

2. Tácticas proyectuales colaborativas: al desarrollo lineal del curso se superpusieron una serie de sesiones colaborativas in situ, donde los alumnos pudieron tanto mejorar y confrontar sus ejercicios individuales, como negociar y ensamblar sus ejercicios grupales logrando unidad y conexión para el diseño de un proyecto urbano unitario. Estas tácticas incluían tanto metodologías de diseño colaborativo apoyado en principios *Design Thinking*, como dinámicas de transferencia horizontal de conocimiento o coevaluación entre pares.

Inicialmente cada alumno tuvo que estudiar tanto el polígono completo como su lote, para cartografiarlo con precisión, detectando oportunidades, según parámetros objetivos y subjetivos. Simultáneamente se compartió todo ese aprendizaje y repositorio entre toda la clase. Los alumnos se agruparon después en grupos de cuatro,

Cobo Calleja. The mid-century specialised industrial city: the industrial estate. Collaborative design strategies

Enrique Espinosa

The Cobo Calleja industrial estate (Fuenlabrada, Madrid), established in mid-twentieth century, is a paradigmatic case of modern and Fordist industrial fabric: order, repetition, and serialisation. This CoLaboratorio course used the estate like the board of a game. Each student was assigned a plot on the estate, previously subdivided. Each of the students had a surface area equivalent to 200x200 metres, a given metric, and some playing rules. During the first semester, the students identified four kinds of design strategies —super structures, urban acupuncture, interstices or gaps, and circuits—. These were then inherited as their own operational strategies by the students in the second semester. In this urban setting associated to industrial estates, what we have experimented on is the capacity an urban fabric has to be transformed and become a mixed city at this scale, incorporating housing and following the premises and parameters studied by Salvador Rueda in 'The Compact City' as well as using the 'open building' principles of 'support-infill' theory at an urban level, with the aim of rethinking the strategies to update and transform these post-industrial contexts for the future.

The methodological approach on this course trialled two main approaches:

1. The classroom as an office: the work of the 54 students was either additive —generating sharable and useful information and repositories with the rest— or complementary —involving the development of a common project by means of 14 fragments from 54 individuals organised into subgroups of three to four people. In other words, the class as a whole tried to build a holistic vision and understanding of the context, sharing and defining a common approach, yet at the same time the class was divided into groups to carry out different tasks or design different sectors of the project in order to increase efficiency and be able, in this way, to address the development of a collective complex project.

2. Collaborative design strategies: the linear development of the course was overlaid with a series of collaborative sessions where the students were able to both improve and confront their individual exercises, as a way of negotiating and assembling their group exercises in order to reach connection and unity in the design of an integral urban project. These tactics included both collaborative design methodologies inspired by Design Thinking principles, as well as horizontal knowledge transfer dynamics or peer-to-peer co-evaluation.

Initially, each student had to study both the whole industrial estate and their own site, in order to map it accurately, identifying opportunities, according to objective and subjective parameters. Simultaneously all this learning and repository was shared among the whole class. The students then gathered into their groups

cuadruplicando el área objeto de proyecto, convirtiéndose así en una tarea colaborativa donde cada integrante debía aplicar una estrategia proyectual de las detectadas en el cuatrimestre anterior. Posteriormente, cada grupo de cuatro alumnos tuvo que realizar un único proyecto urbano en el que cada estudiante extendía y superponía su propuesta al resto de las tres parcelas colindantes, para finalmente desarrollar individualmente el fragmento de proyecto de su parcela con la introducción de unos últimos inputs vinculados a intereses e investigaciones propias. Estas superposiciones fueron posibles en gran medida por la isotropía a escala urbana del contexto industrial del polígono de Cobo Calleja. En un nivel mucho más abstracto, la modularidad y repetición de componentes propios de las edificaciones industriales también facilitaron la colaboración entre los alumnos.

En cuanto a formatos, se trabajó con dos grandes formatos compartidos. El primero, una maqueta a escala 1:250, con una base 3D coordinada para incluir con precisión la topografía, un código de color común para la identificación del espacio público, y diferenciación material para los soportes edificatorios. El segundo, una axonometría egipcia a escala 1:500. Ambos elementos se desarrollaron con reglas compartidas, en grupos de cuatro personas, siendo la maqueta además responsabilidad simultáneamente del grupo y de los cuatro individuos que se hacían cargo de la representación de su parcela individual.

Left: Autumn. Barcelona trip / Izquierda: Viaje a Barcelona. CRUAB. Cerdanyola del Vallés (H-Arquitectes)
Right: Spring. Final Jury. ETSAM / Derecha: Primavera. Jury final de curso. ETSAM

of four, increasing the target area by four, and making it a collaborative task where each member had to apply a design strategy found during the previous semester. Afterwards, each group of four had to design one single urban project where each one of them extended and overlaid their proposal over the three adjacent plots, to then finally develop the project fragment individually on their plot with the introduction of last-minute inputs linked to their own interests and research. These superpositions were largely possible thanks to the isotropic nature of the urban scale in the industrial context of Cobo Calleja. At a much more abstract level, the modular character and repetition of elements common in industrial buildings also made collaboration among students easier.

In terms of formats, they worked on two large shared formats. The first was a 1:250-scale model, using a coordinated 3D base to include the topography accurately, a shared colour code to identify public space, and distinct materials for building support structures. The second was a 1:500 representation using the Hejduk perspective. Both elements were developed using common rules, in groups of four, with the model being the simultaneous responsibility of the group and the four individuals who were responsible for the representation of their individual plot.

2016-2017 Badalona/Cobo Calleja

Professors / Profesores: Almudena Ribot, Javier García-Germán, Diego García-Setién y Enrique Espinosa; Predoctoral Researcher UPM / Contratada predoctoral UPM: Begoña de Abajo; PhD candidate / Doctorando: Gaizka Altuna; Assistants / Mentores: Raúl Rodríguez y José Ignacio Lee

Autumn students (published work) / Alumnado Otoño (con proyecto publicado):
Matteo Caro (pp.144-145), Ana Moure (pp.140-141), Irene Jiménez (pp.142-143)

Spring students (published work) / Alumnado Primavera (con proyecto publicado):
Teresa Aguilar, Gabriel Aguirre, Paloma Alonso, Luis Álvarez, José Amor, Elena Anabitarte, Jorge Arribas, Carolina Balda, Mariía Barrilero, Bryan Calderón, Alberto Calderón, Amelia Casanova, Eva Cid, Antonio Collado, Soledad de la Blenca, María del Mar de Castro, Aitor Domínguez, Inés Fernández, Conchi García, Alba García, Mercedes García, Claudia Gil, Paula Gil de Bernabé, Patricia Gómez, María Victoria Gómez, Laura Gómez-Lobo, Guillermo Hernández, Nerea Huélamo, Ignacio Leceta, Fernando Lodares, Paula López, Andrea Lin Xiang Ma, Ana Marín, Belén Marzal, Alejandro Mata, Carlos Matarranz, Isabel Maure, Álvaro Mesquida, Daniel Méndez, Pilar Muñoz, Javier Nadal, Gonzalo Navarro, Iván Parra, Ana Pastor, Ana Ródenas, Sara Rodríguez, Elena Romero, Elena Rozas, Paula Terol, Luis Ángel Tigre, Jan Sijbrand Toren, Jesús Utrilla, Julia Vázquez, Guillermo Viñals.

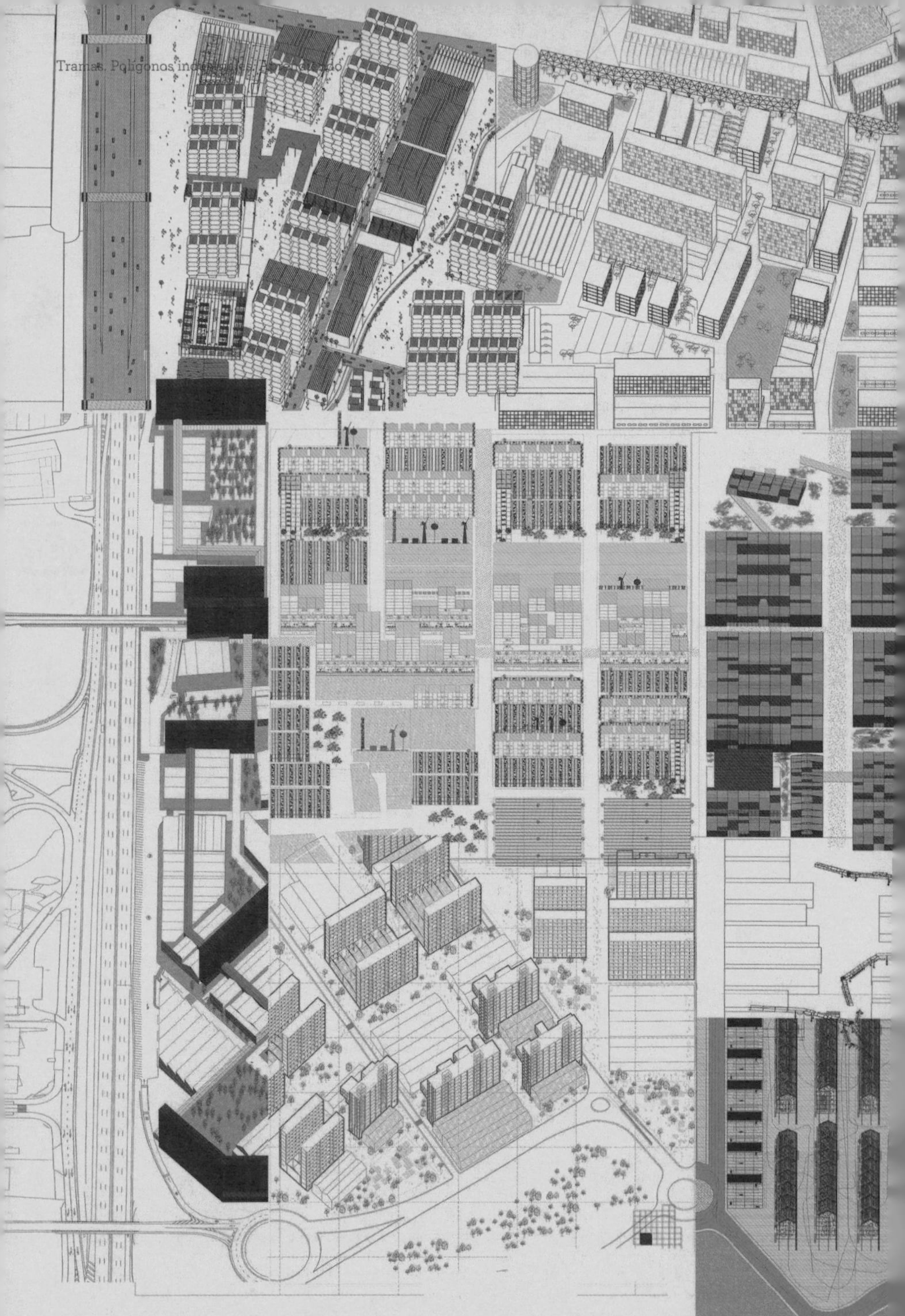

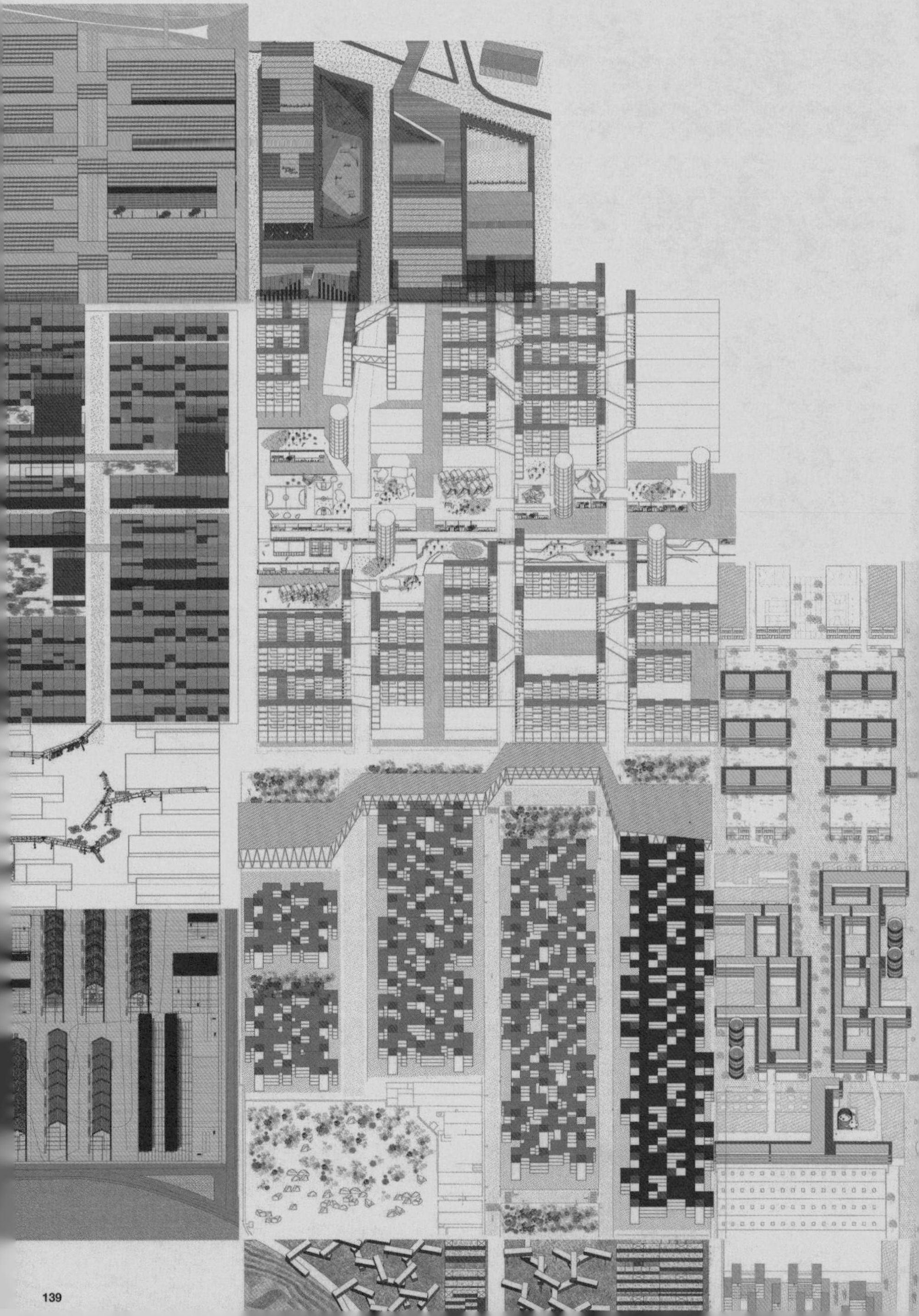

Tubos solares de vacío
Calefacción por suelo radiante
publicidad y cartelería
información
transporte de manufacturas
iluminación artificial
zona de esparcimiento
zona verde
hogar
calderas
toma de luz
descontaminador
volumen pop-up

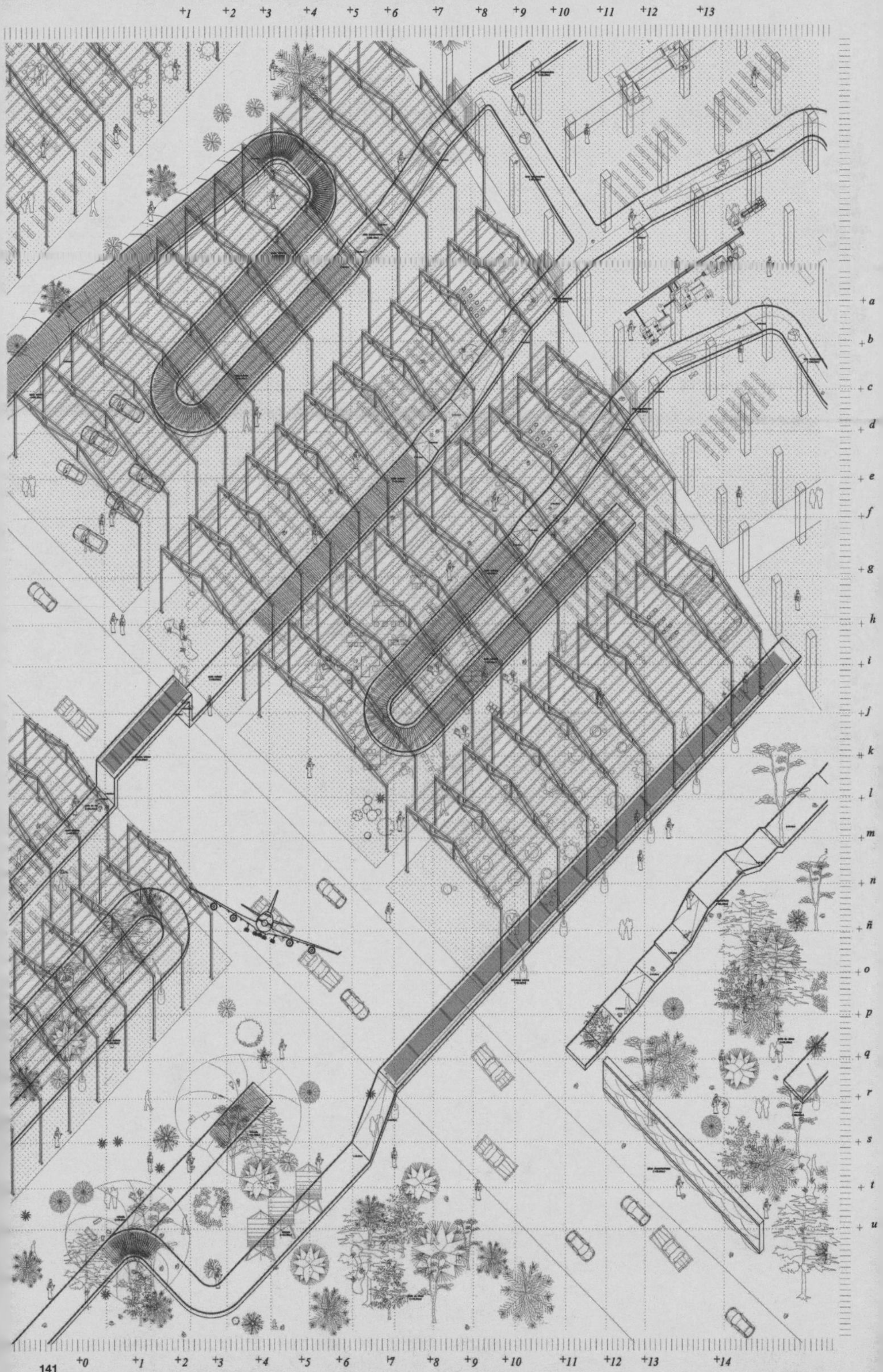
+1 +2 +3 +4 +5 +6 +7 +8 +9 +10 +11 +12 +13
+a +b +c +d +e +f +g +h +i +j +k +l +m +n +ñ +o +p +q +r +s +t +u
+0 +1 +2 +3 +4 +5 +6 +7 +8 +9 +10 +11 +12 +13 +14

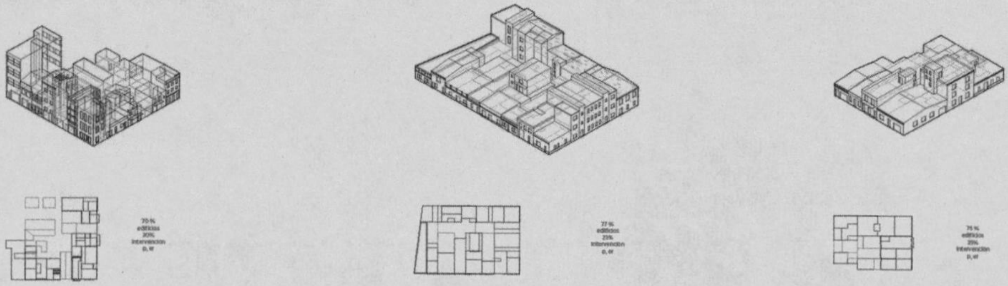
70 %
edificios
30%
intervención
77 %
edificios
23%
intervención
75 %
edificios
25%
intervención

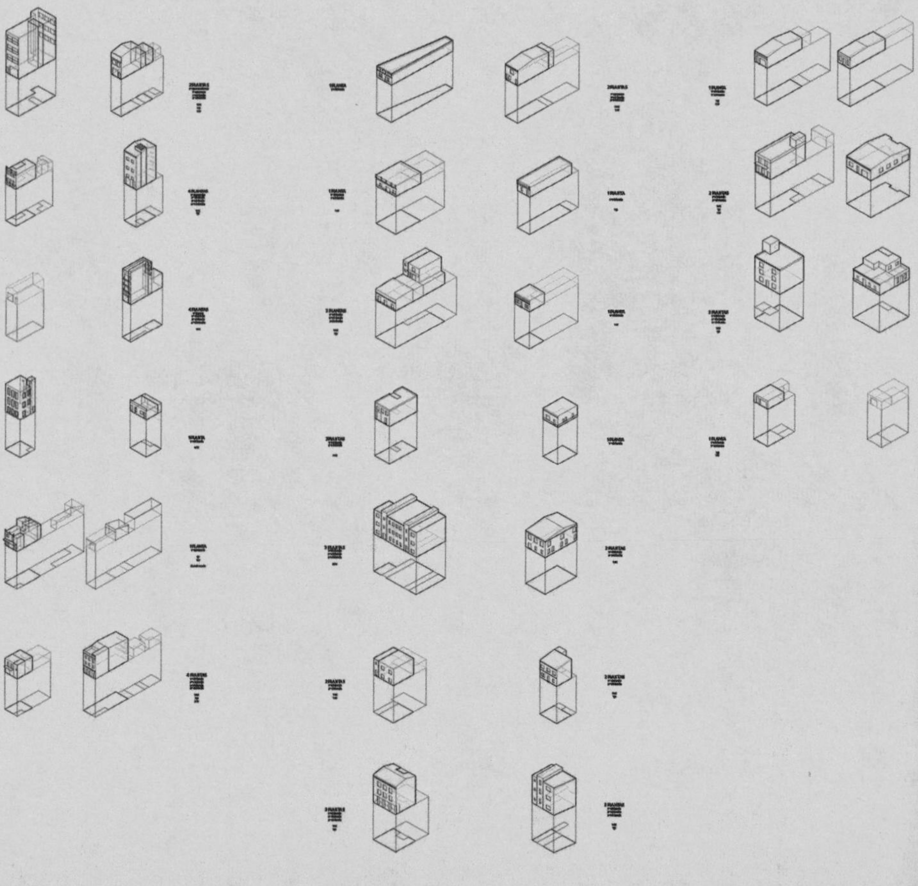

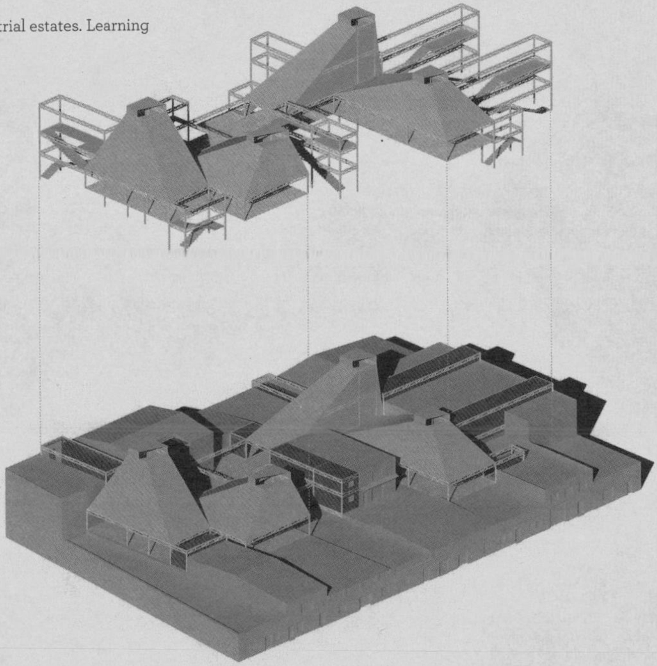

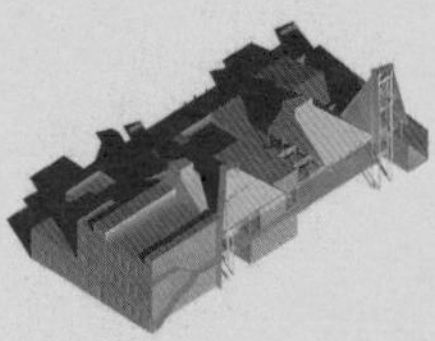

Sección 1:100

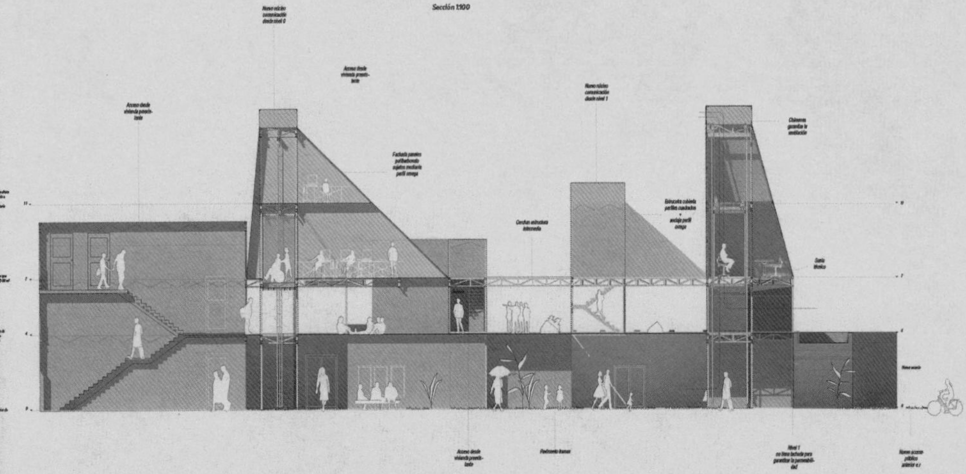

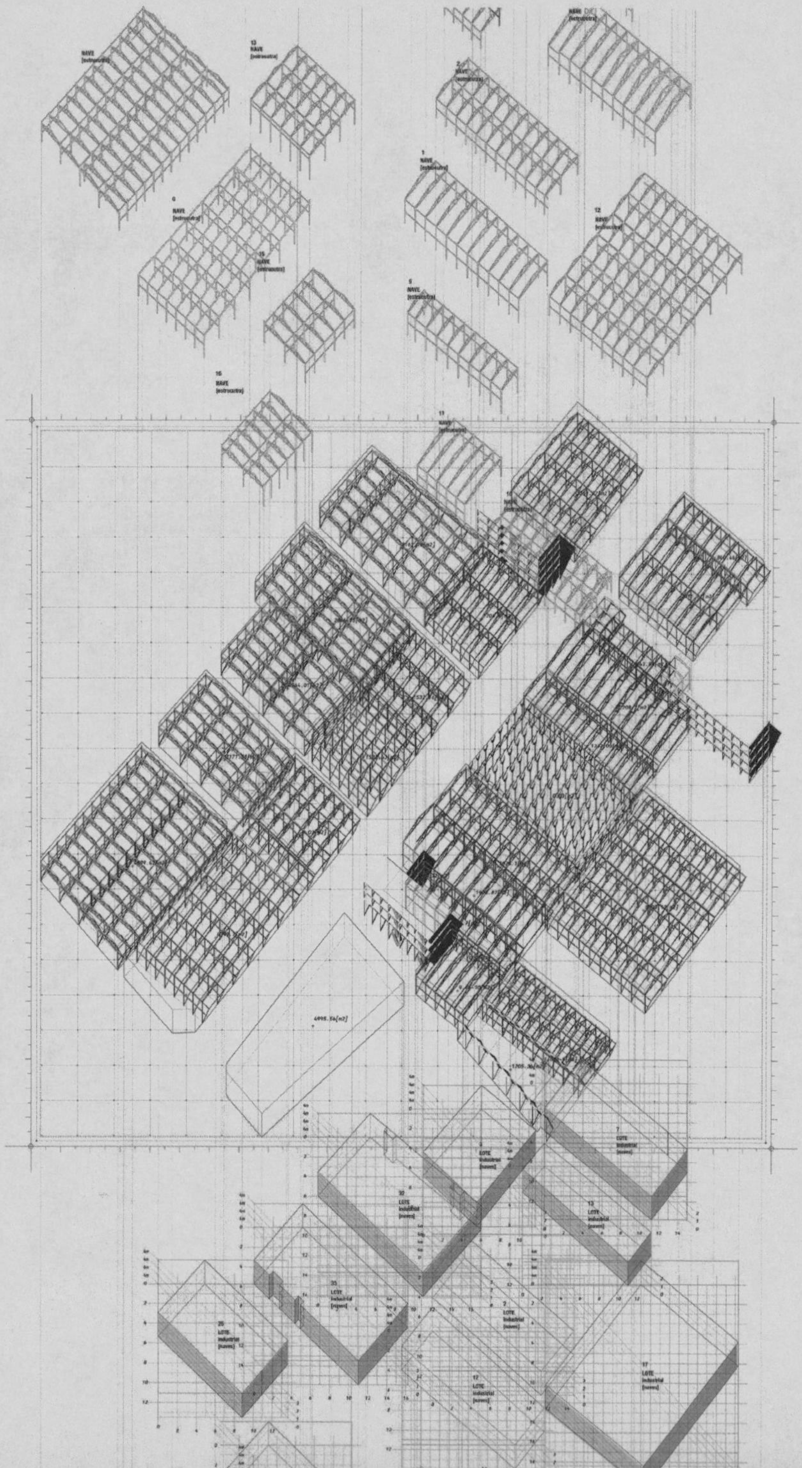

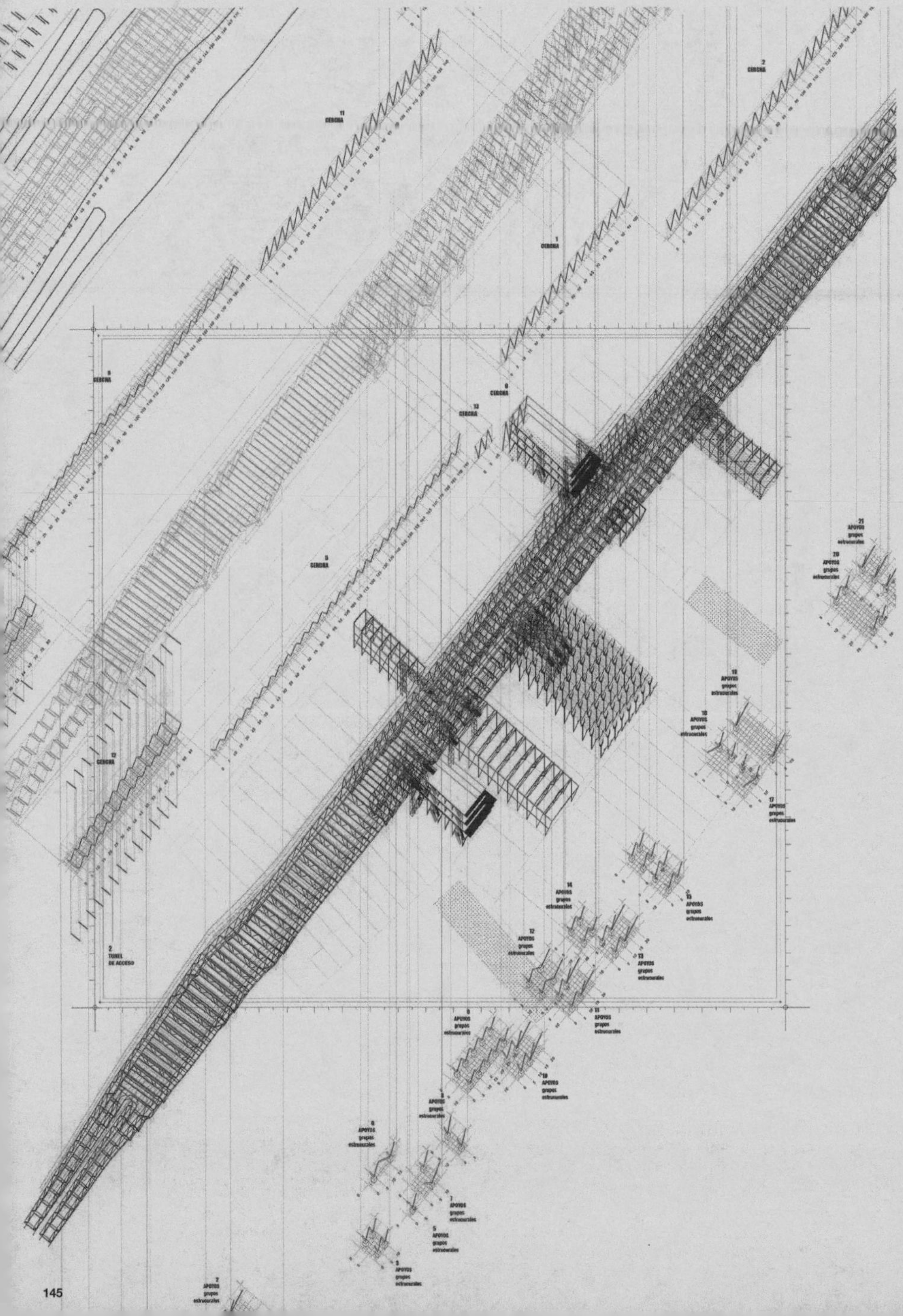
11
CERCHA
2
CERCHA
1
CERCHA
9
CERCHA
6
CERCHA
13
CERCHA
5
CERCHA
12
CERCHA
2
TUNEL
DE ACCESO
21
APOYOS
grupos
estructurales
20
APOYOS
grupos
estructurales
18
APOYOS
grupos
estructurales
17
APOYOS
grupos
estructurales
14
APOYOS
grupos
estructurales
15
APOYOS
grupos
estructurales
12
APOYOS
grupos
estructurales
13
APOYOS
grupos
estructurales
11
APOYOS
grupos
estructurales
9
APOYOS
grupos
estructurales
10
APOYOS
grupos
estructurales
8
APOYOS
grupos
estructurales
7
APOYOS
grupos
estructurales
5
APOYOS
grupos
estructurales
3
APOYOS
grupos
estructurales
2
APOYOS
grupos
estructurales

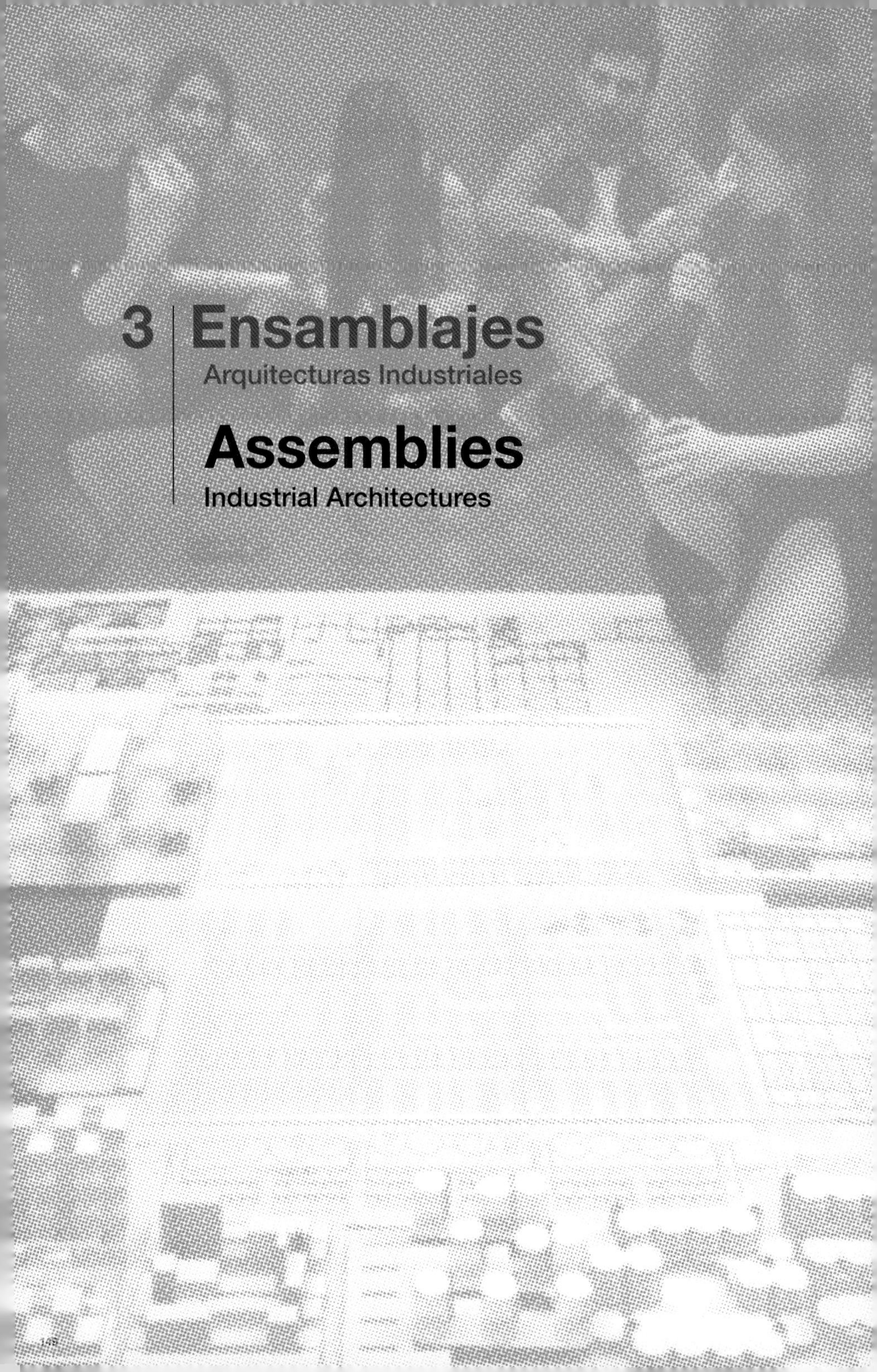

3 Ensamblajes

Arquitecturas Industriales

Assemblies

Industrial Architectures

Invención del objeto técnico. Ensamblaje

Diego García-Setién

El descubrimiento científico es invención y viceversa.
RB. Fuller, 1938[01]

[...] las invenciones abstractas en el cambio de siglo y hasta la Guerra Mundial, así como las invenciones mecánicas contiguas del mismo período, alcanzadas solo a través de elevada actividad intelectual e imaginación, que inevitablemente presagiaba una nueva era de integración de la población mundial y supervivencia de base científica.
RB. Fuller, 1938[02]

El inventor tiene inmediato y natural acceso a todas las potencialidades del Universo. Edison, Bell, Marconi y los Wright no necesitaban licencias de nadie para alumbrar la noche, para encoger la Tierra e interconectar a toda la humanidad.
RB. Fuller, 1969[03]

En 1965, poco después de terminar su tesis doctoral sobre la individuación del ser y del objeto técnico, Gilbert Simondon, filósofo de la técnica, impartió un curso sobre imaginación e invención,[04] donde presentaba una teoría sobre el proceso de desarrollo de la imagen mental, a partir de un desarrollo cíclico, pautado por tres etapas o fases: imaginar - percibir - recordar.

En la primera fase, la imagen era un "haz de tendencias motrices" o la anticipación de la experiencia del objeto; durante la interacción con el medio, se recogían señales y se ejercía la percepción; al separarse del objeto, la imagen cargada de aportes cognitivo-afectivos, se convertía en símbolo. Para Simondon, el símbolo mantiene una relación analítica y nostálgica con lo simbolizado, es un fragmento de la realidad (la parte por el todo) que puede reactivarse en una fase posterior. En su estudio sobre la génesis de las imágenes, llamaba símbolo a la imagen-recuerdo, que resultaba del intercambio intenso entre el sujeto, una situación y una acción.

Del universo simbólico organizado en el sujeto, podía entonces surgir la invención, como la puesta en funcionamiento de un sistema dimensional más potente y capaz de integrar más imágenes completas. La invención sería para él una especie de 'cuarta fase del devenir de las imágenes. La creación de nuevos objetos inauguraba un nuevo ciclo, a partir de su imagen. Según esta teoría, imaginación e invención eran para él fases sucesivas de un proceso genético de la imagen, similar a otros procesos genéticos del mundo viviente (filogénesis y ontogénesis). Lo explicaba del siguiente modo:

01 Fuller, Richard Buckminster. Nine Chains to the Moon (1938). Southern Illinois University Press, Carbondale, 1963, p.181

02 Fuller, Richard Buckminster. Nine Chains to the Moon (1938). Southern Illinois University Press, Carbondale, 1963,, p.175

03 Fuller, Richard Buckminster. Utopia or Oblivion, 1969, p.343.

04 Simondon, Gilbert. Imaginación e invención (1965–1966). Cactus. Buenos Aires, 2013, pp.9–12. Para Simondon, el preámbulo del libro era símbolo del curso realizado.

Invention and assembly of the technical object

Diego García-Setién

Scientific discovery is invention, and vice versa.
RB. Fuller, 1938[01]

[...] the abstract inventions at the turn of the century and up to the World War, as well as the contiguous mechanical inventions of the same period attained only through high intellectual activity and imagination which inevitably presaged an entirely new, world-populace-integrating era of scientifically dictated survival.
RB. Fuller, 1938[02].

The inventor has natural and immediate access to all the potentials of the universe. Edison, Bell, Marconi, and the Wrights needed no licenses from anyone to light the night, to shrink the earth and interlink all of humanity.
RB. Fuller, 1969[03]

In 1965, shortly after finishing his doctoral thesis on the individuation of beings and technical objects, Gilbert Simondon, a philosopher of technique, gave a course on imagination and invention[04], where he presented a theory on the process of developing mental images, based on cyclical progression in three stages or phases: imagine – perceive – remember.

In the first phase, the image is an "array of motor tendencies" or the anticipation of the experience of the object; during the interaction with the medium, signals are collected and perception occurs; when separating from the object, the image —charged with cognitive-affective inputs— becomes a symbol. For Simondon, the symbol maintains an analytical and nostalgic relationship with what is symbolised, it is a fragment of reality (the part and the whole) that can be reactivated at a later stage. In his study on the genesis of images, he called the memory-image a symbol, resulting from the intense exchange between the subject, a situation, and an action.

Then, from the symbolic universe organised in the subject, invention could emerge, as the setting in motion of a more powerful dimensional system, able to integrate more complete images. Invention is for him a kind of 'fourth phase' in the evolution of images. The creation of new objects triggers a new cycle, based on their image. According to his theory, imagination and invention are successive phases in the genetic process of the image, similarly to other genetic processes of the living world (phylogenesis and ontogenesis). He explained it in the following terms:

01 Fuller, Richard Buckminster. Nine Chains to the Moon (1938). Southern Illinois University Press, Carbondale, 1963, p.181.

02 Fuller, Richard Buckminster. Nine Chains to the Moon (1938). Southern Illinois University Press, Carbondale, 1963, p.175.

03 Fuller, Richard Buckminster. Utopia or Oblivion, 1969, p.343.

04 Simondon, Gilbert. Imaginación e invención (1965–1966). Cactus. Buenos Aires, 2013, pp.9–12. For Simondon, the preamble to the book was a symbol of the course imparted.

El estudio de la imaginación debe efectuar una búsqueda del sentido de los objetos-imágenes, ya que la imaginación no es solamente la actividad de producción o de evocación de las imágenes, sino también el modo de recepción de las imágenes concretizadas en objetos, el descubrimiento de su sentido, es decir de la perspectiva de una nueva existencia para ellas. Los objetos-imágenes —obras de arte, vestimenta, máquinas— entran en obsolescencia y se convierten en recuerdos larvarios, fantasmas del pasado que se desvanecen con los vestigios de las civilizaciones desaparecidas. El análisis estético y el análisis técnico van en la dirección de la invención, puesto que efectúan un redescubrimiento del sentido de estos objetos-imágenes percibiéndolos como organismos, y suscitando nuevamente su plenitud imaginal de la realidad inventada y producida. Todo redescubrimiento de sentido auténtico y completo es al mismo tiempo reinstalación y recuperación, reincorporación eficaz en el mundo; la toma de conciencia no basta, puesto que los organismos no tienen solo una estructura cognoscible, sino que tienden a desarrollarse. Es una tarea filosófica, psicológica, social, salvar los fenómenos reinstalándolos en el devenir, reponiéndolos como invención mediante la profundización de la imagen que contienen. [05]

El término Imaginación remitía para Simondon a la "psicología de las facultades", uniendo las imágenes mentales con el sujeto que las produce. [06] El mundo de las imágenes recuerdo organizaría según él, un auténtico universo mental. Este universo sería una organización analógica de símbolos, que cuando se satura y no admite nuevas experiencia debe modificar su estructura, dando lugar a la invención y con ella a un cambio de nivel.
La invención podría ser entonces considerada como un cambio de organización del sistema de las imágenes adultas que conducen la imagen mental, mediante un cambio de nivel, a un nuevo estado de imágenes libres que permiten recomenzar una génesis: la invención sería un renacimiento del ciclo de las imágenes, que permite abordar el medio con nuevas anticipaciones... [07]

La invención marca el fin de un ciclo de imaginación y el comienzo del siguiente. Cada ciclo estaría dividido en tres fases: anticipación, experiencia y sistematización, que se relacionan con tres funciones: motricidad, sensorialidad y recuerdo, y éstas a su vez se relacionan con las imágenes a priori, a praesenti y a posteriori.

Simondon se refería a la imaginación técnica como una especial sensibilidad hacia la tecnicidad de los elementos técnicos —categoría más simple de un objeto técnico—[08] que forman parte de objetos técnicos más complejos. Otros autores se han referido a la invención en términos similares. Así, el tecnólogo Richard Buckminster Fuller definía la invención como el resultado de "sorprendentes y complejos comportamientos de principios asociados, donde el comportamiento del todo es impredecible a partir del comportamiento de las partes, o lo que es lo mismo, un fenómeno sinergético.[09]
Y lo relacionaba con el concepto de teleología como método intuitivo para llegar al conocimiento del mundo:

05 Simondon, Gilbert. *Imaginación e invención (1965–1966)*. Cactus. Buenos Aires, 2013, pp.20–21

06 Simondon, Gilbert. *Imaginación e invención (1965–1966)*. Cactus. Buenos Aires, 2013, pp.13–15

07 Simondon, Gilbert. *Imaginación e invención (1965–1966)*. Cactus. Buenos Aires, 2013, p.26

08 Existen elementos técnicos, individuos técnicos y conjuntos técnicos. Los elementos son herramientas, los órganos separados los individuos implementan elementos, los conjuntos coordinan a los individuos.

09 Fuller, Richard Buckminster. Op. Cit. en: Krausse J., Lichtenstein C. *Your Private Sky.* R Buckminster Fuller. Discourse. Lars Mül Baden, 2001, p.229

The study of imagination must carry out a search for the sense of the object-images, as imagination is not only the activity of producing or evoking images, but also the way to receive images materialised into objects, the discovery of their sense, that is, the outlook of a new existence for them. The image-objects –works of art, clothing, machines– become obsolete and turn into larval memories, ghosts of the past that fade away with the remains of lost civilisations. Aesthetic analysis and technical analysis go in the direction of invention, as they carry out the rediscovery of the sense of these image-objects by perceiving them as organisms, and arousing once more the imaginal fullness of the invented and produced reality. All rediscovery of authentic and complete sense is at the same time reinstallation and recovery, successful reincorporation into the world; becoming aware is not enough, as the organisms do not only have a knowable structure, but they tend to develop. It is a philosophical, psychological, and social task, to save phenomena by reinstalling them in our evolutionary process, replenishing them as inventions, through the deepening of the image they hold.[05]

For Simondon, the term imagination invoked the “psychology of faculties”, joining mental images with the subject that produces them.[06] The world of memory-images, according to him, organised a genuine mental universe. This universe would be an analogue organisation of symbols that, when saturated and unable to take on new experiences, must modify its structure, giving rise to an invention and with it, a change of level.

The invention could thus be seen as a change in the organisation of the system of adult images that lead to the mental image, through a change of level, to a new state of free images that make it possible to begin a genesis once again: invention is a rebirth of the cycle of images, which allows tackling the environment with new anticipations...[07]

The invention marked the end of a cycle of imagination and the beginning of the next. Each cycle was divided into three phases: anticipation, experience, and systematisation, which were connected to three functions: motility, sensoriality, and memory, and these in turn with the images a priori, a praesenti, and a posteriori.

Simondon referred to the technical imagination as a special sensibility for the technicality of technical elements –the most simple category of a technical object–[08] that are part of more complex technical objects. Other authors have used similar terms when referring to invention. The technologist Richard Buckminster Fuller defined invention as the result of “surprise complex behaviours of associated principles, where the behavior of the whole is unpredicted by the behavior of the parts, i.e., synergetic phenomena”.[09] He also related it to the concept of teleology, as an intuitive method to know the world:

05 Simondon, Gilbert. *Imaginación e invención (1965–1966).* Cactus. Buenos Aires, 2013, pp.9–12. For Simondon, the preamble to the book was a symbol of the course imparted.

06 Simondon, Gilbert. I*Imaginación e invención (1965–1966).* Cactus. Buenos Aires, 2013, pp.13–15.

07 Simondon, Gilbert.*Imaginación e invención (1965–1966).* Cactus. Buenos Aires, 2013, p.26.

08 There are technical elements, technical individuals, and technical sets. The elements are the tools, the separate organs, the individuals implement the elements, and the sets coordinate the individuals.

09 Fuller, Richard Buckminster. Op. Cit. en: Krausse J., Lichtenstein C. *Your Private Sky*. R Buckminster Fuller. Discourse. Lars Müller. Baden, 2001, p.229.

Aquel que aplica la teleología intuitivamente se anticipa consistentemente al que calcula durante el proceso de invención que está en marcha (...) (para inventar) en la ciencia objetiva es necesario proceder desde una suposición intuitiva la cual, mediante el cálculo como proceso de prueba, pueda ser remitida desde una 'posibilidad' a una 'probabilidad', o descartada como inalcanzable.[10]

En su obra El Sistema de los objetos, el filósofo Jean Baudrillard llamaba tecnemas a los elementos técnicos y hacía una analogía lingüística diciendo que "por analogía con los fenómenos de la lingüística, podríamos llamar tecnemas a estos elementos técnicos simples (diferentes de los objetos reales) en cuyo juego se funda la evolución tecnológica". Más adelante alentaba el estudio de "una tecnología estructural, que estudie la organización concreta de estos tecnemas en objetos técnicos más complejos, su sintaxis en el seno de conjuntos técnicos simples (diferentes de los objetos reales), en el seno de conjuntos técnicos privilegiados y las relaciones tecnológicas de sentido entre estos diversos objetos conjuntos". Baudrillard alertaba después sobre la pertinencia de la aplicación de esta ciencia, sólo en sectores restringidos y en las realizaciones muy técnicas como la aeronáutica, donde la urgencia técnica se valía de las constricciones estructurales, donde "el carácter colectivo e impersonal reduce al mínimo la influencia de la moda". Lo explicaba contrastando los fines de la aeronáutica con los de la industria del automóvil:

Mientras que el automóvil se agota en el juego de las formas, mientras conserva un status tecnológico minoritario (enfriamiento por agua, motor de cilindros, etc), la aviación, por su parte, está obligada a producir los objetos técnicos más concretos por simples razones funcionales (seguridad, velocidad, eficacia). En este caso, la evolución tecnológica sigue una línea casi pura. Pero es evidente que, para dar cuenta y razón del sistema cotidiano de los objetos, este análisis tecnológico estructural es insuficiente. [11]

Ni la Arquitectura, ni la industria de la construcción figuraban en la lista de los 'sectores restringidos' de Baudrillard. Imaginamos que esto era muy intencionado, ya que más adelante alertaba sobre el sueño de intentar hacer una descripción completa de los tecnemas y de sus relaciones de sentido, para agotar el mundo de los objetos reales (donde intuimos que situaba a la arquitectura) pues tropezaría con la realidad psicológica y sociológica vivida de estos objetos, cuyas constricciones basadas en las necesidades, continuamente modificarían la estabilidad y coherencia del sistema tecnológico de los mismos. De estas contradicciones surgía el sistema de significados del que era objeto su estudio. La obra de Baudrillard evitaba hacer un análisis de los objetos en el plano funcional o tecnológico, sin embargo, en las obras de arquitectura es posible identificar elementos técnicos simples, ensamblados en estructuras más complejas; ésos pueden estar más o menos integrados en objetos técnicos más complejos, de un modo similar a como sucede en el órgano en un ser vivo, o en una pieza en una maquinaria simple. La imaginación técnica permite a los arquitectos 'inventores', actuar sin necesidad de conocer más que los principios técnicos de los objetos técnicos, para poder pensar en nuevos ensamblajes de elementos y producir

10 Fuller, Richard Buckminster. *Nine Chains to the Moon* (1938). Southern Illinois University Press, Carbondale, 1963, p.120

11 Baudrillard, Jean. *El sistema de los objetos (*1968). México: Siglo XXI, 1969, pp.5–6

[...] the intuitive teleologic fashioner consistently precedes the calculator in the functioning process of invention; [...] It is necessary in objective science (invention) to proceed from an original intuitive assumption which, by the use of calculus as a checking process, may either be forwarded from "possibility" to "probability", or dismissed as untenable.[10]

In his work The System of Objects, philosopher Jean Baudrillard referred to technical elements as technemes, explaining that "by analogy with linguistic phenomena, those simple technical elements —different from real objects— upon whose interplay technological evolution is founded might well be dubbed 'technemes'". Further on, he encouraged the study of a "structural technology working at this level that would study the organization of such technemes into more complex technical objects, its syntax in the middle of simple technical sets (different to real objects), in the middle of privileged technical sets, and the technological relationships of sense between these diverse object sets". Baudrillard warned about the relevance of the applications of this science, only in restricted areas and in highly technical constructions such as the aviation industry, where the "collective and impersonal nature of the product reduces the effects of fashion to a minimum". He explained it by contrasting the aims of aeronautics to those of the automobile industry:

Whereas car makers must continually explore every conceivable variation in the form of their product, while meeting a very few basic technological requirements (water cooling, cylinder-based engine, etc.), aircraft manufacturers are obliged to produce concrete technical objects solely on the basis of simple functional imperatives (safety, speed, efficiency, and so on). Here technological development follows an almost pure course. So, if we want to account for the system of everyday objects, a structural technological analysis is clearly inadequate[11]

Neither architecture nor the construction industry figure in the list of Baudrillard's 'resticted areas'. We imagine this was quite intentional, as further on he warned about the dream of trying to develop a complete description of the technemes and their relationships of meaning, to exhaust the world of real objects (where we intuit that he placed architecture) as it would encounter the psychological and sociological reality lived by these objects, whose constrictions based on needs would continually modify the stability and coherence of their own technological system. From these contradictions emerged the system of meanings that was the object of his research. The work of Baudrillard avoided analysing objects on a functional or technological level, however, in works of architecture it is possible to identify simple technical elements, assembled within more complex structures, these can be more or less integrated within more complex technical objects, in a similar way to what happens in the organ of a living being, or in a piece of simple machinery. The technical imagination allows 'inventor' architects to act without the need to know

10 Fuller, Richard Buckminster. *Nine Chains to the Moon* (1938). Southern Illinois University Press, Carbondale, 1963, p.120. TN.: The rest of the quote, from the asterisk onwards, has been translated from the Spanish edition of the book, which seems to have an extended version of this paragraph compared to the English version.

11 Baudrillard, Jean. *The System of Objects.* Translated by James Benedict. London / New York: Verso, 1996, p.7.

nuevos objetos técnicos. Estos nuevos objetos técnicos serían abstractos en un principio, como una suma de partes simples yuxtapuestas, pero inmediatamente después, iniciarían un proceso evolutivo de concretización, conducente a un estado más integrado y unificado. El ensamblaje aparece por tanto como una técnica clave para la invención de nuevos objetos técnicos y por lo tanto participa en la génesis de un objeto técnico arquitectónico.

El comienzo de un linaje de objetos técnicos está marcado por el acto sintético de invención constitutiva de una esencia técnica. La esencia técnica puede reconocerse por el hecho de que permanece estable a través de una línea evolutiva, y no estable, sino que también es generadora de estructuras y funciones a través de desarrollo interno y saturación progresiva.[12]

Para Simondon, cada objeto técnico pertenecía a un linaje técnico y procedía de un acto de invención en el que aparecía una esencia técnica, origen de ese linaje. Los objetos técnicos se realizan durante el proceso de individuación, desarrollando el potencial contenido en esa esencia técnica. Simondon distinguía entre la invención primigenia en la que se constituye la esencia técnica, de la invención continua, propia de las pequeñas optimizaciones que se suceden en esa esencia técnica, a medida que ésta se realiza progresivamente. La invención discontinua sería la que resulta de la saturación del sistema provocado por las pequeñas optimizaciones. Esta invención discontinua es aquella en la que el objeto técnico se concretiza como realidad en progreso, como sucedía en un motor diesel cuya esencia técnica era el motor de combustión interna. Este modo de existencia del objeto técnico en proceso de individuación es un estado en continuo devenir, que Simondon denominaba metaestabilidad —un término utilizado también por Norbert Wiener, padre de la cibernética—, un estado descubierto en la termodinámica, que trasciende la oposición clásica entre estabilidad e inestabilidad, y que está cargada con las potencialidades del devenir. Los seres vivos serían metaestables —ya que para Simondon la vida es una "individuación perpetua"— mientras que un individuo técnico se ha vuelto estable y ha agotado su potencial. Tras el estudio de la obra de Simondon en lo relativo a la invención, y con relación al cambio de fase desde la imaginación técnica, podemos decir que un proyecto de arquitectura se reconoce como una invención cuando presenta una esencia técnica, y como objeto técnico pre-individual, aún presenta un alto grado de metaestabilidad o un potencial para devenir en uno más integrado y estable. Simondon coincide aquí con el premio Nobel de Física francés Louis de Broglie, quien afirmaba que "el potencial, concebido como energía potencial es real porque expresa la realidad de un estado metaestable y su situación energética".[13] La evidencia más clara para identificar una invención en los objetos técnicos arquitectónicos, la tendremos al encontrar un nuevo ensamblaje de elementos heterogéneos, simplemente yuxtapuestos y sin cohesionar, y que estos procedan de distintos dominios técnicos.

12 Simondon, Gilbert. *El modo de existencia de los objetos técnicos* (or. 1969). Buenos Aires: Prometeo, 2007, p.43

13 Citado en: Simondon, Gilbert. *La individuación a la luz de las nociones de forma e información*, Ed. Cactus y La Cebra Ediciones, Buenos Aires, 2009, p.547

more than the technical principles of the technical objects, in order to be able to think of new assemblages of elements and produce new technical objects. These new technical objects would be initially abstract, as a sum of simple juxtaposed parts, but they would immediately begin an evolutionary process of concretion, leading to a more integrated and unified state. Assemblage thus appears as a key technique for the invention of new technical objects and so participates in the genesis of an architectural technical object.

The beginning of a lineage of technical objects is marked by a synthetic act of invention that is basic to a technical essence. Technical essence is recognizable by the fact that it remains stable all through the course of evolution and that, further, it not only remains stable but is ever capable of producing structures and functions by internal development and progressive saturation. [12]

For Simondon, each technical object belonged to a technical lineage and came from an act of invention where there was a technical essence, origin of this lineage. Technical objects are carried out during the process of individuation, developing the potential contained in this technical essence. Simondon distinguished between primordial invention —where a technical essence is constituted—, continuous invention —typical of the small optimisations that follow that technical essence as it is gradually carried out, and discontinuous invention —that which results from the saturation of the system caused by these small optimisations. This discontinuous invention is that in which the technical object is concretised as an ongoing reality, as in the case of a diesel engine whose technical essence was the internal combustion engine. This mode of existence of the technical object in a process of individuation is a state of continual becoming, which Simondon called metastability —a term also used by Norbert Wiener, father of cybernetics—, a state uncovered in thermodynamics that transcends stability and instability binary, and that is charged with the potential of becoming. Living beings are metastable —as for Simondon life is a "perpetual individuation"— while a technical individual has become stable and exhausted its potential. After researching the work of Simondon on invention, and in relation to the change of phase from the technical imagination, we can say that an architectural project can be seen as an invention when having a technical essence, and as a pre-individual technical object it still has a high degree of metastability or a potential to become more integrated and stable. Simondon agrees here with the Nobel Prize-winning French physicist Louis de Broglie, who stated that "the potential, conceived as potential energy, is real because it expresses the reality of a metastable state, and its energetic situation".[13] The clearest evidence needed to identify an invention in architectural technical objects is finding a new assemblage of heterogeneous elements, simply juxtaposed and without cohesion, and that these come from different technical dominions.

12 Simondon, Gilbert. *On the Mode of Existence of Technical Objects*. Translated from the French by Ninian Mellamphy with a Preface by John Hart. Ontario: University of Western Ontario, 1980, p.42

13 Cited in: Simondon, Gilbert. *La individuación a la luz de las nociones de forma e información*, Ed. Cactus y La Cebra Ediciones, Buenos Aires, 2009, p.547

Conversación con Andrés Jaque (Office for Political Innovation), María Langarita y Víctor Navarro (LNA)

Enrique Espinosa

Enrique Espinosa (EE): Ambos estudios habéis trabajado tanto con las condiciones de una ciudad postindustrial, como en espacios postindustriales específicos. ¿Cómo se aproximan vuestras oficinas a cierta noción de "ciudad europea contemporánea en potencial decrecimiento" desde un punto de vista físico o especulativo y no material?

María Langarita y Víctor Navarro (LNA): Nos fascina el devenir de las cosas. Todo lo que hace que el mundo cambie de estado desde un punto de vista físico o cultural. Las ciudad, pre o postindustrial, ha tenido la capacidad de concentrar como pocos lugares esos procesos de transformación. Es un lugar privilegiado para observar las diferentes velocidades de cambio del mundo: por un lado está hiperestimulada para acelerar su transformación, y por otro, tiene instrumentos para ralentizarla hasta casi paralizarla. Por ejemplo, somos una sociedad capaz de crear y mantener condiciones óptimas de humedad, temperatura y renovación de aire para detener la degradación molecular de las Meninas de Velázquez, y al mismo tiempo, transformamos kilómetros cuadrados de territorio en apenas unos años hasta dejar irreconocible la condición geológica previa. Si acumulamos todos estos acontecimientos y los visualizamos superpuestos, la arquitectura entendida como un producto estable y sólido deja de tener sentido y puede ser descrita como una forma de gestión de lo material y sus derivas. Es lo que nos ha pasado; cada vez nos interesa más entender qué favorece o dificulta que la materia se transforme y cómo se evalúa su impacto dentro de los procesos proyectuales. En definitiva, trabajar en la gestión de la energía o mejor dicho, en qué energías para qué materias.

En el proyecto para Medialab-Prado (2012) decidimos trabajar desde una dualidad que implicaba recuperar un soporte material, el de la Serrería Belga, y al mismo tiempo disputar el relato de lo que era un edificio industrial y todos sus imaginarios asociados con un actor nuevo diametralmente opuesto. Frente al modelo de rehabilitación alemán o inglés del cambio de siglo cuya aproximación estaba basada en las lógicas del acero, en continuidad con los usos que habían tenido los edificios que rehabilitaban, en la Serrería Belga nos aproximamos desde las lógicas del costurero, el ebanista o el electricista. Una amalgama de textiles, contrachapados de madera, circuitos eléctricos, redes de datos y sistemas lumínicos dieron lugar a "La Cosa", un ente capaz de actualizar el edificio con un impacto energético mínimo y con una alta capacidad de transformación de sus posibilidades de uso y relación. Entre la Serrería Belga y "La Cosa" aparecía un espacio intermedio de oportunidad que abarcaba tanto el mundo físico como el digital. Precisamente, Medialab-Prado, como institución que trabaja en la producción, la investigación colaborativa y las comunidades de aprendizaje se ha aprovechado de las superposiciones que se daban entre el soporte rígido y generoso de la preexistencia y las tecnologías blandas y adaptables de la nueva intervención.

Andrés Jaque (AJ): Nuestro trabajo, en Office for Political Innovation, explora la

Conversation with Andrés Jaque (Office for Political Innovation), María Langarita and Víctor Navarro (LNA)

Enrique Espinosa

Enrique Espinosa (EE): Both of your offices have worked within the conditions of the post-industrial city, as well as in post-industrial spaces specifically. How do you approach the notion of a 'potentially-shrinking contemporary European city', from a material perspective as well as speculative and immaterial?

María Langarita & Víctor Navarro (LNA): We are fascinated by the continuous evolution and change of things. Everything that changes the state of the world, materially or culturally. Cities, pre- or post-industrial, have been able to concentrate these transformational process like few other places. It is a privileged place to be when observing the different rates of change in the world: on the one hand, it is hyper-stimulated in order to speed up change, and on the other, it has tools to slow it down to the point of paralysis. For example, we are a society that is able to create and maintain optimal conditions of humidity, temperature, and air exchange to stop the molecular degrading of Velázquez's *Meninas*, while we simultaneously transform hectares of territory in barely a few years to the point where its previous geological state is unrecognisable. If we accumulate all these events and visualise them one on top of the other, architecture understood as a stable and solid product ceases to make any sense and it can be described as a form of managing the material realm and what arises from it. This is what has happened to us; we are more and more interested in understanding what fosters or impedes matter from changing and how its impact can be assessed within design processes. Ultimately, working on the management of energy, or rather, which energies for what materials.

In the Medialab-Prado project (2012) we decided to work from a dual position that involved recovering a material support, the old industrial building of the Belgian sawmill (*Serrería Belga*), while also challenging the idea that it was an industrial building, and all the imaginary it carries, with a diametrically opposed actor. In contrast to the German or British model of rehabilitation at the turn of the century, based on the logics of steel and continuity of use for the restored buildings, for the *Serrería Belga* we used the logics of tailors, cabinetmakers, or electricians. A patchwork of fabrics, plywood sheets, electrical circuits, data networks, and lighting systems became 'The Thing' (*La Cosa*), an entity able to upgrade the building with a minimal energy footprint and a high capacity to transform its potential for use and relations. Between the *Serrería Belga* and 'The Thing' there was an interstitial space of opportunity, in both the material and digital worlds. It has been precisely Medialab-Prado, as an institution that works in production, collaborative research, and learning communities, that has made the most of these superpositions found between the rigid and generous support of the pre-existing and the soft and flexible technologies of the new intervention.

Andrés Jaque (AJ): Our work, at the Office for Political Innovation, explores

transición de la hegemonía de lo metropolitano a otros entornos de interacción más complejos: ensamblajes trans-escalares e intermedium. Algo tan cotidiano como ligar a través de Grindr no está contenido ni alojado en ninguna forma de ciudad. Ocurre en la interacción de entidades on y offline. Un hecho tan sencillo ocurre al mismo tiempo como un acto de intimidad entre un pequeño número de humanos, y como un proceso participado por tecnologías del registro y el análisis, por servidores, entidades financieras, plataformas de estilo de vida y mercadotecnia, etc. Lo mismo podríamos decir de las migraciones a través del Mediterráneo, de las emisiones de CO2 o de la producción colectiva de las vistas en los modelos de apartamentos llamados 'high-end' que han surgido tras la crisis financiera del 2008, o de la propia reproducción de los humanos. Ninguna de las realidades que desafían en estos momentos al planeta está contenida, ni se manifiesta de manera prioritaria en un contenedor espacial que corresponda con la manera en que Benjamin, por ejemplo, describió el París del XIX. Este cambio de paradigma afecta de manera radical los modos de producción (y reproducción) del tiempo y el espacio en la actualidad. Pero también la propia noción de materia, que solo podemos entender como relacional/dependiente/con-agencia para afectar a tejidos financieros, sociales, medioambientales y políticos. El principal motor de estos cambios son las formas avanzadas de capitalismo que han surgido de la desarticulación del modelo de gobernanza de la ciudad-estado, pero también sus respuestas, alternativas y disidencias. Esta posibilidad de desobediencia, para mí, es crucial para entender las prácticas arquitectónicas contemporáneas. La arquitectura es una práctica crítica. Y, ante esta evolución, la arquitectura en estos momentos solo existe como una práctica de desalineamiento —de disidencia y alternativa—.

Proyectos como COSMO (MoMA PS1, 2015) sitúan en uno de los centros del poder cultural global un dispositivo que genera evidencias de la posibilidad de convivir con la toxicidad asociada al curso de la vida humana en la Costa Este de Estados Unidos. Es un artefacto de disidencia, que plantea una alternativa a la manera en la que la toxicidad de habitantes e industria se traslada a lugares remotos en estados como Kentucky o Susquehanna Valley. COSMO produce una alternativa, y proporciona evidencias y una experiencia que inscribe esta alternativa en el espectro de lo posible. Es lo que Isabelle Stengers propone en su propuesta cosmopolítica, artefactos que generan entornos de alternativa que paralicen la hegemonía de las realidades dominantes. Si desde el contexto de los apartamentos high-end en Nueva York o Londres se promueve la evacuación del coste medioambiental a localizaciones distantes, COSMO introduce disidencia en este proceso. Y haciéndolo multiplica el espectro de lo posible.

EE: Andrés, en tu último libro, Marina Otero recupera en la introducción una cita tuya: "ya no vivimos en ciudades, sino en el recorrido del cuerpo al perfil digital de nuestro cuerpo, en la colaboración y la disputa entre lo online y lo offline. Es ahí donde se aloja la política. Y es ahí donde el control, el deseo, el valor financiero, la subversión y el afecto han trasladado las formas de arquiurbanismo entre íntimos desconocidos que habitamos en estos momentos". Me pregunto, ¿qué tipo de territorio es la ciudad física y obsolescente para la arquitectura? ¿en qué sentido no nos podemos permitir no ocuparnos de ella? ¿cómo podemos operar allí?

the transition from a metropolitan hegemony to other more complex spheres of interaction: namely 'trans-scale' and 'inter-medium' assemblages. Something as mundane as flirting on Grindr is not contained or housed in any form of city. It happens at the interaction between on- and off-line entities. Something as simple as this happens simultaneously as an intimate act between a small number of humans, and as a process involving tracking and analysis technologies, data centers, financial entities, lifestyle platforms, marketing, etc. The same could be said about migration flows across the Mediterranean, of CO2 emissions, about the collective production of high-end apartment views, or about planned human reproduction. None of the realities that challenge the planet today are contained, nor become mainly apparent in a spatial container that corresponds to the way in which Bejamin, for example, described nineteenth-century Paris. This change of paradigm radically affects the modes of production (and reproduction) of time and space today; and the we now characterize 'matter' and 'material' themself, which we can only understand as relational, dependent, and with enough agency as to have an impact on financial, social, environmental, and political fabrics. The main driver behind these changes has been the forms of late capitalism emerging from the dismantling of the city-state governance model, but also the responses, alternatives, and dissidence to them. To me, this potential for disobedience is crucial in order to understand contemporary architectural practices. Architecture is a critical practice. And, in this face of this evolution, architecture at the moment only exists as a practice of misalignment — dissidence and alternative—.

Projects such as COSMO (MoMA PS1, 2015) place in one of the centers of global power a device that clearly reveals the possibility for humans to coexist with the toxicity associated to human life on the East Coast of the USA. It is an artefact of dissidence, one that poses an alternative to the ways in which the toxicity of human inhabitants and industries based in New York is taken to remote locations like the Susquehanna Valley, or to states like Kentucky. COSMO generates an alternative and offers evidence and experiences that help including this alternative within the realm of what is possible. It is what Isabelle Stengers proposes in her cosmopolitical idea, artefacts that generate alternative environments, able to paralyse the hegemony of the dominant realities. When the environmental externalities associated to high-end apartments in New York or London are pushed to distant places, COSMO introduces dissidence into the process; and by doing so, it multiplies the spectrum of what is possible.

EE: Andrés, in your latest book, Marina Otero's introduction recovers one of your quotes: "we no longer live in cities, but on the route from the body to the digital profile of our body, in the collaboration and conflict between the online and the offline. This is where politics is found; and it is there were control, desire, financial value, subversion, and affection have transferred the forms of archiurbanism between intimate strangers that inhabit these moments". I ask myself, what kind of territory is the physical and obsolescent city for architecture? In what sense can we not afford to ignore it? And, how can we operate in it?

AJ: En las últimas décadas la arquitectura ha pasado de ocuparse de la ciudad, a hacerlo en un sentido más específico por lo político. Pero lo político está instalado en estos momentos en la manera en que la fabricación de embriones se relaciona con las granjas en las que a partir de la orina de yeguas de Ucrania se extraen las hormonas que favorecen la gestación humana, o con las jurisdicciones que quedan ensambladas en las prácticas de Fertilidad Internacional que el Dr. Zhang aplica en su clínica de Columbus Circle. Estas composiciones post-humanas y definitivamente no-urbanas, son el "site" de la arquitectura ahora. Estos "sites" están marcados por conflictos vinculados a las diferentes formas de obsolescencia que contienen, a sus extensiones medioambientales, a conflictos sociales. Estos conflictos hacen imposible la neutralidad. La pretensión de neutralidad es una forma de tomar partido por los poderes dominantes. Esta cualidad transescalar y multimedium de la arquitectura contemporánea está modificando las prácticas arquitectónicas: primero, cada vez son necesarios más esfuerzos para reconocer y caracterizar los procesos en que intervenimos; digamos que el plano de situación se ha hecho mucho más complejo, es decir, la investigación es hoy en día inseparable del proceso de diseño, no hay posibilidad de acción sin escrutinio y reflexión. Segundo, la arquitectura es sin duda solo posible en la transdisciplinariedad, puesto que ninguno de los desafíos que podamos afrontar es abordable exclusivamente desde el diseño; detectar los límites de cada campo y desarrollar formas de colaboración con otros campos se ha convertido también en una necesidad metodológica para la arquitectura contemporánea. Tercero, las prácticas arquitectónicas relevantes son cada vez más producto de una toma de posición; de algún modo son resultado de formas más o menos sofisticadas de activismo.

EE: El concepto 'ensamblaje' que da nombre a este capítulo de Open Cities, implica otros asuntos como catálogos, hackeo, des-re-contextualizaciones, etc, nos parece que conecta con operaciones que empleáis. Nos interesa del ensamblaje su capacidad para operar como categoría física y técnica, mental y estratégica. ¿Os parece un término operativo para abordar una parte de vuestra producción?

LNA: Frente a otros procesos de puesta en relación o de aglutinamiento más "químicos" en los que los sistemas materiales participantes se disuelven perdiendo el rastro de su origen, el ensamblaje tiene una dimensión poética y una economía de recursos fascinante. Sin embargo, desde su acepción concreta del mundo del arte y su deriva arquitectónica, no nos interesa especialmente. Como sistema creativo está siempre lastrado a una remembranza inevitable de sus orígenes. En ese sentido, ni la Red Bull Music Academy (RBMA, 2011) ni el proyecto de Medialab-Prado podrían considerarse ensamblajes. Sin embargo, sí tienen una vinculación fundamental con la técnica del montaje y con las posibilidades de una herramienta capaz de establecer una coherencia a través de la adición de secciones diferentes del mundo. El montaje es una herramienta para trabajar con la heterogeneidad y producir un estado permanente de encuentro. Y es precisamente ese estado de encuentro el que nos interesa del proyecto para la RBMA donde trabajamos con secuencias espaciales diferenciadas. Cada una de las partes del proyecto no se pueden considerar como *objets trouvés* sino pequeñas ediciones arquitectónicas de fragmentos del mundo.

AJ: Over the last decades, architecture has gone from catering to the city to become specifically dedicated to catering to the political. However, the political is currently installed in how the creation of embryos is related to the farms where hormones from Ukrainian mare urine is extracted to foster human gestation, or with the jurisdictions that are assembled in the practices of International Fertility that Dr. Zhang applies in his clinic on Columbus Circle. These post-human and most definitely non-urban compositions are the 'site' of architecture today. These 'sites' are marked by conflicts associated to the different forms of obsolescence they contain, to their environmental extensions, to social conflicts. These conflicts make neutrality impossible within architectural practices. The pretence of neutrality is a way of siding with the dominant powers. This 'trans-scale' and 'multi-medium' quality of contemporary architecture is modifying architectural practices: first, increasing the efforts that are needed to recognise and characterise the processes we intervene in; this is to say that the situation plan has become much more complex. Research today has become inseparable from the design process, there is no chance for action without careful examination and reflection. Second, architecture is without a doubt only possible in transdisciplinarity. None of the challenges that we face now can be exclusively addressed by design. Detecting the limits of each field and developing forms of collaboration with other fields has also become a methodological must for contemporary architecture. Third, relevant architectural practices are increasingly the result of a stance being taken; this is to say that they are the result of more-or-less-sophisticated forms of activism.

EE: 'Assemblage', the term that gives the title to this chapter of *Open Cities*, implies other things such as catalogues, hacking, de-re-contextualisations, etc. We think it is related to operations you work with. We are interested in the capacity it has to operate as a physical and technical, mental and strategic category. Do you see it as an operational term to address a certain part of your production?

LNA: As opposed to other more 'chemical' processes that relate or bind in a way that the participating material systems dissolve and lose trace of their origin, an assemblage has a poetic dimension and a fascinating economy of resources. However, its particular meaning in the world of art and its architectural evolution is of little interest to us. As a creative system, it is always weighed down by an inevitable remembrance of its origins. In this sense, neither the Red Bull Music Academy (RBMA, 2011) nor the Medialab-Prado project could be considered assemblages. However, they are fundamentally linked to montage techniques and with the possibilities of a tool that is able to establish coherence by means of adding different sections of the world. Montage is a tool to work with heterogeneity and produce a permanent state of gathering. And it is precisely this state of gathering that interests us in the project for the RBMA, where we worked with differentiated spatial sequences. Each part of the project is not seen as an *objet trouvé*, but as small architectural edits to fragments of the world.

AJ: Si te he entendido bien, más que por la tradición conceptual del ensamblaje en el contexto de la ecología política y de los estudios de ciencia, tecnología y sociedad (STS), a la que me gustaría referirme más adelante, tu pregunta se refiere a las prácticas de composición —de articulación material— arquitectónica a partir de elementos existentes disponibles. Esto es algo que ciertamente ha tenido una presencia constante en mi trabajo. Trabajos como los Escaravox o COSMO, o de manera más intensa la Casa en Never Never Land, son paradigmáticos de este interés. Críticos como Felicity Scott han hablado de estos trabajos de mi oficina como una forma asociativa, en la que la materia se gestiona a través de estrategias relacionales. En parte esta estrategia constructiva a menudo responde a un requerimiento práctico: trabajar con tecnologías disponibles permite reducir los costes de producción y concentrar el presupuesto en los objetivos más importantes de un proyecto. Pero más relevante que eso, en realidad es que en el trabajo de Office for Political Innovation promovemos una reorientación en la manera en que se piensan, y por tanto se diseñan, los dispositivos arquitectónicos. La arquitectura no consiste en proveer espacio. La fantasía de que los arquitectos construimos cajas, que un día se abren sus puertas y la sociedad las ocupa, pertenece al mundo de lo ilusorio. No es posible generar un contenedor que posteriormente sea ocupado por cuerpos constituidos como participantes en estructuras sociales. Los dispositivos arquitectónicos participan en la enactación de la realidad de una manera similar a como lo hacen los humanos y el resto de entidades más que humanas. Existe una simetría en la manera en que un gran número de entidades contribuyen a alumbrar lo real. Todas ellas están dotadas de agencia, pero una agencia que se define y se negocia en la interacción.

En nuestro proyecto "PHANTOM. Mies as Render Society" (Barcelona, 2013–14. Colección del Art Institute of Chicago), tomaba una gran importancia la Gata Niebla. El Pabellón de Barcelona no es un espacio, es un ensamblaje de entidades que operan a escalas, tiempos y materialidades diversas. Los gestores del pabellón introdujeron a la Gata Niebla en esta composición de entidades diversas con la intención de excluir del ensamblaje-Pabellón-de-Barcelona a los roedores. La Gata Niebla vivía en la oscuridad del sótano del Pabellón y cada noche era liberada unas horas en el piso superior para que con su interacción inscribiese en el ensamblaje el programa para el que fue introducida. Pero en esta interacción las intenciones de las entidades-gestoras tienen una agencia que se negocia con la de los muros y el forjado del sótano, o con los ciclos solares. La Gata Niebla desarrolló atrofia macular por su permanente exposición a la oscuridad. Este es un ejemplo muy claro de la reflexividad que conlleva la participación como dispositivo ensamblado. Niebla transformaba el ensamblaje, pero al hacerlo ella era transformada por el resto de agentes que participaban en él.

Lo mismo podríamos decir de nuestro proyecto de la Casa Sacerdotal de Plasencia (2004). Es un proyecto que interviene las redes por las que se vinculan un grupo de personas con sus familiares, con las plantas que cultivan, con la institución a la que pertenecen, con su pensión. El proyecto es literalmente una intervención que introduce en esta red una multitud de dispositivos que operan rearticulando el campo de relaciones que mantiene vinculadas a todas estas entidades. Por ejemplo, uno de estos conjuntos de dispositivos, son los números de chapa que señalan a quien corresponde

AJ: If I understood the question correctly, more than the conceptual tradition of the assemblage in the context of political ecology and the studies on sociology, technology and science (STS), which I would like to comment on later; you refer to the practices of architectural composition —of material articulation— based on the use of available existing elements. This is certainly something of a constant in my work. Works like the Escaravox or COSMO -or maybe even more intensely the House in Never Never Land- are exemplary of this interest. Critics such as Felicity Scott have spoken of the works by my office as associational forms, where matter is managed through relational strategies. Partly, this constructive strategy often responds to a practical need: working with available technologies reduces production costs and concentrates the production budget on the most important aims of a project. However, more relevant than this is that in our work at Office for Political Innovation we promote a shift in the way we think, and therefore design, architectural devices. Architecture does not consist in providing space. The fantasy that we architects construct containers, which one day open their doors for society to occupy them, belongs in a made-up world. It is impossible to create a container that will later be occupied by bodies constructed as participants in social structures. Architectural devices take part in the enactment of reality in a similar way to how humans and the rest of more-than-human entities do it. There is a symmetry in the way a large number of entities contribute to producing reality. They all have a certain degree of agency, but an agency that is defined and negotiated through interaction.

In our project 'PHANTOM. Mies as Render Society' (Barcelona, 2013–14. Collection of the Chicago Art Institute), Niebla the cat took on great relevance. The Barcelona Pavilion is not a space, it is an assemblage of entities operating on different scales, times, and materials. The managers of the pavilion introduced Niebla the cat in this arrangement of diverse entities with the intention of excluding rodents from this Barcelona-Pavilion-assemblage. Niebla the cat lived in the darkness of the Pavilion's basement and was let out every night for a few hours so that with her interaction, she would inscribe in the assemblage the programme for which she was introduced, namely, hunting rodents. However, in this interaction, the intentions of the manager-entities had to negotiate with the walls and floors of the basement, or with the solar cycles. Niebla the cat developed macular atrophy due to her permanent exposure to darkness. This is a very clear example of the reflexivity that shapes the participation of whatever actor in the enactment of assemblages. They contribute to shape a common compostion, but they are also shaped by that composition. Niebla transformed the assemblage, but in doing so she was transformed -even physically- by the rest of the agents participating in it.

The same could be said about our project for the Clergy House in Plasencia (2004). It is a project that intervenes the networks that keep a group of people connected to their families, to the plants they take care of, to the institution they belong to, to their pension. The project is literally an intervention that introduces a host of devices in this network that operate by rearticulating the field of relations that keeps all these entities connected. For example, one of these sets of devices are the number plates that signal who manages the decision-making in a specific

tomar decisiones en un fragmento específico del jardín. La introducción de estos elementos de chapa hace posible que los residentes de la casa puedan desarrollar formas alternativas de relación con el suelo y la tierra del jardín.

Otro tema importante es cómo relacionarse con los catálogos. Algo que nosotros hemos hecho específicamente en trabajos como las Tupper Homes, o IKEA Disobedients (Colección MoMA de Nueva York). El catálogo es para nosotros una arena. No es simplemente una herramienta de venta, sino que la venta es parte de estrategias más radicales en las que se promueve un determinado espectro de lo social. El catálogo de Ikea en 2007 promovía una enorme reducción en el espectro de las domesticidades posibles. Nuestra respuesta fue hackear el catálogo incluyendo un gran numero de domesticidades disidentes: los IKEA Disobedients. El proyecto tuvo una gran repercusión fuera de los circuitos de la arquitectura y en circuitos internacionales. Casos como el de Candela, que desarrollaba en su casa formas de solidaridad que negaban la idea de la "republica independiente de tu casa" que Ikea promovía, se hicieron populares. Cuando el gobierno municipal de Ana Botella vendió el edificio social en el que vivía Candela a un fondo de inversiones, la notoriedad que Candela había alcanzado gracias a IKEA Disobedients ayudó a movilizar una protesta masiva, que paralizó el desahucio de Candela y sus vecinos. Al invisibilizar una parte importante de lo existente, catálogos como el de Ikea son parte de los procesos de promoción urbana que terminan favoreciendo lógicas como la que empujó a Botella a excluir de Madrid a gente como Candela. La arquitectura tiene el poder de generar marcos transmediáticos en los que la lectura de qué es valioso en un entorno tecnosocial sea intervenida. La arquitectura tiene la capacidad de preservar y multiplicar la inclusividad de las sociedades. Una labor que necesariamente pasará por ser desobediente con los catálogos.

EE: Específicamente, en el trabajo de Office for Political Innovation observamos un interés constante por desvelar asuntos que, siendo cotidianos y no convencionalmente disciplinares, son relevantes y decisivos a la hora de entender cómo funciona y se construye la ciudad contemporánea, o cómo se produce arquitectura a través de la interacción entre sí de la ciudadanía (humana y no humana). ¿Son operativas estas intuiciones? ¿Cómo explicar el espacio que media entre el trabajo de la oficina, la construcción de vuestra propia agenda y la ciudad contemporánea/futura?

Andrés Jaque / Office for Political Innovation.
Figuras 1, 2. Images 1, 2. Escaravox -Matadero Madrid- & Cosmo -MoMA PS1-, photos by Miguel de Guzman
Figura 3. Image 3. IKEA Disobedients. Museum of Modern Art, New York. Architecture & Design Purchase Fund (2012)

fragment of the garden. The introduction of these plaque elements made it possible for the residents of the house to develop alternative forms of establishing relations with the ground and the garden land.

Another important topic is how to interact with catalogues, something we have done specifically in works such as TUPPER HOMES or IKEA Disobedients (Collection MoMA New York). The catalogue for us is an arena. Not simply a tool for sales. We preffer to think that the saling, at large, is part of more radical strategies where particular spectrums of the social are fostered. With the slogan "welcome to the independent republic of your home", the 2007 Ikea catalogue put forward a massive reduction in the spectrum of possible domesticities. Our response was to hack the catalogue by including in an archive a large number of dissident domesticities: the IKEA Disobedients. The project had a great impact outside architectural circles and internationally. Cases such as that of Candela, an elder lady who developed examples of solidarity in her home that denied the notion of "the independent republic of your home" promoted by Ikea, became popular. When the regional government led by Ana Botella sold the social house where Candela lived to an investment fund, the visibility Candela had gained thanks to IKEA Disobedients helped mobilise a mass protest, stopping her eviction and that of her neighbours. By invisibilising an important part of what exists, catalogues like Ikea's are part of the urban development processes that end up benefitting rationales like those pushed by Botella when excluding people like Candela from Madrid. Architecture has the power of generating 'trans-media' frameworks where the interpretation of what holds value in a techno-social environment is intervened. Architecture has the capacity of preserving and multiplying the inclusiveness of societies; a task that will necessarily mean being disobedient with catalogues.

EE: Specifically, the work by Office for Political Innovation shows a constant interest in revealing matters that, being mundane and not conventionally belonging to the discipline, are relevant and crucial when understanding how the contemporary city works and is built, or how architecture is produced through the interaction of its citizenship (human and non-human). Are these intuitions operational? How would you explain the space that mediates between the office's work, the building of your own agenda, and the contemporary/future city?

AJ: En estos momentos estamos desarrollando tres proyectos de gran relevancia: la sede de la Fundación Thyssen-Bornemisza en Venecia —el Ocean Space en Campo San Lorenzo—, el Colegio Reggio en el Encinar de los Reyes y la transformación del Museo de Arte Contemporáneo Centro de Arte Dos de Mayo en Móstoles (CA2M). En los tres casos desvelamiento, construcción y criticalidad se dan como procesos inseparables. En el caso de la sede de Fundación Thyssen-Bornemisza en Venecia, el proyecto consiste en redefinir la manera en que los humanos gestionan su dimensión oceánica, a través del diseño de una serie de edificios que permiten intervenir diferentes contextos que median cómo los humanos se constituyen en océano. Desde el sistema del suelo de Campo San Lorenzo que canaliza el agua de lluvia hacia los sumideros de los aljibes, las capas de arcilla que separan el agua potable del agua salada, las cimentaciones por estacados y entarimados de roble provenientes de los Dolomitas Bullenesi. Al diseño de un parlamento del océano, que permite que los humanos sientan, físicamente, la geografía y los ecosistemas de aquellas partes del océano en discusión, en encuentros distribuidos por todo el planeta. En el caso del Colegio Reggio, la pedagogía se entiende como una dimensión embebida en el entorno, proponiendo un nodo de acumulación, que hace del colegio un punto de acceso a un multiverso en el que una multitud de ecosistemas que se extienden en el territorio quedan conectados. Es un proyecto en el que los niños se construyen en su exposición y su fricción con la otredad. Aquí el trabajo arquitectónico hace que pedagogía y médium-making se fundan como prácticas inseparables. En el caso del CA2M, es el proceso de construcción el que ha sido diseñado para que pueda ser reconstruido como un proceso abierto, en el que forman parte los artistas, comisarios y el extenso público del CA2M, y que permite precisamente enrolar a artistas, comisarios y públicos otros en el proceso, o redefinir los términos de su asociación. Se trata de un proyecto que confronta el cliché habitual de que la arquitectura madrileña focaliza todos los esfuerzos en aportar únicamente cuteness, para proponer un proceso empapado de realismo.

Todos estos proyectos, que coinciden con cambios organizativos en nuestra oficina —como la apertura de un segundo espacio y equipo de trabajo en Nueva York, o mi compromiso como director del Advanced Architectural Design Program de la Universidad de Columbia— es cierto que suponen un salto en la escala de nuestro trabajo, pero los entendemos como una continuidad con proyectos como los Escaravox (Matadero Madrid, 2012), las Tupper Homes (2007), la Rolling House for the Rolling Society (Barcelona, 2009) o el Bateau-Cuisinier (Paris, 2015). Todos estos proyectos desafían la distinción moderna entre infraestructura, acción y conocimiento con el fin de explotar el gran potencial de fundir la movilización material, la intervención de tejidos asociativos y la construcción de inteligencia. Ese es el gran poder de la arquitectura en estos momentos.

EE: En CoLaboratorio, dentro de los dos últimos ciclos académicos hemos recurrido, como uno de los ingredientes docentes, a las teorías de *open building* de John Habraken; hemos visto además que, aplicadas en la escala y espacios de los contextos postindustriales, son especialmente útiles para dotar a complejos preexistentes de un nuevo orden a partir del cual crecer o cambiar. Dentro de los proyectos de LNA

AJ: At the moment we are developing three highly relevant projects: the headquarters for the Thyssen-Bornemisza Contemporary Art Foundation in Venice —the Ocean Space in Chiesa di San Lorenzo—, the Reggio School in el Encinar de los Reyes, and the transformation of the Museum of Contemporary Art *Centro de Arte Dos de Mayo* in Móstoles (CA2M). In each case, unveiling, construction, and criticality are present as inseparable processes. In the case of the Thyssen-Bornemisza Foundation headquarters in Venice, the project consists in redefining the way in which humans manage their oceanic dimension through the design of a series of buildings that allow to intervene in the different contexts that mediate how humans constitute oceans. From the floor system in Chiesa di San Lorenzo, channelling rainwater towards the drains for the water cisterns, the layers of clay that separate drinking water from salt water, the stake foundations, and the oak flooring from the Dolomiti Bellunesi; to the design of an ocean parliament, allowing humans to physically feel the geography and the ecosystems of the parts of the ocean being discussed, in encounters across the whole planet. In the case of the Reggio School, the pedagogy is understood as a dimension embedded in the environment, proposing a node for accumulation, making the school a point of access to a multiverse where an array of ecosystems that extend across the territory are connected. It is a project where children build their own exposure and friction with otherness. Here, the architectural work blends pedagogy and medium-making into inseparable practices. In the case of the CA2M, it is the construction process that has been designed in such as way that it can be recreated as an open process, with the artists, curators, and wide public of the CA2M as parts of it, precisely allowing artists, curators, and audiences to engage in the process, or redefine the terms of their association. This is a project that confronts the usual cliché that sees Madrid architecture focussing all its efforts simply on adding cuteness, and puts forward a process imbued with realism.

It is true that all these projects, which coincide with organisational changes in our office —like the opening of a second office and team in New York, or my commitment as Director of the Advanced Architectural Design Program at Columbia University— are a jump in scale in our work, but we understand them as a continuity of projects such as the Escaravox (Matadero Madrid, 2012), the Tupper Homes (2007), the Rolling House for the Rolling Society (Barcelona, 2009), or the Bateau-Cuisinier (Paris, 2015). All these projects challenge the modern distinction between infrastructure, action, and knowledge in order to tap into the great potential of blending material mobilisation, the intervention in associative fabrics, and the building of intelligence. This is the great power of architecture at the moment.

EE: In CoLaboratorio, during the two last academic cycles, we have turned to —as one of our educational ingredients— John Habraken's theories of open building; we have also seen that, applied at the scales and in the spaces of post-industrial contexts, they are especially useful in providing pre-existing complexes with a new order, from which to then grow or change. In LNA's projects we observe strategies that are close to 'open building' and ultimately, there is a certain belief in architectures that are able to evolve and take on change... Beyond these observations and intuitions, what

Langarita Navarro Architects.
Figura 1. Image 1. Medialab-Prado, photo by Imagen Subliminal. Miguel de Guzmán.
Figura 2. Image 2. Red Bull Music Academy, photo by Luis Díaz Díaz

observamos estrategias afines a open building y en definitiva, se observa cierta apuesta por arquitecturas capaces de evolucionar y de asumir el cambio... Más allá de estas observaciones e intuiciones, ¿qué referentes, posicionamientos y retos os rodean en este ámbito que conecta vivienda, ciudad y tiempo?

LNA: Nos interesa la consistencia material del mundo[01]. Nuestra teoría del Busto y el Pellejo incide precisamente en la manera en la que esa consistencia condiciona y repercute en la vida.1 El juego de dualidades que emergen de diferenciar orgánico e inorgánico, duro o blando, perecedero o imperecedero nos permite confrontar los prejuicios heredados de la arquitectura y la manera en la que combatirlos tanto en la construcción, en la academia o en lo popular. Por eso somos muy críticos con las aproximaciones en las que lo infraestructural en arquitectura, equiparado con lo duro, prevalece sobre lo blando. No existe nada más infraestructural que un bosque o un océano y aun así seguimos estableciendo jerarquías de valor en las que lo inorgánico siempre tiene preeminencia. Describir es proyectar. Sin embargo, al favorecer los léxicos del 'Busto', limitamos las posibilidades de ampliar el campo de trabajo.

Tanto en los Europan que hemos ganado, Barcelona (2015) o Alcoi (2017), como en el proyecto de vivienda experimental para la Manzana Verde en Málaga (2016) hemos trabajado en esta dimensión del tiempo y energía invertida. En estos proyectos de vivienda colectiva exploramos las posibilidades del 'Pellejo' aplicado a la vida cotidiana. La coexistencia de consistencias materiales blandas ayuda a sincronizar la velocidad de cambio de los edificios con su devenir habitual. La mayor parte de la energía requerida para transformar un edificio se debe a que para su construcción se han utilizado sistemas muy resistentes creados para durar. Debemos diseñar construcciones preparadas para cambiar radicalmente en un tiempo menor que el largo plazo de la convención económica. Por ejemplo, que una parte de un programa de viviendas pueda convertirse en un espacio de deporte colectivo con la mínima degradación de la energía invertida en su construcción.

EE: Cedric Price es uno de los invitados de este libro. Desde los años 60 plantea, con

01 Más información sobre los conceptos de "Busto y Pellejo" en la entrevista de Núria Moliner con María Langarita. Parte de la serie de ponencias The Agency of Architecture, comisariada por Ethel Baraona (UIC Escuela de Arquitectura de Barcelona, abril 2017). Disponible en www.youtube.com/watch?v=mR79ojTW7-0.

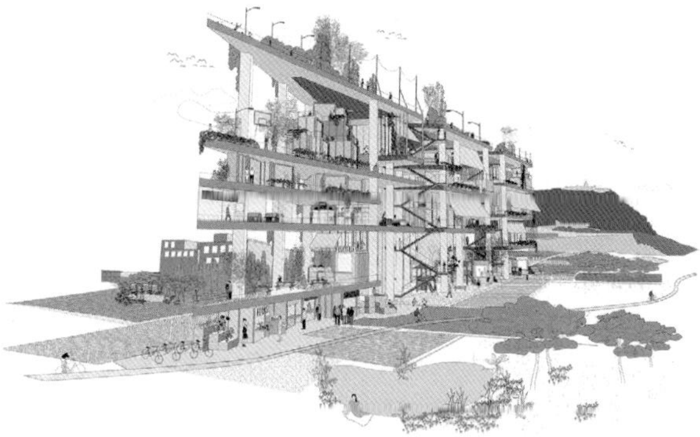

Langarita Navarro Architects. Figura 3. Image 3. Europan13 Barcelona. By LNA

referents, positions, or challenges surround you in this area that connects housing, city, and time?

LNA: We are interested in the material consistency of the world.[01] Our theory of 'the Bust and the Pelt' emphasises precisely the way this consistency conditions and impacts life.1 The set of dualities that emerges when differentiating organic and inorganic, hard and soft, short- and long-lasting allows us to confront the prejudices inherited in architecture and the way to address them both in construction, in academia, or in popular or the everyday contexts. This is why we are so critical with approaches where the infrastructural in architecture, aligning with the hard, prevails over the soft. There is nothing more infrastructural than a forest or an ocean and yet we continue to establish scales of value where the inorganic is always preeminent. To describe is to design. However, by favouring the lexicon of the 'Bust', we limit the possibilities of widening the field of work.

Both in the Europan competitions we have won, Barcelona (2015) or Alcoi (2017), and in the experimental housing project for *Manzana Verde* in Málaga (2016), we have worked on this dimension of time and energy invested. In these collective housing projects, we explored the possibilities of the 'Pelt' applied to everyday life. The coexistence of soft material consistencies helps synchronise the speed of change of buildings with their usual evolution. Most of the energy needed to transform a building is because in order to built them, what is used are extremely resistant systems built to last. We must design buildings that are equipped to change radically in a shorter space of time than those of long-term economic conventions. For example, that a part of the housing programme can become a shared sports space with minimal degradation of the energy invested in its construction.

EE: Cedric Price is one of the guest contributors in this book. Since the 60s, he has

01 For more on the concepts of "Bust & Pelt", see interview with María Langarita by Núria Moliner, The Agency of Architecture lecture series, directed by Ethel Baraona (UIC Barcelona School of Architecure, April 2017). Available at www.youtube.com/watch?v=mR79ojTW7-0.

posiciones y estrategias a veces heterodoxos respecto a la disciplina más convencional, otras maneras de entender el tiempo y el uso de la arquitectura. La vigencia de conceptos como flexibilidad, programa, cambio, identidad o durabilidad, seguramente se deba en parte al trabajo de personas como él. ¿De alguna manera os sentís afines a una filiación disciplinar conectada con Cedric? ¿Qué ingredientes o perspectivas, aparentemente no convencionales ni ortodoxas, os permiten trabajar hoy en contextos emergentes?

LNA: Cualquier aproximación a la arquitectura que trabaje con el tiempo nos interesa. Price entendió que dentro de la lógica arquitectónica también debían estar incorporados los procesos inversos. Entender la reversibilidad como herramienta activa del proyecto y no como hecho sobrevenido es un hallazgo que tuvimos al profundizar en la arquitectura de Price. El patrón habitual hasta la Revolución Industrial era que los edificios se reutilizaban y sólo desde entonces se extendió la práctica de demoler para volver a construir de cero. Sin embargo, no fue hasta los finales de los 60 cuando se empezó a tener en cuenta que la energía invertida en esa destrucción podía ser contemplada desde el origen en el diseño, podía formar parte de su genética. Pero frente a esa condición unitaria de lo edificado, en la que todo lo construido está sincronizado de forma homogénea, nos hemos dado cuenta de que la arquitectura está configurada por una estratificación de sistemas con diferentes resistencias al cambio. No se agotan en el mismo tiempo un baño o una cocina que una fachada o una estructura. Cada uno de ellos tiene unos ratios de actualización diversos. Y además, en la mayor parte de los casos, este agotamiento no tiene que ver con un agotamiento funcional, sino emocional. Es un agotamiento del entusiasmo en lo construido. Lo que nos interesa es coordinar con la vida esos desajustes que se producen en lo construido para que la energía invertida sea mínima y al mismo tiempo sus capacidades de evitar el hastío sean máximas. Aburrimiento-construcción son una causa efecto mucho más replicada que por ejemplo gotera-construcción.

AJ: Cedric Price es una referencia ineludible en esta discusión, pero creo que muy necesario celebrar sus logros y contribuciones, al mismo tiempo que entendemos también los conflictos que desde una perspectiva contemporánea presentan sus propuestas. Creo que las principales contribuciones de Price a la arquitectura fueron: por una lado, su militancia en explorar lo material como algo situado en la intersección de tejidos tecno-políticos existentes. En Price la elección de un cerramiento no depende de su preferencia por una estética o en una poética personalista, sino de la manera en que una solución material se inscribe y moviliza toda una serie de *aparatus* mundano (precio, disponibilidad, escala de fabricación, mantenimiento se convierten en elementos de discurso arquitectónico). Algo que nos parece obvio ahora, pero que en su momento era muy desafiante. Por otro lado, una aproximación constructivista a los procesos de percepción y aprendizaje colectivos (algo que sorprendentemente es poco conocida y que en mi opinión tiene una gran importancia). Algo que desarrolló por ejemplo en los diferentes proyectos del Festival de Sheffield. También fue pionero de plantear lo climático y lo atmosfético como una prioridad para la arquitectura.

been putting forward, with sometimes heterodox positions and strategies compared to those found in the more conventional discipline, other ways of understanding time and the use of architecture. The currency of concepts such as flexibility, programme, change, identity, or durability, is most probably partly due to the work of people like him. Do you feel any kind of affinity to a disciplinary bond with Cedric? What ingredients or perspectives, seemingly unconventional and unorthodox, allow you to work in emerging contexts today?

LNA: Any approach to architecture that works with time interests us. Price understood that the architectural rationale should also incorporate the inverse processes. Understanding reversibility as an active tool in the project and not as an event that simply comes about is one of the findings we uncovered when delving into Price's architecture. The usual pattern until the Industrial Revolution was that buildings were reused, and it was only from then onwards that the practice of demolishing to build again from scratch became widespread. However, it was not until the end of the 60s that people began to take into account that the energy invested in the destruction could be thought of from the beginning of the design, it could be part of its genetic code. Yet facing this unitary condition of the built environment, where everything built is synchronised homogeneously, we have realised that architecture is configured by a stratification of systems with varying resistance to change. A bathroom or kitchen does not wear out in the same timeframe as a façade or a structure. Each of them has different upgrading ratios. Also, in most cases, this wearing out has little to do with a functional breakdown, but rather an emotional one. It is the wearing out of enthusiasm over what is built. What interests us is to coordinate life with these imbalances that occur in the built environment so that the energy invested remains minimal, while also keeping its ability to avoid weariness to a maximum. Boredom–construction are a much more replicated cause–effect than for example leak-construction.

AJ: Cedric Price is an inevitable reference in this area, although I believe it is very important to celebrate his achievements and contributions while also understanding the conflicts that his proposals give rise to, from a contemporary perspective. I think that Price's main contributions to architecture were: on the one hand, his militant stance on exploring the material world as something located at the intersection of existing techno-political fabrics. In Price, the choice of a building's enclosure does not depend on his preference for a certain aesthetic or on personal poetics, but rather on the way in which a material solution both is inscribed, and mobilises, a whole everyday apparatus (price, availability, scale of fabrication, maintenance, etc. become elements of architectural discourse). Something that seems obvious today, but that at the time was quite provocative. On the other hand, a constructivist and material approach to the processes of collective perception and learning (something that is surprisingly unknown and that in my opinion is of great importance). Something he developed, for example, in the different projects for the Sheffield Festival. He was also a pioneer in understanding climate and atmosphere

Recordemos su proyecto para la calle 34 en Manhattan. Y por último, la capacidad de entender el diseño como una práctica de activismo. Sus posters, su interés por redefinir los encargos, su compromiso con numerosas asociaciones, su pedagogía, su militancia política son inseparables de sus decisiones de diseño. Esto es algo con lo que yo me siento muy identificado, y creo que es esta sintonía lo que hizo que Hans Ulrich Obrist nos invitase a exponer nuestro trabajo en la revisión que hizo de la obra de Price en el Pabellón de Suiza de la 14 Bienal de Venecia. Al mismo tiempo, creo que Price participó en la confusión que marcó la evolución del progresismo en los 60 y 70 en Europa. El valor que da a lo temporal en su trabajo, eludió prestar atención y problematizar las implicaciones que la obsolescencia programada tiene como herramienta de dominio y de inflación medioambiental. Su manifiesto contra la planificación y a favor de la flexibilidad toma un sentido muy diferente en el contexto del régimen neoliberal, que se estableció en los 70 por medio, entre otras cosas, de la desregularización del trabajo y del desmantelamiento de las instituciones del estado del bienestar europeas; que habían encontrado en la planificación una herramienta de justicia social.

Por este motivo, aunque entiendo a qué te refieres, yo no estoy de acuerdo con que el Price que circula sea tan contemporáneo, o no creo que lo sea de un manera inmediata. No creo que la capacidad para reinventar lo social que muchas de las ideas de Price tenían cuando fueron formuladas, extraídas de su contexto, como fórmulas disponibles, retengan por sí mismas esa capacidad de subversión. Creo que la capacidad de empoderamiento vecinal de Kentish Town que tenía el InterAction Center en los 80 dependía mucho de la existencia en el noroeste de Londres de un marco público y de unos tejidos asociativos vecinales que los procesos de gentrificación -derivados de la preponderancia que ha tomado en las últimas décadas el mercado inmobiliario en la evolución del medio construido-, el flexworking, la precarización de las clases medias y trabajadoras o fenómenos como la implantación de apartamentos turísticos. No creo que el Shed de Hudson Yards, que ha sido presentado como una reutilización de las ideas del Fun Palace, pueda acercarse a los efectos sociales que el InterAction Center tuvo. Esto lo hemos visto en nuestra propia experiencia. Nuestro proyecto de los Escaravox se conecta con la genealogía del InterAction Center, pero hemos tenido que desarrollar estrategias radicalmente diferentes a las de Price para que hayan podido estar en uso desde su construcción, y para evitar que fuesen privatizados o reapropiados como parte de la imagen corporativa de organizaciones empresariales, manteniendo el objetivo de estar a disposición de un público diverso, como aparatus de empoderamiento. En ningún momento podrían haber dependido de una fórmula de gestión vecinal, porque en barrios como Legazpi o Usera, sometidos a intensos procesos de gentrificación, que desplazan a su población más vulnerable y con una parte de su población no legalizada -para la que figurar como miembro de una asociación supone una situación de riesgo- las fórmulas de participación del InterAction Center habrían resultado excluyentes.

EE: En CoLaboratorio hemos operado en contextos postindustriales, planteando a los estudiantes el reto de actualizar fragmentos urbanos a través de conceptos o palabras claves como "ciudad mixta y compacta", "ecosistema", "autosuficiencia", "densidad", "conectividad", etc. En vuestra experiencia docente, seguramente han

as an architectural priority. Remember his project on 34th Street in Manhattan. Lastly, the ability to understand design as a activist practice. His posters, his interest in redefining commissions, his commitment to numerous associations, his pedagogy, his political militancy are all inseparable from his design decisions. This is something I identify strongly with, and I believe it was this common wavelength that led Hans Ulrich Obrist to invite us to exhibit our work in the review of Price's work he put on for the Swiss Pavilion at the 14th Venice Biennale. Nevertheless, I think Price took part in the confusion that marked the development of progressivism in Europe over the 60s and 70s. The value he placed on the temporary in his work, he avoided looking at and problematising the implications of programmed obsolescence as a tool of domination and environmental inflation. His manifesto against planning and in favour of flexibility takes on a very different sense in the context of the neoliberal regime, established in the 70s through, among other things, the deregulation of work and the dismantling of the institutions for the welfare state in Europe; which had found in planning a tool for social justice.

For this reason, although I understand what you are referring to, I cannot agree that the Price that circulates today is that contemporary, and do not think it is directly either. I doubt that Price's ideas —with the capacity to reinvent the social that many of them had when they were proposed— taken out of context, as available formulas, inherently retain that subversive nature. I believe that the capacity for community empowerment that the InterAction Centre had in Kentish Town in the 80s depended in great measure on the existence, in northeast London, of associational and community fabrics that gentrification processes —stemming from the prevalence of the property market in the development of the built environment—, flexible work, the growing precarity of the middle and working classes, or things like the proliferation of tourist flats. I do not believe that the Shed in Hudson Yards, which has been presented as a recycling of the ideas from Fun Palace, can come close to the social effects the InterAction Centre had. We have seen this in our own experience. Our Escaravox project is linked to the InterAction Centre genealogy, but we have had to develop radically different strategies to those used by Price in order to have them in use since their construction, and to avoid them being privatised or re-appropriated as part of the branding of business groups, maintaining their aim of being available to a diverse public, as apparatuses of empowerment. At no point could they have depended on a community management model, because in neighbourhoods like Legazpi or Usera, subjected to intense gentrification processes, which displace their most vulnerable population, and with parts of the community lacking legal status —for whom belonging to an association entails a risk—, the participation models of the InterAction Centre would have been exclusionary.

EE: In CoLaboratorio we have worked in post-industrial contexts, facing the students with the challenge of updating urban fragments through concepts or key words such as 'mixed and compact city', 'ecosystem', 'self-sufficiency', 'density', 'connectivity', etc. In our teaching experience, there has definitely been interest in approaching the existing city, the exhausted city or the city in conflict from

aparecido intereses por abordar la ciudad existente, la ciudad agotada o la ciudad en conflicto desde perspectivas especulativas, radicales y disciplinarmente no convencionales. ¿Qué potencial veis en la especulación y la simulación desde la academia, en la construcción de otras perspectivas no hegemónicas?

LNA: Nunca hemos compartido una práctica docente en cursos académicos convencionales, sin embargo, cuando hemos tenido la oportunidad de hacer un taller conjunto o nos han invitado a realizar investigaciones hemos tenido clara la necesidad de sustituir como objetivo el redescribir frente al inicial de intervenir. La especulación necesita de una lectura crítica de los entornos materiales, sociales, energéticos o económicos en los que va a trabajar y al mismo tiempo una acción creativa y radical para ecualizarlos de tal manera que nos permita llegar a situaciones de extrañamiento.

En Embodied Pelt (2015), nuestra intervención para Bienal de Arquitectura y Urbanismo de Shenzhen, practicamos un ejercicio similar. Invitados para hablar de los espacios de trabajo de la ciudad, nos dimos cuenta de que, más que de sus organizaciones espaciales o sus propiedades formales, debíamos hablar de la cultura de la eficiencia y de las políticas de mantenimiento de las oficinas. Eso nos llevó a desplazar nuestro interés hacia aquellas partes que de alguna forma quedaban al margen de esas políticas y eran activadas por el cuidado de los trabajadores. Extremar su presencia hasta invertir la jerarquía de la oficina fue un ejercicio revelador que nos ha permitido, en contextos profesionales como en las oficinas Daruan (2015), desmontar convenciones asumidas sobre los espacios de trabajo y repensar con libertad su funcionamiento.

AJ: Tanto en mi labor en la academia, como comisario, he tenido que abordar a menudo la discusión de la especulación, de la manera que la planteas en tu pregunta. En la exposición del Victoria and Albert Museum, "The Future Starts Here?", que mi oficina diseñó, intentamos alejarnos del cliché según el cual especular en arquitectura supone inevitablemente plantear escenarios de futuro. En el V&A, trabajamos sobre el presente, instalando en contextos cotidianos muy reconocibles las tensiones que diferentes coyunturas contemporáneas planteaban ya en estos momentos. Lo que pretendíamos era precisamente mostrar en qué medida participar críticamente en la producción del presente requiere que muchas personas (y no solo personas, también máquinas, infraestructuras o sistemas biológicos por citar solo algunos ejemplos) desarrollen labores especulativas. Comer críticamente, por ejemplo, requiere que pensemos en las implicaciones a escala territorial de las condiciones de producción o recolección de los componentes de lo que comemos. También pensar en los efectos que tendrá en nuestros organismos a escala celular. Creo que en la arquitectura de los 60, 70 y 80, la invención se buscaba por medio de especulaciones futuristas. El reto en estos momentos es cargar de realidad un presente que de otra manera quedaría desdibujado por el efecto de fantasías hegemónicas que están dirigidas a incrementar el consumo. Inyectar realismo crítico, es el principal objetivo de la arquitectura contemporánea.

speculative, radical, and unconventional perspectives. What potential do you see in speculation and simulation from academia, in the construction of other non-hegemonic perspectives?

LNA: We have never shared teaching experience in conventional academic courses, although, when we have had a chance to offer a shared workshop or they have invited us to carry out research, we have been clear on the need to exchange the aim of re-describing for the initial one of intervening. Speculation needs a critical reading of the material, social, energy, or economic environment within which the work will be carried out and, at the same time, a creative and radical action to balance them in such a way that they allow us to reach situations of estrangement.

In Embodied Pelt (2015), our intervention for the Bi-City Biennale of Urbanism/Architecture in Shenzhen, we carried out a similar exercise. Having been invited to talk about city work spaces, we realised that more than about their spatial organisation or their formal features, we had to talk about the culture of efficiency and office maintenance policies. This led us to refocus our attention on those parts that were somehow on the fringes of these policies and activated through the care of the workers. Taking their presence to the extreme, to the point of inverting the office hierarchy, was a revealing exercise that has allowed us, in professional contexts such as the Daruan offices (2015), to dismantle assumptions on the conventions of work space and rethink their working with more freedom.

AJ: Both in my work in academia and as a curator, I have often had to tackle the discussion around speculation, the way you pose it in your question. For the Victoria and Albert Museum exhibit 'The Future Starts Here?' that my office designed, we tried to distance ourselves from the cliché that says that speculating in architecture inevitably entails putting forward future scenarios. In the V&A, we worked on the present, using very relatable everyday contexts to introduce the tensions caused by different contemporary situations at present. Our intention was precisely to show how participating critically in the production of the present needs many people (and not only people, also machines, infrastructure, or biological systems to name just a few examples) to carry out speculative work. To eat critically, for example, requires us to think about the implications at a territorial scale of the production or harvesting conditions of the elements that make up what we eat. Also, to think about the effects it will have on our organisms on a cellular scale. I think that in the architecture of the 60s, 70s, and 80s, invention was sought through futurist speculations. The challenge right now is to inject reality into a present that otherwise would become blurred by the effects of hegemonic fantasies aimed at increasing consumption. Injecting critical realism is the main objective of contemporary architecture.

MiLL, SHoP, SHeD. Matrices Industriales para una Arquitectura

Diego García-Setién

No más simetría, proporciones y relaciones aceptadas a priori;
no más naturaleza concordante que arregla las formas arquitectónicas según sus leyes. Las masas se articulan de acuerdo a una regla impuesta por el trabajo que se desarrolla en su interior. Las formas se plasman en un proceso que es el mismo de la materia bruta que burbujea y se purifica en los altos hornos, se precipita en coladas incandescentes, circula por conductos tortuosos, se escurre bajo las laminadoras e hiladoras, y recibe por fin la impronta de una forma clara, exacta, matemática. La fábrica ya no es solamente un lugar donde se trabaja, sino un enorme instrumento, una máquina colosal en cuyo interior millares de hombres proceden según una inflexible disciplina: es la síntesis suprema de hombre y máquina, empeñados en el proceso racional que subyuga la materia al espíritu. [...] La nueva idea del espacio no se funda más sobre la intrínseca cualidad de elasticidad, de tensión, del impulso de los nuevos materiales, sino sobre la organización, la coherencia, la mecánica del trabajo humano. [...] El 'hacer' llega así a ser la condición de toda designación del espacio... el espacio que se da en el hacer se manifiesta en la dinámica del ritmo y en el crecer de la forma en una dirección indefinida, a lo largo de infinitas direcciones.

G.C. Argan (1983)[01]

El espacio industrial como matriz para el espacio cultural

La apología funcionalista de Argan sirve como pretexto para referirse a la impronta que la organización de procesos industriales tiene en el espacio y a su transferencia a la arquitectura. En la siderurgia se llama matriz al molde donde se vierte el material fundido. De manera ambivalente se refiere tanto a lo que moldea como a lo moldeado, al negativo y al positivo, al continente y al contenido. En su acepción matemática, una matriz está formada por un conjunto de elementos ordenados según leyes propias. Ambas acepciones ayudan a definir una matriz como modelo organizativo del espacio, que resulta de la integración de un proceso productivo y la estructura que lo soporta. Es una entidad abstracta pero precisa, moldeable pero ordenada, múltiple aunque individualizable, sencilla aunque sintetiza una realidad compleja.

Fruto de una investigación en torno a los espacios de la industria se definen 3 matrices: MiLL, SHoP, SHeD.[02] Tras una breve descripción de sus características, se hace un relato sobre sus ancestros sin ánimo de identificar un origen, sino de trazar su génesis desde la Revolución Industrial. Unos ejemplos ilustran después cómo se han transferido de sus principios organizativos a obras de arquitectura modernas, demostrando su vigencia durante un siglo, y revelando que estas arquitecturas son portadoras de valiosa información y de cultura técnica. Tomar conciencia de la profunda relación que existe entre industria y la arquitectura contribuye a resituar la 'Técnica' en el centro de la esfera cultural, de la que ésta ha sido desahuciada durante la Modernidad.

01 G.C. Argan. Walter Gropius y la Bauhaus (1983). Barcelona. 2ª ed. 1996. p. 37. El comentario se hacía con respecto a las fábricas que P. Behrens proyectó para AEG a principios de siglo.

02 D. García-Setién. 'TRANS-ARQUITECTURA. Imaginación, Invención e Individuación del Objeto Técnico Arquitectónico. Transferencia Tecnológica de la Industria del transporte al Proyecto Arquitectónico (1900-1973)'. Tesis doctoral, comenzada en 2005 y leída en 2016. Repositorio UPM. http://oa.upm.es/40504/

MiLL, SHoP, SHeD. Industrial Matrices for an Architecture

Diego García-Setién

No more symmetry, proportions and ratios as a given;
no more harmonious nature arranging architectural forms according to its own laws. Volumes are arranged according to a rule imposed by the work carried out within them. Forms materialise in a process much alike the raw material that bubbles and is refined in blast furnaces, poured into flaming casts, flowing along winding canals under laminators and spinning machines, and at last cast into a clear, precise, mathematical shape. The factory is no longer just a space to work, but rather an enormous tool, a colossal machine within which thousands of people produce following rigid discipline: it is the supreme synthesis of human and machine, committed to the rational process that subdues matter to spirit. [...] The new idea of space is based no longer on the intrinsic quality of elasticity, tension, the drive of new materials, but rather on the organisation, the coherence, and the mechanics of human labour. [...] The "doing" is thus the condition for all designations of space... the space that emerges from doing materialises in the dynamics of rhythm and the growth of the form along an undefined direction, along infinite directions.
G.C. Argan (1983) [01]

Industrial space as a matrix for cultural space

Argan's endorsement of functionalism serves as a excuse to discuss the impact that the organisation of industrial processes has on space and its transfer to architecture. In the steel industry, the mould or matrix is where the molten metal is poured and cast. Matrix moulding involves both the mould and the cast, the negative and the positive, the container and the content. In mathematics, a matrix is an array of elements organised according to its own particular set of rules. Both definitions help define a matrix as an organisational model of space, emerging from the integration of a productive process and the structure supporting it. It is an abstract yet precise notion; malleable yet ordered; multiple yet it can be individualised; simple despite it synthesising a complex reality. As a result of an investigation into industrial spaces, three matrices were defined: MiLL, SHoP, SHeD.[02]

Following a brief description of their different features there is a historical account of their predecessors, with no intention of identifying an origin, but rather tracing their geneses from the Industrial Revolution. Examples are used to illustrate how they have been transferred from their organisational principles to modern architectural works, demonstrating their relevance throughout the century and revealing their role as bearers of valuable information and technical knowledge. Becoming aware of the profound relationship between industry and architecture helps reposition 'Technique' at the centre of the cultural sphere, from where it was evicted during modernity.

01 G.C. Argan. Walter Gropius y la Bauhaus (1983). Barcelona. 2nd ed. 1996. p. 37. The comment was in reference to the factories P. Behrens designed for AEG at the beginning of the 20th century. Translated from Spanish for this publication. Author's emphasis.

02 D. García-Setién. 'TRANS-ARCHITECTURE. Imagination, invention and technical individuation of the architectural technical object. Technology transfer from the Transport Industry to Architectural Design [1900–1973]'. Doctoral thesis, started in 2005 and defended in 2016. UPM repository. http://oa.upm.es/40504/

MiLL: fábrica vertical

La matriz MiLL presenta el apilamiento de plantas libre iluminadas por su perímetro. Se caracteriza por el dominio de una dirección del espacio, pautada por soportes dispuestos en rangos de entre 5 y 12 metros. La superposición de sus plantas, de altura pequeña o moderada, permite extender la libertad a la tercera dimensión mediante la sección libre, aprovechando cortes en los forjados para conectar sus niveles, y permitir el paso de los procesos de producción.

Su ancestro directo es la fábrica textil de la Revolución industrial, conocida como mill en inglés (molino) por estar ubicadas sobre cursos de agua.[03] Solían ser edificaciones de varias plantas, con muros de carga perimetrales y entramado interior de madera. A finales del siglo XVIII la madera se sustituyó por hierro como medida de protección al fuego, como en el Philips & Lee Mill en Salford (1799) con 7 plantas soportadas por columnas huecas de fundición.[04] La máquina de vapor liberó a las tejedurías de la proximidad a los ríos. El término 'mill' trascendió a la máquina de vapor y a la electricidad, pues denominaba un sistema constructivo estándar, adoptándose incluso para la construcción de edificios públicos. A finales del siglo XIX, los *mills* se transformarán gracias al hormigón armado,[05] que ofrecía grandes ventajas mecánicas y por su comportamiento ante el fuego y estabilidad a la vibración. Los primeros ejemplos fueron simples sustituciones de un material por otro, como los almacenes Weed/McNear en California (1887) de E. Ransome,[06] pero la proliferación de patentes permitió evolucionar esta técnica constructiva en la construcción industrial, convirtiéndose en la preferida para la fábrica vertical. Su cualidad masiva permitía además aprovechar su inercia térmica para su acondicionamiento.

El edificio Nº10 para Packard (1905) de los hermanos Kahn es considerado el 'grado cero' de la arquitectura de hormigón,[07] y el primero para la naciente industria del automóvil en el siglo XX. Dejaba obsoletos los muros de carga y exhibía su entramado de pilares y vigas de hormigón dejando al cerramiento sin función portante. La llamada *daylight factory* o fábrica diáfana fue el modelo elegido por Ford para su fábrica de Detroit.[08] Sus 4 plantas diáfanas en dirección norte sur se dividían en 3 crujías de 260 metros de largo y 7 de ancho y eran servidas por 4 cuerpos adosados a la fachada este (conteniendo baños, escaleras, ascensores) para no interferir con la línea de producción. Esta matriz estructural sustentó la primera cadena móvil de montaje, que

03 Estas fábricas textiles se ubicaron sobre cursos de agua para la transmisión hidráulica de los 'telares de agua', patentados por R. Arkwright en 1769.

04 Estructura fabricada en la fundición de Boulton & Watt (inventor de la máquina de vapor) en el Soho de Londres. Fue de los primeros en contar con luz artificial por gas, producido en una edificación aneja. Las columnas huecas servían también como conductos del sistema de calefacción de la fábrica, por vapor de agua.

05 La invención del hormigón armado se atribuye a William Wilkinson, quien solicitó en 1854 la patente de un sistema con armaduras de hierro para "la mejora de la construcción de viviendas, almacenes y otros edificios resistentes al fuego". En 1855 Joseph-Louis Lambot publicó el libro *Les bétons agglomerés appliqués á l'art de construire* y patentó su sistema constructivo tras exponer una lancha de remos de hormigón armado con alambre, en la exposición mundial de París en 1854. François Coignet ideó en 1861 una aplicación estructural para techos, paredes, bóvedas y tubos. A su vez el francés Joseph Monier patentó varios métodos en la década de 1860.

06 Según R. Banham, el primer edificio industrial de hormigón armado de los EEUU. *A Concrete Atlantis*, MIT Press, 1986.

07 Los demás edificios de 2 plantas habían sido construidos según la construcción tipo mill con muros o pilares de ladrillo y viga de hierro.

08 N. Rappaport. *The Vertical Urban Factory*. ACTAR. Barcelona 2015.

MiLL: vertical factory

The MiLL matrix is the stacking of open-plan floors and sunlit around the perimeter. It has a marked spatial direction, paced by the supporting structure arranged in 5 to 12-metre sequences. The superposition of the floors, of low or moderate height, makes it possible to give more freedom to the third dimension through open cross-sections, using voids in the floor slabs to connect the different levels and giving access to the production processes.

Its direct precursor was the textile factory of the Industrial Revolution, known as mills because initially they were placed over watercourses in order to provide hydraulic transmission to the water frame, a spinning machine patented by R. Arkwright in 1769.[03] They were usually buildings with a number of floors, load bearing perimeter walls, and an inner timber framework. Towards the end of the eighteenth century, timber was replaced by iron for its fire-resistant properties, as in the Philips & Lee Mill in Salford (1799) with 7 stories supported by hollow round iron cast columns.[04] The steam engine allowed the mills to escape the riversides. However, the term 'mill' transcended the steam engine as well as electricity, becoming the name for a standard system of construction, even adapting to public buildings. At the end of the nineteenth century, mills were transformed by reinforced concrete,[05] offering massive mechanical advantages as well as its fire resistant properties and stability with vibration. The first examples were simple cases of swapping one material for the other, as in the Weed/McNear warehouse (1887)[06] by E. Ransome in California,but the proliferation of patents made it possible to evolve this industrial building technique, becoming the favourite for vertical factories. Its mass quality also provided increased thermal mass towards the heating of the building.

Packard's Building Number 10 (1905), by the Kahn brothers, is thought of as the 'zero degree' of reinforced-concrete architecture,[07] and the first for the emerging twentieth-century automotive industry. It rendered the load-bearing walls obsolete and displayed its framework of concrete pillars and beams, leaving the enclosure with no load-bearing role. The daylight factory or open-plan factory was the model chosen by Ford for his factory in Detroit.[08] Its four open-plan floors facing north–south were divided into three bays, 260 metres long and 7 wide, served by four volumes (toilets,

03 These textile factories were built next to watercourses in order to provide hydraulic transmission to the water frame, a spinning machine patented by R. Arkwright in 1769.

04 The structure was cast by Boulton & Watt Soho Foundry and Manufactury (inventors of the steam engine) in London. The building was one of the first to have artificial gas lighting, produced in an annexed building. The hollow columns also served as conducts for the building's heating system, using steam.

05 The invention of reinforced concrete is attributed to William Wilkinson, who in 1854 filed the patent for a system of steel armature for the "improvements in the construction of fire-proof dwellings, ware-houses, and other buildings". In 1855, Joseph-Louise Lambot published the book *Les bétons agglomerés appliqués á l'art de construire*, and claimed a patent on his construction method after exhibiting a wire-reinforced cement row boat at the Paris world fair in 1854. François Coignet came up with a structural application in 1861, for ceilings, walls, vaults, and pipes. Likewise, Joseph Monier successfully patented a number of methods over the 1860s.

06 According to R. Banham, it was the first reinforced-concrete industrial building in the USA. *A Concrete Atlantis*. MIT Press, 1986.

07 Other 2-storey buildings had been built following 'mill' construction techniques, with load-bearing walls or brick pillars and iron beams.

08 N. Rappaport. *The Vertical Urban Factory*. ACTAR. Barcelona, 2015.

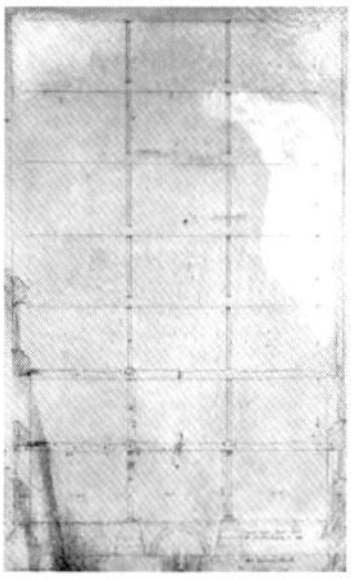

Figura 1. **Image 1. George Augustus Lee. Philips & Lee Mill. Salford. 1799-1801**
Figura 2. **Image 2. Albert Kahn. Ford Highland Park Plant, Detroit, 1908**

comenzaba en la planta superior con los materiales en bruto, que conforme descendían se transformaban en componentes y se ensamblaban hasta completar un Model T, que salía rodando en planta baja. Esta característica organización espacial, de plantas diáfanas superpuestas con los elementos servidores situados en su perímetro, fue pronto asumida como modelo por algunos arquitectos modernos. La Maison Domino (1914) o las viviendas de la Weissenhof en Stuttgart (1927) de Le Corbusier, la torre Philadelphia Savings Fund Society (1932) de Howe y Lescaze, o el Inland Steel (1957) de SOM, son algunos ejemplos de esa transferencia organizativa, desarrollada durante la Modernidad en ejemplos canónicos como La Rinascente (1957–61) de F. Albini en Roma, con sus escaleras, ascensores y conductos de aire acondicionado dispuestos en su perímetro, los Laboratorios Richards en Philadelphia (1959-65) de L. Kahn, que teje un sistema espacial más complejo con elementos servidores en torno a torres de planta diáfana. Finalmente el Lloyd's of London (1978–86), de R. Rogers es la obra que quizás ha llevado más lejos la transferencia del modelo de la matriz MiLL a arquitectura: con su estructura de plantas apiladas de hormigón armado, su atrio central, y escaleras mecánicas cruzando la sección, y los elementos servidores, de construcción más ligera y repartidos por su perímetro. En Lloyds la integración de instalaciones y estructura es otra prueba de cómo ha evolucionado este modelo desde el Philips & Lee Mill.

SHeD: fábrica horizontal

La matriz SHeD presenta una sola planta, libre, extensa, iluminada cenitalmente y ampliable en dos direcciones. Pautada por soportes dispuestos en retícula de 5-20m, que le confieren su característica isotropía que flexibiliza la organización de la producción. Su altura libre proporcional al objeto fabricado, permite el paso de puentes grúa para el movimiento de objetos. Puede incluir entreplantas donde alojar maquinaria, servicios, o instalaciones. Puede incluir aberturas en cubierta. En tal caso la cubierta presenta un característico perfil plegado que facilita la recogida de agua, la ventilación e iluminación natural. Sus dimensiones extensas en planta pero relativamente pequeñas en altura permiten un acondicionamiento térmico sencillo y económico.

Los talleres de telares mecánicos de la Revolución Industrial son el ancestro directo del SHeD. Habituales en las tejedurías desde 1827 como cuerpos de una sola planta con cubiertas en 'diente de sierra' (a 15º y 60º) orientados para recibir la luz indirecta del norte una iluminación selectiva que proporcionaba direccionalidad al interior Se resolvieron primero con estructuras ligeras de madera y luego de hierro, por la versatilidad que

stairways, lifts) attached to the east façade so as to not interfere with the production line. This structural matrix supported the first moving assembly line, starting on the top floor with raw materials, progressively transformed into components and assembled as they descended until completing a Model T, which left the building on its own wheels on ground level. This characteristic spatial organisation, of stacked open-plan floors with service elements on the perimeter was quickly taken as a model by a number of modern architects. The Dom-Ino House (1914) or the Weissenhof Estate in Stuttgart (1927) by Le Corbusier, the PSFS Building (1932) by Howe and Lescaze, or the Inland Steel Building (1957) by SOM, are some examples of this organisational transfer, then developed during modernity into canonical exemplars such as the department store La Rinascente in Rome (1957–61) by F. Albini, with its stairways, lifts, and air-conditioning ducts disposed around the perimeter; or the Richards Laboratories in Philadelphia (1959–65) by L. Kahn, who weaves a more complex spatial system with service elements around open-plan towers. Finally, it is the Lloyd's of London building (1978–86) by R. Rogers that perhaps most advanced the transfer of the MiLL matrix to architecture: with its reinforced concrete structure of stacked floors, its central atrium, the escalators across the cross-section, and the service elements, with a lighter structure and spread around the perimeter. In the Lloyd's building, the integration of installations and structure is an evidence of how this model evolved since the Philips & Lee Mill.

SHeD: horizontal factory

The SHeD matrix presents only one extensive open-plan floor, sunlit from above and extendable in two directions. It follows the supports, arranged on a 5 to 20-metre grid, which gives it its characteristic isotropy and offers flexibility for the organisation of production. Its clear height, relative to the object being produced, allows the use of gantries to move the objects within. It can include mezzanine floors to store machinery, services or installations. It can include openings in the roof. In this case, the roof shows a typical "folded" profile that helps rainwater collection, ventilation, and natural lighting. Its extensive size in plan, but relatively small in height, provide for simple and cost-effective thermal conditioning.

The power loom factories of the Industrial Revolution are the direct ancestors of the SHeD. The standard build for textile factories from 1827 as single-storey sheds with "saw-tooth" roofs (at 15 and 60º) facing north for an indirect light

Figura 3. Image 3. Howe & Lescaze. PSFS Building, Philadelphia, 1932;
SOM. Inland Steel Building, Chicago, 1957;
F. Albini. La Rinascente. Rome, 1957–61

ofrecían para futuras ampliaciones.[09] La matriz SHeD se utilizó durante el siglo XIX en otras industrias que fabricaban maquinaria de gran tamaño y peso, pues les convenía desarrollar los procesos en una gran superficie y al mismo nivel, con acceso directo a las vías de transporte. Al comienzo del siglo XX, tras concluir su fábrica vertical, Ford encargó a los Kahn un taller de motores, que se levantó como una transcripción literal al descrito por Perrigo en 1906, similar al que también proyectaron para Continental Motors.[10] Su planta se cubría con una cubierta en diente de sierra y utilizaba estructura metálica en retícula cuadrada. Una crujía central más ancha (17,3m) y alta dividía el taller en dos; la este quedaba subdividida además por otra crujía similar a la primera, ambas equipadas con puentes-grúa. Era la primera muestra del cambio de estrategia productiva de Ford, que pronto abandonaría la fabricación por gravedad, para apostar por edificios de una sola planta. El complejo de River Rouge materializaba el concepto de fabricación integral bajo un mismo techo. Los Kahn pudieron ensayar allí una alternativa a las cubiertas en diente de sierra: los *monitors*, lucernarios provistos de aberturas a dos lados, orientables en cualquier dirección. A diferencia de la orientación norte de los dientes de sierra, que provocaban alternancia de luz y sombra sobre las cadenas de montaje y obligaban a disponerlas siempre en una dirección, los *monitors* proporcionaban una iluminación más uniforme en el plano de trabajo, al provenir de dos orientaciones.[11] Un buen ejemplo de su aplicación es la Fábrica Vidrio de Rouge (1921), donde *monitors* de distintos tamaños se orientan según el proceso que cubren: norte-sur para cobijar batería de hornos y este-oeste para cubrir las líneas de enfriamiento, molienda y pulido. La sección extruida con bandas acristaladas de los *monitors* serían la seña de identidad de la obra industrial de Albert Kahn hasta el final de su carrera. Su oficina definió unos

09 Hasta 1835, los *mills* albergaron toda la secuencia de una tejeduría: cardado del algodón en plantas bajas y maquinaria para hilar y tejer en las superiores. Un solo hombre podía operar varios telares mecánicos, lo que llevó a construir fábricas con plantas con el doble de profundidad (50–60m). W. Fairbairn. *Treatise on Mills and Millwork. On Machinery of Transmission and the Construction and Arrangement of Mills*, 1865.

10 El ingeniero Oscar Perrigo calificaba en 1906 las cubiertas en diente de sierra como "la más novedosa forma de cubierta", al ser su objetivo "asegurar la más perfecta y equitativa iluminación posible sobre toda la superficie, independientemente de que el edificio sea grande o pequeño". Hasta su aparición, no había sido posible construir edificios de esa profundidad. O. E. Perrigo, Modern machine shop: *Construction, Equipment and Management of Machines Shops.* Norman W. Henley Publishing Co. New York, 1906. p. 54.

11 En 1938, G. Nelson declaraba que la iluminación indirecta orientada a norte había sido prácticamente abandonada, excepto en industrias especiales como la textil, pese a haber sido ampliamente utilizada. Un esquema mostraba al operario o a la propia máquina arrojando sombra sobre sí misma, y otro mostraba la curva de intensidad lumínica (candelas) de un taller iluminado con *monitors* a este y oeste. G. Nelson. *Industrial Architecture of A. Kahn Inc.* Architectural Book Publishing Company. New York, 193[illegible] p. 72.

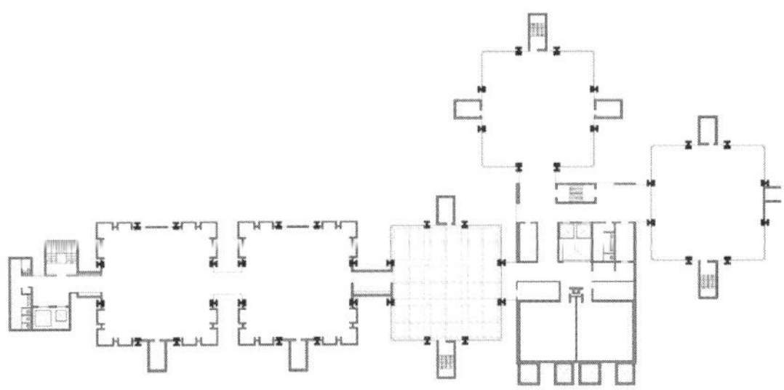

Figura 4. Image 4. L. Kahn. Richards Laboratories, Philadelphia. 1959–65.

source, a selective lighting that gave a direction to the interior.[09] They were initially constructed with light timber structures and later with iron, given the versatility they offered for future expansions. The SHeD matrix was used over the nineteenth century in other industries that produced large-scale heavy machinery, as it was convenient to carry out the process over a large area on the same level, with direct access to the transport network. At the beginning of the twentieth century, after finishing his vertical factory, Ford commissioned the Kahn brothers with an engine factory, built as a literal transcription of Perrigo's description in 1906, and similar to the one they also designed for Continental Motors.[10] The floor plan was covered by a saw-tooth roof and used a metal structure following a square grid pattern. A wider (17.3m) and higher central bay divided the space into two; the east side was subdivided again by another similar bay to the main one, both equipped with gantries. It was the first display of Ford's change in production strategy, soon to abandon 'gravity manufacturing' to focus on single-storey buildings. The River Rouge complex materialised the concept of complete manufacturing under one roof. The Kahn brothers were able to trial an alternative to saw-tooth roofs: monitors, raised structures with side windows on two sides, able to face any direction. In contrast to the north-facing "teeth" of serrated roofs, which created alternate areas of light and shade over the assembly lines that meant they were always had to be arranged in a single direction, the monitors provided more uniform lighting over the work areas as the light entered from two directions.[11] A good example of its application is the Rouge Glass Plant (1921), where different sized monitors were arranged in different directions depending on the process below: north-south above the oven battery and east-west to cover the cooling, grinding, and polishing lines. The cross-section with extruding glass-paned monitors

09 Until 1835, the textile mills housed the whole manufacturing process: cleaning and carding on the lower floors, and spinning and weaving on the upper levels. A single worker could work a number of mechanical looms, which led to building factories with floors twice as deep (50–60m). W. Fairbairn. *Treatise on Mills and Millwork. On Machinery of Transmission and the Construction and Arrangement of Mills*. Longmans, Green and Company, 1865.

10 In 1906, the engineer Oscar Perrigo described the saw-tooth roof as "one of the most important advances in the design of machine shops and manufacturing buildings [...] the principal object being to secure as perfect and equal illumination as possible over the entire floor, whether the buildings are large or small". Until then, buildings with that kind of depth were not an option. O. E. Perrigo. Modern Machine Shop: *Construction, Equipment and Management of Machines Shops.* Norman W Henley Publishing Co. New York, 1906, p. 54.

11 In 1938, G. Nelson declared that indirect north-facing lighting had been practically abandoned, except for special industries like the textile, despite having been widely used. A diagram showed the worker and the machine itself shading themselves, and another illustrated the light intensity distribution curve (tapering) of a workshop with east–west-facing monitors. G. Nelson. *Industrial Architecture of A. Kahn Inc.* Architectural Book Publishing Company, New York, 1938, p. 72.

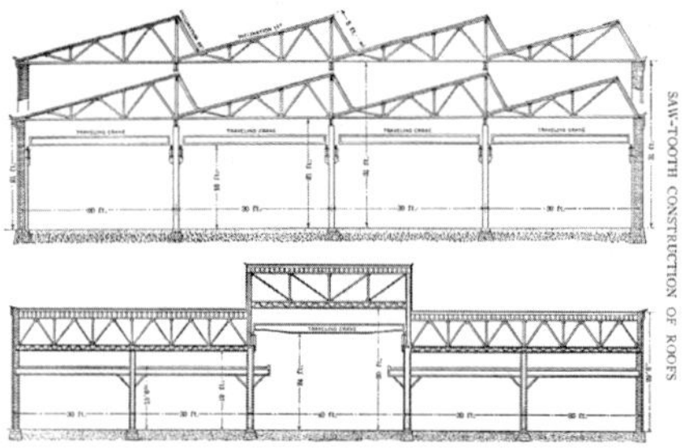

Figura 5. **Image 5.**
O. Perrigo. Saw-tooth roof solutions, 1906;
Figura 6. **Image 6.**
Continental Motors, Detroit. 1911;
Figura 7. **Image 7.**
Ford River Rouge, 1917-32. ca. 1930

estándares que se aplicaban como fórmula a las construcciones industriales: "la distancia entre columnas para edificios de una planta debería estar en el rango de 25 a 40 pies (7,6–12,2m) [...] con una altura libre de 14 pies (4,3m) hasta la cara inferior de las cerchas de cubierta".[12] La fábrica de carrocerías de automóvil Chevrolet en Indianápolis (1935) respondía literalmente a dicha fórmula.

Aunque algunos arquitectos exploraron las ventajas de la 'planta libre' (Le Corbusier) o del 'espacio universal' (Mies van der Rohe), no recurrieron a esta matriz como modelo para la arquitectura, hasta el final de la Segunda Guerra Mundial, una vez asimilados los cambios en la arquitectura industrial. Durante la contienda surgieron las *blackout factories*,[13] fábricas herméticas de una sola planta que contaban con climatización e iluminación artificial integradas con la estructura de la cubierta. La evolución de los equipamientos hizo que las aberturas en cubierta pasasen a un segundo plano, redefiniendo el SHeD, que conservaba sus propiedades de planta libre y profunda, acondicionada y equipada desde la cubierta. Reyner Banham acuñó en los 60 el término "well-serviced shed" para referirse a las arquitecturas resultado de esta nueva transferencia, y que incluían el sistema SCSD para escuelas del sur de California de E. Ehrenkrantz, o las plantas para la nueva industria informática Reliance Controls (1967) de R. Rogers y N. Foster, o la oficina piloto para IBM (1970) de N. Foster. Las nuevas características de esta matriz dieron lugar a propuestas radicales como la No-Stop City (1970) de Archizoom, en la que se usaba la matriz SHeD para definir sus plantas libres y homogéneas, acondicionadas artificialmente desde suelo y techo, pero en la que se reconocía también la matriz MiLL, con sus plantas idénticas apiladas.[14]

La matriz original, con cubiertas en diente de sierra, o variantes de ellas, fue recuperada tras la crisis energética por los arquitectos, al identificar en ellas unas características idóneas para espacios culturales como la Biblioteca municipal de Michigan (1974) de H. Jahn, el Konsthall de Malmo (1975) de Klas Anshelm, o el Museo Menil en Houston (1983) de R. Piano, todos ellos espacios en los que la luz natural tiene gran importancia. Otros edificios públicos como el aeropuerto de Stansted (1986) de

12 Moritz Kahn explicaba en 1929 que "en edificios utilizados como plantas de ensamblaje de motores o la manufactura de carrocerías, partes mecánicas o máquinas-herramienta... el arquitecto sólo necesita familiarizarse con el método general de fabricación y el edificio no necesita ser proyectado para ninguna instalación o equipamiento particular." *Architectural Forum*, 173 Nº 6, diciembre 1940.

13 El hermetismo les proporcionaba invisibilidad ante los bombardeos nocturnos.

14 Publicado en 1970 como *Città catena di montaggio del sociale. Ideologia e teoria della metropoli*, en clara alusión al proceso producción industrial como desencadenante del proyecto de la ciudad continua.

would become the hallmark of Kahn's industrial work until the end of his career. His office defined standards which were applied as a formula for industrial builds: "the distance between columns for one-storey buildings should be in the range of 25' to 40' (7.6–12.2m) [...] with a clear height of 14' (4.3m) to the underside of the trusses and roof".[12] The Chevrolet bodywork factory in Indianapolis (1935) is a literal response to this formula.

Although some architects explored the advantages of the 'open plan' (Le Corbusier) or the 'universal space' (Mies van der Rohe), they did not rely on this matrix as an architectural model until the end of the Second World War, once the changes in industrial architecture had been assimilated. The armed conflict gave rise to blackout factories,[13] blacked-out single-storey factories with artificial lighting and air-conditioning integrated in the roof. The evolution of this kind of building equipment meant the roof openings faded away, redefining the SHeD with its features of an open and deep plan, and conditioned and equipped from the roof. In the 60s, Reyner Banham used the term "well-serviced shed" to refer to the architectures that resulted from this new transfer, including the Schools Construction System Development (SCSD) by E. Ehrenkrantz for Southern Californian schools, or the plants for the new computer industry Reliance Controls (1967) by R. Rogers and N. Foster, or the pilot offices for IBM (1970) by N. Foster. The new features of this matrix gave rise to radical proposals such as the No-Stop City (1970) by Archizoom, where they used the SHeD matrix to define the homogeneous open-plans, artificially conditioned via ceilings and floors, but where the MiLL matrix is also recognisable in the stacking of its identical floors.[14]

The original matrix, with saw-tooth roofs or similar, was recovered by architects after the energy crisis when they recognised its ideal characteristics for cultural spaces such as the Michigan City Public Library (1974) by H. Jahn, the Malmö Konsthall (1975) by Klass Anshelm, or the Menil Collection in Houston (1983) by R. Piano, all of which give natural lighting key importance. Other public buildings

12 In 1929, Moritz Kahn explained that "in buildings used as motor assembly plants or for bodywork manufacturing, mechanicals parts or machine-tools... the architect only needs to become familiar with the general manufacturing method and the building does not need to be designed for any specific installation or equipment in particular. *Architectural Forum*, 173, n.6, December, 1940. Translated from Spanish for this publication.

13 The blacking-out of buildings was to provide invisibility during the night bombing raids.

14 Published in 1970 as 'Città catena di montaggio del sociale. Ideologia e teoria della metropoli', a clear reference to industrial production processes as a trigger for the no-stop city project.

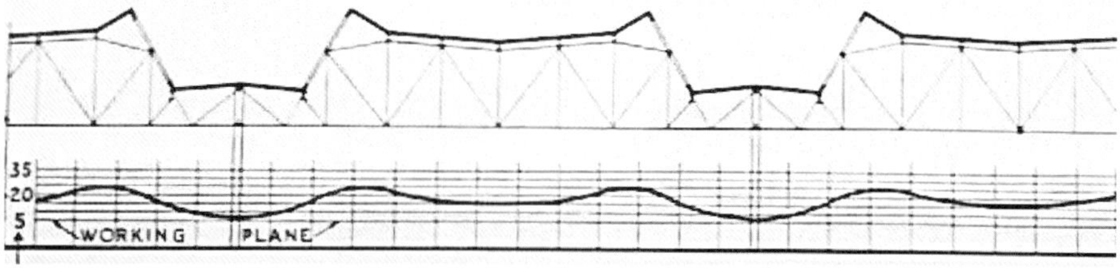

N. Foster encontraron en el SHeD un modelo de organización espacial y constructivo, e impulsaban su evolución de la matriz, gracias a soluciones como los *utility pillars* integradores de sistemas.

SHoP: fábrica mecánica

La matriz SHoP es compacta y ampliable y se caracteriza por alternar crujías paralelas de distinto ancho y altura, con una marcada direccionalidad. Las crujías más anchas y altas (*bays*) cuentan con un solo nivel y están flanqueadas por las más estrechas (*aisles*), que pueden contar con más niveles. Puede crecer ilimitadamente por extrusión en la dirección dominante, y por repetición en la otra dirección manteniendo la alternancia. Las *bays* altas se iluminan cenitalmente por cubierta o fachada, mientras que las *aisles* sacrifican esta posibilidad si no pueden acceder al exterior, albergando circulaciones, almacenamiento o instalaciones, o usos administrativos y de servicio a las crujías mayores. Éstas están equipadas con puentes-grúa para el ensamblaje de maquinaria y sus vanos son dimensiones moderadas o grandes (7 a 100m), que requieren estructuras ligeras. En ocasiones estas estructuras no se cierran exponiendo así su estructura y la del objeto fabricado (por ejemplo, el astillero de Harland & Wolff).

Su ancestro directo es el *machine shop*, surgido durante la Segunda Revolución Industrial debido al aumento de tamaño y peso de la maquinaria. En ellos se mecanizaba herramientas y se ensamblaban máquinas. Eran concebidos como estructuras temporale potencialmente ampliables, transformables e incluso desmontables, por lo que predominan las estructuras metálicas y una organización espacial muy estandarizada. Un ejemplo temprano es Stephenson Works (1823) que contaba con una estructura mixta de pilares de fundición y vigas de hierro forjado, formando cuatro crujías de la misma altura (dos forjadas con oficinas arriba y pequeña manufactura abajo y dos para talleres de calderería), cubiertas a dos aguas sobre cerchas de madera *'king post'* con lucernario corrido en cada faldón. El *machine shop* se extendió como un estándar de organización espacial a todo tipo de industrias desde mediados del siglo XIX, y también a la arquitectura gracias a un nuevo programa derivado de la industria: las Exposiciones Industriales. Al *Crystal Palace* de Londres (1851) le siguieron otros ejemplos como el *Glaspalast* de Munich (1854), o la *Galerie des Machines* de Dutert y Contamin, por cuya nave central discurría un puente grúa que permitía transportar a los visitantes sobre una

Figura 8. Image 8.
G. Nelson. Light intensity diagrams under the monitors at Chevrolet.
Figura 9 . Image 9
A. Kahn. Chevrolet Motor Division. Indianapolis, 1935

such as London Stansted Airport (1986) by N. Foster found a spatial and constructive model in the SHeD matrix, driving its evolution with solutions like the 'utility pillars' to integrate systems.

SHoP: mechanical factory

The SHoP matrix is compact and extendable and is characterised by alternating parallel bays of different widths and heights, with a marked directionality. The wider and higher bays are single-level areas flanked by the narrower aisles, which can have more than one level. It can grow indefinitely by extrusion along the dominant direction, and by repetition maintaining the alternating sequence in the other direction. The lighting for the higher bays comes from above via windows on the façades or skylights on the roof, while the aisles sacrifice this option unless on the exterior, being used instead for circulations, storage, installations, or administrative or service uses for the larger bays. These are equipped with gantries for the assembly of machinery with moderate or large spans (7 to 100 metres) requiring light structures. Occasionally, these structures are left open, revealing their own structure and that of the manufactured object (for example, the Harland & Wolff shipyard).

Its closest relative is the machine shop, arising during the Second Industrial Revolution due to the increasing size and weight of machinery. They were used to mechanise tools and assemble machines, conceived as temporary structures with the potential to be expanded, transformed, and even disassembled, leading to the predominant use of metal structures and a highly standardised spatial organisation. An early example is Stephenson Works (1823), which had a mixed structure of cast iron pillars and wrought iron beams forming four bays of equal height (two floors with offices above and small-scale manufacturing below and two for the boiler engine workshops), covered by a gable roof with a timber king post truss and a continuous skylight on each roof section. The machine shop became a widespread standard of spatial organisation for all kinds of industries from mid-nineteenth century, as well as for architecture thanks to a new programme stemming from the industry: the Industrial Expositions. The London Crystal Palace (1851) was followed by others such as the *Glaspalast* in Munich (1854) or the *Galerie des Machines* by Dutert and Contamin, whose central bay had a gantry to transport the visitors on a raised

Figura 10. Image 10.
Crystal Palace. London, 1851.

plataforma.[15] En todos estos casos, encontramos una sección extruida y una alternancia de crujías anchas y altas y crujías estrechas multiplanta. Al inicio del siglo XX este sistema de organización espacial se podía encontrar también en las fábricas de los grandes vehículos modernos: dirigibles, trasatlánticos y aviones. Algunos arquitectos vieron en ellas un modelo para la arquitectura de uso público, como M. Lods y E. Beaudoin en la Maison du Peuple de Clichy (1935), edificio de usos múltiples de 2 plantas que funciona como mercado cubierto por la mañana y como sala de fiestas y actividades culturales por la tarde. Su espacio central reconfigurable, flanqueado por sendas crujías estrechas era deudor del conocimiento de los hangares y de sus cerramientos móviles; o como C. Price y el Fun Palace (1963) inspirado de manera directa por el Arrol Gantry del astillero de Harland & Wolff,[16] o el Sainsbury Centre for Visual Arts en Norwich (1974-76), de Norman Foster, con una bay de 40m de anchura y 10 de altura flanqueada por aisles que le dan servicio, albergando instalaciones, servicios, almacenaje, o habitaciones más pequeñas en sus 2,5m de ancho. La referencia a los hangares de dirigibles es reconocida y evidente.

Síntesis e invención

Si hay una obra que recoge toda una tradición moderna de transferencias tecnológicas desde la industria a la arquitectura, es el C.G. Pompidou de París de R. Rogers y R. Piano (1971-77). En el CGP encontramos las 3 matrices estudiadas integradas en una misma estructura: reconocemos el MiLL, en sus 6 plantas diáfanas superpuestas y en los sistemas de circulación (de energía y personas) distribuidos por el perímetro; identificamos el SHeD, caracterizado por la gran flexibilidad de plantas de 50m de profundidad y acondicionadas desde el techo; y finalmente descubrimos el SHoP, con su característico bay central de gran luz servido por sendas crujías (aisles) menores. El Centro Georges Pompidou es una matriz de matrices que sintetiza tres modelos de organización espacial, portando consigo una tecnicidad —información técnica esencial— que sintetiza toda una genética de los conjuntos técnicos industriales modernos. Resultado del ensamblaje de organizaciones espaciales industriales, sistemas, estructuras, y materiales técnicos, esta obra constituyó una verdadera invención para la historia de la arquitectura moderna antes de la primera gran crisis energética.

15 La Galería de Máquinas de la Exposición de París de 1878, de Henri de Dion, fue reutilizada para construir el Hangar Y, la primera fábrica de dirigibles, donde se construyó La France, de C. Renard y A.C. Krebs en 1884. Esta estructura de pórticos en celosía con contrafuertes laterales se convertiría en un modelo para la construcción de hangares de dirigibles.

16 En 1963 Cedric Price recurría explícitamente a la idea de un "astillero mecanizado" para el proyecto del Fun Palace de Londres.

Figura 11. **Image 11**
Airship hangar. Friedrichshafen,1909.

platform.[15] All these cases have a extruded section and bays that alternate between high and wide ones and narrow multi-storey ones. At the beginning of the twentieth century, this kind of spatial organisation could also be found in the factories building large-scale modern vehicles: blimps, ocean liners, and planes. Some architects saw it as a model for public architecture: M. Lods and E. Beaudoin's Maison du Peuple in Clichy (1935), a two-storey multi-purpose building that functioned as a covered market in the morning and a cultural and events hall in the afternoon. Its central reconfigurable space, flanked on each side by narrow bays is an inheritance from hangars and their mobile enclosure systems; C. Price and the Fun Palace (1963), directly inspired by the Arrol Gantry complex at Harland & Wolff;[16] or, the Sainsbury Centre for Visual Arts in Norwich (1974–76) by N. Foster, with a 40-metre-wide bay, 10 metres high, with aisles at the sides providing services, housing installations, storage, or smaller rooms in its 2.5-metre width. The reference to blimp hangars here is recognised and evident.

Synthesis and invention

If there is a work of architecture compiles an entire modern tradition of technological transfers from industry to architecture, it is the Centre Georges Pompidou in Paris by R. Rogers and R. Piano (1971–77). The CGP integrates the three matrices studied in the one structure: it displays the MiLL in the stacking of its six open-plan floors and the circulation systems (for energy and people) distributed around the perimeter; the SHeD can also be identified by the great flexibility of its 50-metre-deep plans serviced from the ceiling; and lastly, the SHoP is found in its characteristic wide-span central bay serviced by two smaller aisles. The Centre Georges Pompidou is a matrix of matrices that synthesises the whole genetics of modern industrial complexes. The result of assembling industrial models of spatial organisation, systems, structures, and technical materials this work was a real invention for the history of modern architecture before the first great energy crisis.

15 The Gallery of Machines for the 1887 Paris Exposition, by Henri de Dion, was reused to build the Hangar Y, the first airship factory where C. Renard and A.C. Krebs built La France in 1884. This truss portico structure with buttresses would become a model for the construction of airship hangars.

16 In 1963, Cedric Price explicitly used the idea of a "mechanised shipyard" for the Fun Palace project in London.

Detroit

Ensamblajes. Arquitecturas Industriales
Assemblies. Industrial Architectures

Sistemas Industriales. Ciudad industrial continua a partir de arquitecturas industriales del s. XX. Des-montaje, re-ensamblaje, sistematización y trama

Begoña de Abajo

La arquitectura industrial que se desarrolló durante la Modernidad, representa un importante y valioso capítulo de la historia de la arquitectura. En la propuesta pedagógica sobre sistemas industriales se partió de una selección de casos de estudio canónicos propios de dicho contexto. A partir de los casos y de su análisis, los estudiantes identificaron elementos y lógicas de ensamblaje con las cuales trabajar a lo largo del curso, para generar propuestas de tejido urbano extensible y crecimiento ilimitado. Entre los casos seleccionados se encontraban algunas de las fábricas de Albert Kahn construidas entre 1900 y 1940, las fábricas para Olivetti de Marco Zanuso de los años 50, arquitectura más local como la de Miguel Fisac o incluso la obra desarrollada por arquitectos como Norman Foster, Renzo Piano, Richard Rogers o Nicholas Grimshaw, en la cual la lógica industrial se implementaba no solo en fábricas y almacenes, sino que trascendía el propio encargo de la industria y se aplicaba en museos y otros edificios de uso cultural, programas logísticos o nuevos espacios demandados por la sociedad global contemporánea. Las propuestas arquitectónicas de los estudiantes se entendieron desde un principio como infraestructuras urbanas equipadas, con el objetivo de generar nuevos modelos de ciudad compacta, mixta y densa.

Se repartió para ello un caso de estudio por alumno y se inició el ejercicio con el desmontaje, análisis, inventariado y catalogación de sus componentes. Posteriormente, mediante el modelo digital en 3D del caso correspondiente, fue posible elaborar una base de datos compartida a modo de repositorio con todos los componentes identificados. Cada alumno podía hacer uso libre de los mismos, re-ensamblándolos y modificando sus características, pero atendiendo al ADN propio del sistema que le había sido asignado. A lo largo del curso se fueron introduciendo progresivamente nuevos condicionantes a modo de 'inputs' externos, que superponían capas de complejidad al desarrollo del proyecto. Esos 'inputs', que implicaban la modificación de la organización del sistema, tenían que ver con el crecimiento expansivo de la trama generada, su densidad y la tipología resultante.

Metodológicamente se trabajaron tres cuestiones importantes:

1. Desensamblaje y re-ensamblaje: Para comprender el sistema y la lógica de cada caso, los alumnos identificaron el módulo mínimo y las partes de las cuales estaba formado, así como las reglas y lógicas de unión entre ellas. Con todo ello se elaboró el repositorio compartido de componentes.

2. Sistematización: El posterior re-ensamblaje de los componentes extraídos de los edificios industriales respondió a lógicas de modulación, seriación y variación heredadas de los mismos. Las tramas generadas reflejaban parte de la genética de los originales, en un principio abstraídas de posibles condiciones de borde y programa, para potenciar así infraestructuras extensibles, ubicadas en un clima y orientación determinadas.

3. Trama urbana: Por último, se ensayaron diferentes ocupaciones y densidades, descubriendo su impacto en el sistema y en la trama expansiva resultantes. La capacidad de adaptación de los tejidos generados y su puesta en carga con programas específicos en busca de una ciudad mixta permitió reflexionar sobre las posibilidades de regeneración de

Industrial systems. Continuous industrial city from 20th century industrial architectures. Disassembly, reassembly, systematisation and fabric

Begoña de Abajo

The industrial architecture developed during Modernism represents an important and valuable chapter in the history of architecture. The starting point of the pedagogical proposal about industrial systems was the analysis of a list of canonical case studies from that context. From them, the students identified the elements and assemblage logics on the basis that they were used to generate an extensible fabric of unlimited growth at an urban scale. Among the cases chosen were some of the factories Albert Kahn built between 1900 and 1940, Marco Zanuso's factories for Olivetti from the 1950s, local architecture like that of Miguel Fisac, or even works developed by architects like Norman Foster, Renzo Piano, Richard Rogers, or Nicholas Grimshaw, where the industrial reasoning was not only applied in factories and warehouses, but transcended the industrial project itself and was used in museums and other cultural buildings, logistic programmes, or new spaces required by contemporary global societies. The work developed by the students was understood as urban infrastructures with the aim of generating new models of compact, mixed, dense city.

For this purpose, each student was given a case study and the exercise began with the disassembly, analysis, inventory, and cataloguing of its components. After this, from the 3D digital model of the corresponding case, it was possible to create a shared database as a kind of repository with the collection of components identified Each student was free to use this repository's available components, reassembling them and modifying their features, but taking into account their system's own DNA. A series of requirements were gradually introduced throughout the course as external 'inputs', overlapping layers of complexity for the development of each project. The new assemblages had to meet these inputs, which involved the modification of the organisation within the system, had to do with the expansive growth of the generated fabric, its density, and the resulting typology.

The methodology focused on three important questions:

1. Disassembly and reassembly: In order to understand the system and the logic of each case, the students identified its minimal module and the parts it was composed of, as well as the rules and logics that bound them together. The result of this was used to generate the shared repository of components.

2. Systematization: The later reassembly of the components extracted from the industrial buildings responded to the logics of modulation, serialisation, and variation inherited from the original building. The grids and fabrics generated reflected part of the original's genetic code. At first they were abstracted from the potential programme and border conditions in order to boost extensible infrastructures, located in a specific climate and orientation.

3. Urban fabric: Lastly, different occupations and densities were trialled, discovering their impact on the system and the resulting expansive grids. The adaptation capacity of the generated fabrics and their loading with specific programmes in search of a mixed city allowed the group to reflect on the possibilities of regenerating modern

tejidos industriales modernos, y su capacidad para servir como soporte fundacional de una potencial ciudad contemporánea.

En concreto, durante el primer curso los alumnos trabajaron sobre un píxel abstracto de 100x100, extensible en todas las direcciones. A partir de las tramas generadas, se aumentó la densidad mediante la introducción de otros sistemas extraídos de nuevos casos de estudio, más propios de una escala menor de vivienda (relleno). El resultado de este primer curso fue un tapiz de píxeles cuadrados que podía crecer indefinidamente.

Posteriormente, los alumnos del curso siguiente heredaron estos píxeles con el reto de conectarlos entre ellos. Se pasó de la bidireccionalidad al crecimiento lineal. En este nuevo ejercicio la repetición dio paso a la singularidad y a la variación. El estudio de las métricas de cada sistema, la identificación de puntos en común y el reto de alcanzar una densidad determinada provocó la aparición de nuevas tipologías. Cada alumno estudió las posibilidades del sistema heredado en función del tamaño del píxel conector con el cual trabajaba (que podía variar de 30m de ancho -alta densidad- a 180 -baja densidad-, y cómo esta variable condicionaba el ensamblaje final de las piezas. El resultado del nuevo curso fue una ciudad lineal que podría llegar a cerrarse a modo de cinta de moebius.

Los objetivos principales de esta metodología persiguen la comprensión del proyecto como una suma de partes, y no como un conjunto cerrado e inalterable. El identificar las lógicas internas de los casos de estudio seleccionados, permite establecer un tablero de juego inicial sobre el cual empezar a proyectar. Por último, se trata de desarrollar la capacidad de proyectar desde cuestiones técnicas, lógicas de eficiencia, modularidad, organización, sistematización y funcionalidad. Los desmontajes y nuevos ensamblajes se documentaron mediante el uso de formatos propios del contexto de los objetos técnicos: axonometrías explotadas en componentes y catálogos. En este caso el catálogo no fue solo el documento resultante sino la herramienta inicial con la cual empezar a proyectar. El conjunto de componentes provenientes de proyectos singulares recogidos en el repositorio de partes intercambiables, dio lugar a resultados especialmente interesantes de clonación, variación, y 'hackeo'. Otro formato especialmente útil fue la axonometría de la unidad mínima del sistema proyectado. Este documento obligaba a los estudiantes a entender su propuesta de manera sistemática, a identificar las repeticiones y variaciones de dicho sistema y a descubrir el potencial de las arquitecturas con las que estaban trabajando.

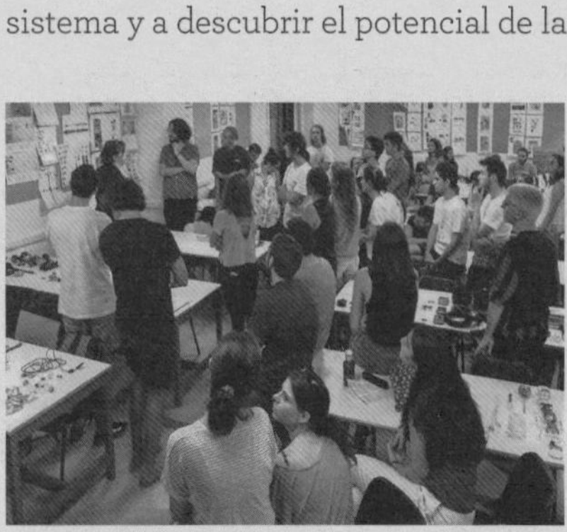

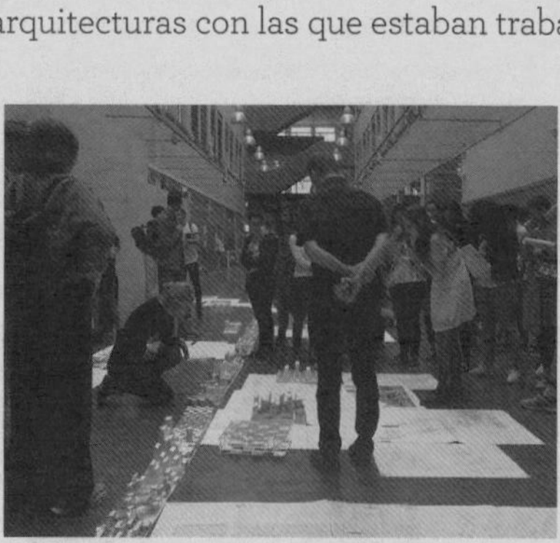

Izquierda: Otoño. Sesión de desmontaje. Inicio de curso / Left: Autumn. Dissasembling lesson. Course start
Derecha: Primavera. Jury final de curso. ETSAM / Right: Spring. Final Jury. ETSAM

industrial fabrics and their potential to serve as a foundational basis for a prospective contemporary city.

Specifically, during the first semester, the students worked on an abstract 100 by 100 pixel unit, extensible in all directions. With the generated grids, the density was increased by introducing other systems extracted from new case studies, more typical of smaller scales like housing (infill). The result of this first course was a patchwork of square pixels that could grow indefinitely.

After that, the students from the next semester inherited these pixels and faced the challenge of creating connections between them. From two-way to linear growth, in this new exercise, repetition gave way to singularity and variation. The study of each system's metrics, the identification of commonalities, and the challenge of reaching a specific density led to the appearance of new typologies. Each student studied the possibilities of the inherited system according to the size of the connector pixel they were working with (ranging between 30-180m wide, high and low density respectively), and how this variable conditioned the final assembly of the pieces. The result of the second course was a linear city that could close on itself like a Moebius strip.

The main objectives of this methodology aimed to provide an understanding of the design project as a sum of parts and not as a closed and inalterable whole. Identifying the internal logics of the selected case studies allows to establish an initial board on which to begin the design process. Lastly, the idea is to develop the ability to design from technical matters, efficiency rationales, modularity, organisation, systematisation, and functionality. The disassembly and reassembly processes were documented by using formats typical to the context of technical objects, such as exploded axonometric drawings and catalogues. In this case, the catalogue was not only the resulting document but the initial tool used to begin designing. The set of components from the singular projects compiled in the repository of interchangeable parts led to especially interesting results of cloning, variation, and hacking. Another particularly useful format was the axonometric drawing of the minimal unit of the designed system. This document forced students to understand their proposal systematically, identifying repetitions and variations of said system and discover the potential of the architectures they were working with.

2017-2018 Detroit

Professors / Profesores: Almudena Ribot, Diego García-Setién y Enrique Espinosa;
Predoctoral Researcher UPM / Contratada predoctoral UPM: Begoña de Abajo; PhD candidate / Doctorando: Gaizka Altuna;
Assistant / Mentora: Ana Carreño y Carmen Vegazo

Autumn students (published work) / Alumnado Otoño (con proyecto publicado):
Javier Benito (p.206), Jabir Bouri, Lucía Burdiel, Carmen Cañadas, José María Castillo, Lorena Colilla (p.205), Antonio Collado, Adele Courcelle, Irene Domínguez (pp.205, 209), Pablo Gallego (p.205), Paula Gil de Bernabé, Marta López, Luis Miguel Ramos, Iván Rando, Mario Rodríguez, Clara Sevillano (p.204), Ignacio de Siloniz, Guillermo Solana, Miguel Sumpsi (p.207), Samuel Torres (p.204), Luis Turreira, Paula Vargas, Li Ying Zheng (p.205)

Spring students (published work) / Alumnado Primavera (con proyecto publicado):
Pablo Cevallos-Zúñiga (p.211), Camila Chamorro (p.210), Lucía Corella (p.213), Irene Domínguez, María Victoria Gómez (p.208), Clara Pedalino (p.212), Marcos Romero (p.213)

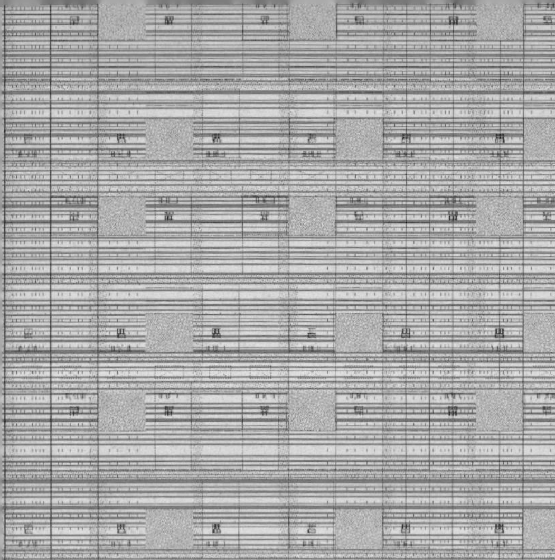

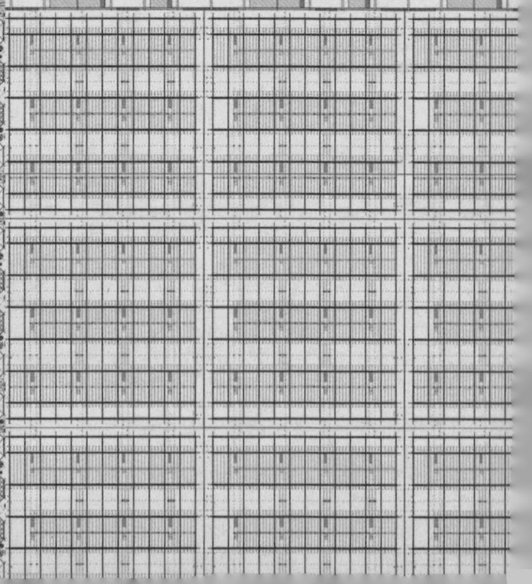

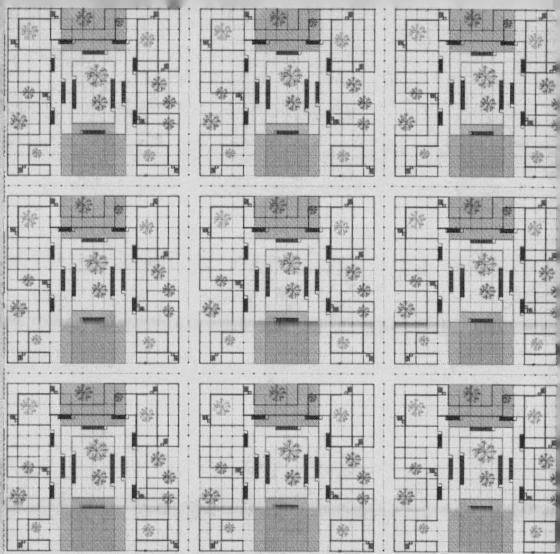
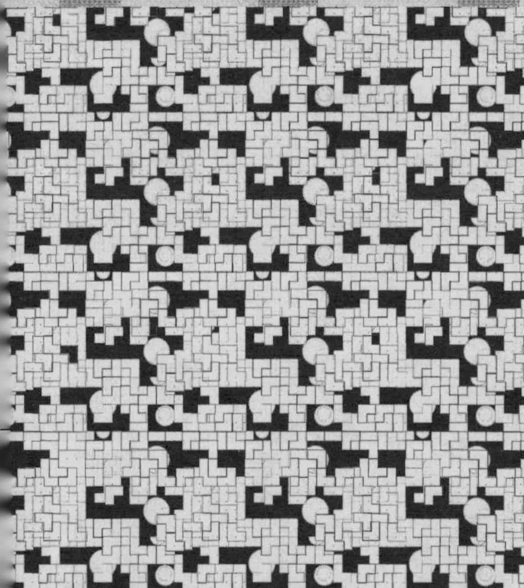
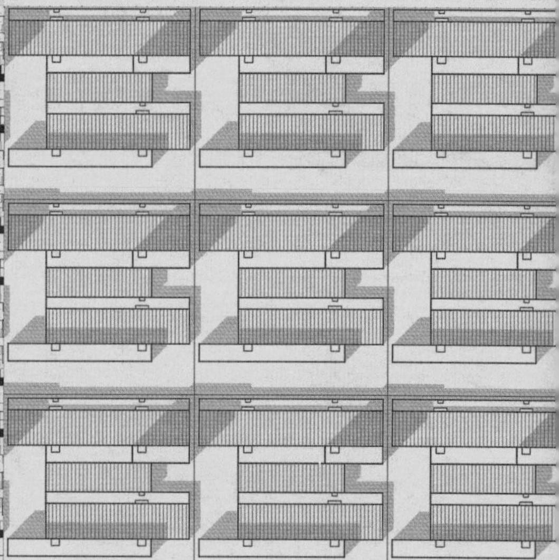

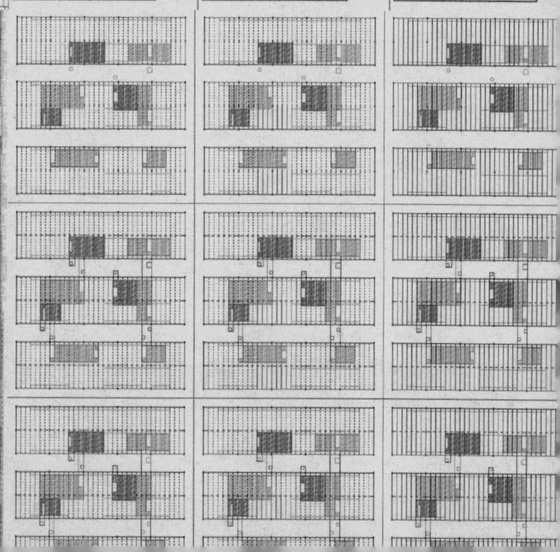

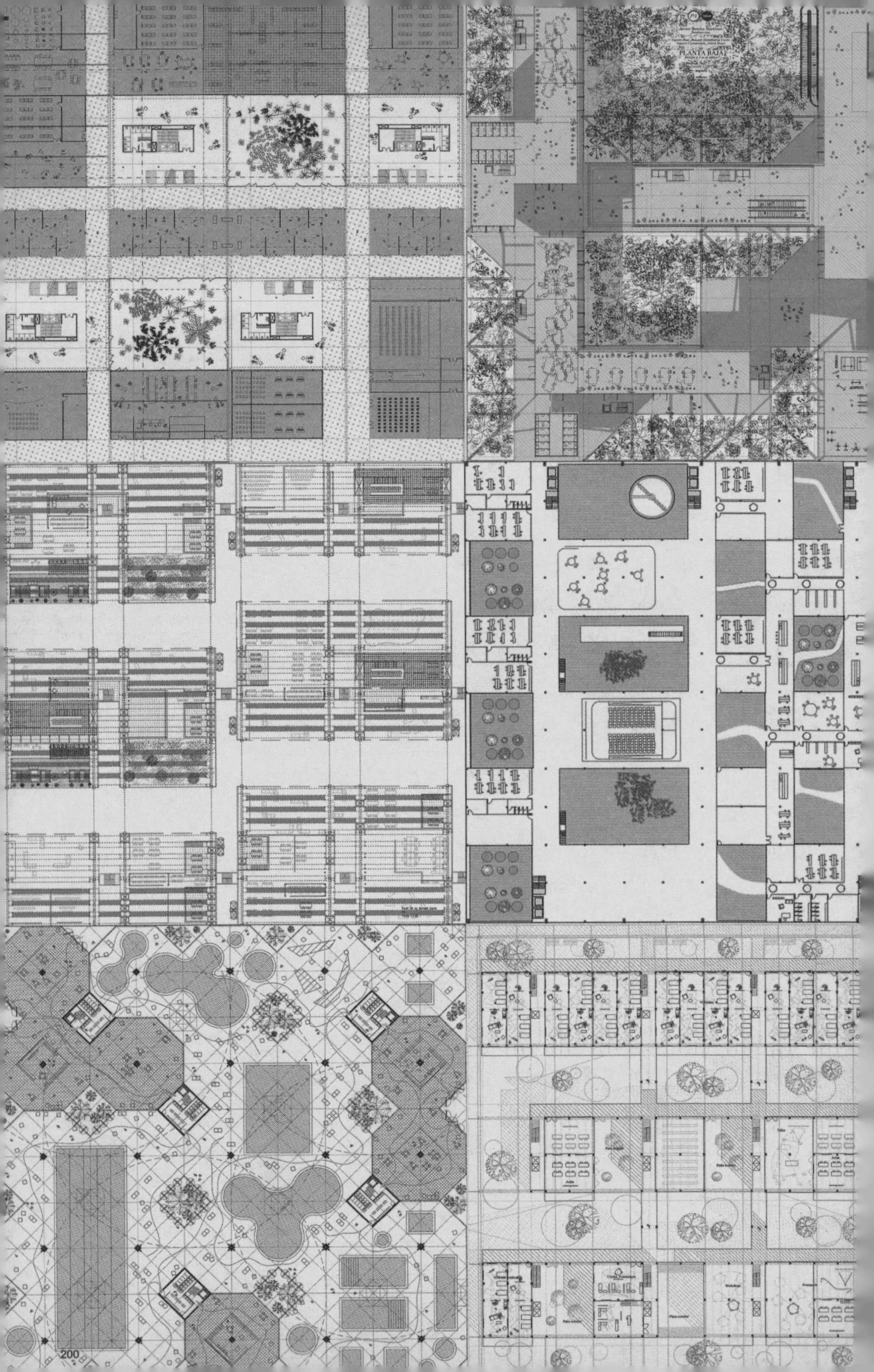
PLANTA BAJA

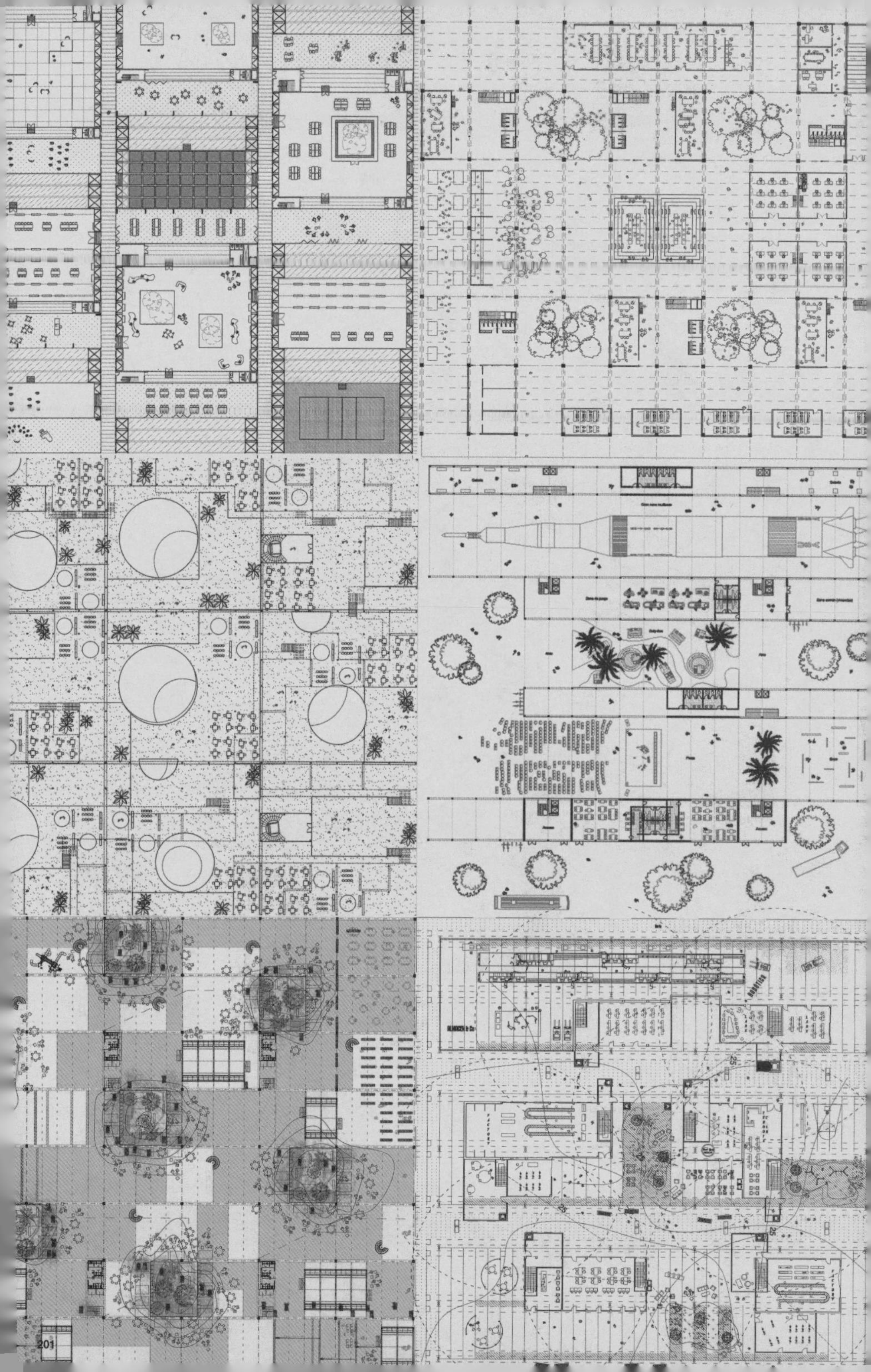

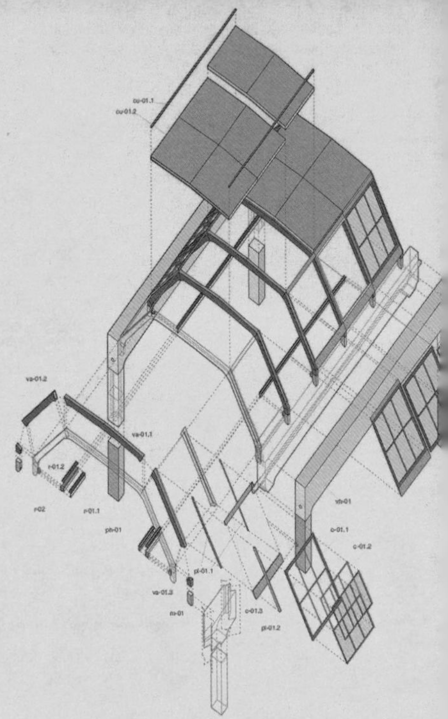
cu-01.1
cu-01.2
va-01.2
va-01.1
r-01.2
r-02
r-01.1
ph-01
pl-01.1
va-01.3
m-01
c-01.3
pl-01.2
vb-01
c-01.1
c-01.2

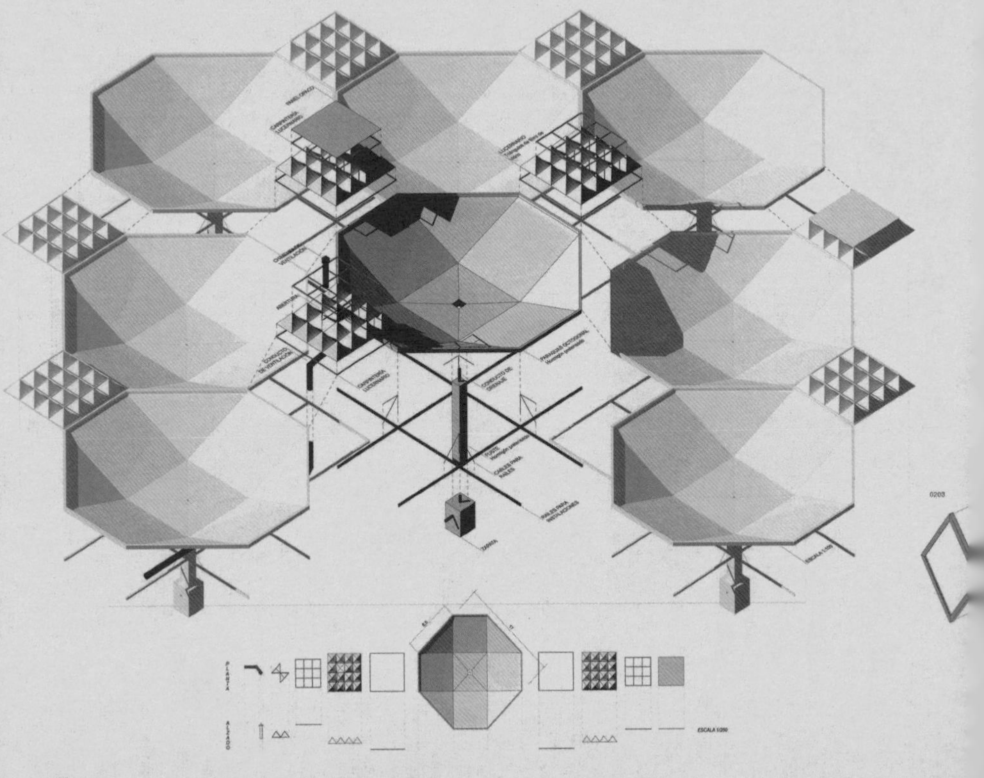

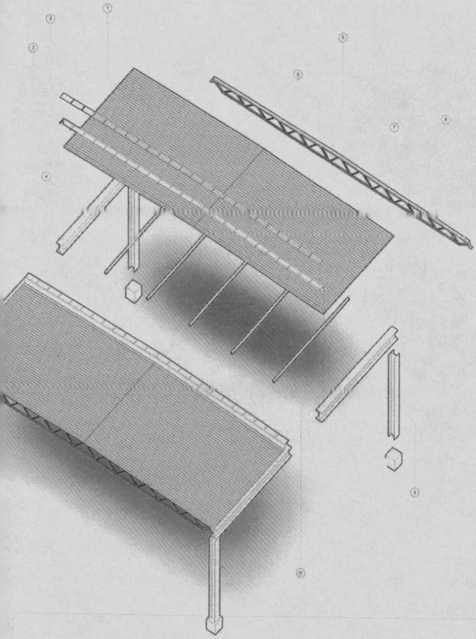

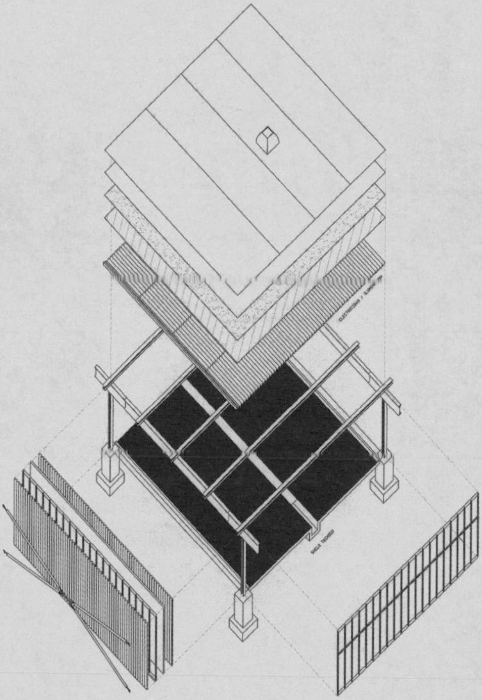

0203
0202
0201
0501
0502
0503
0601
0602
0402
0401

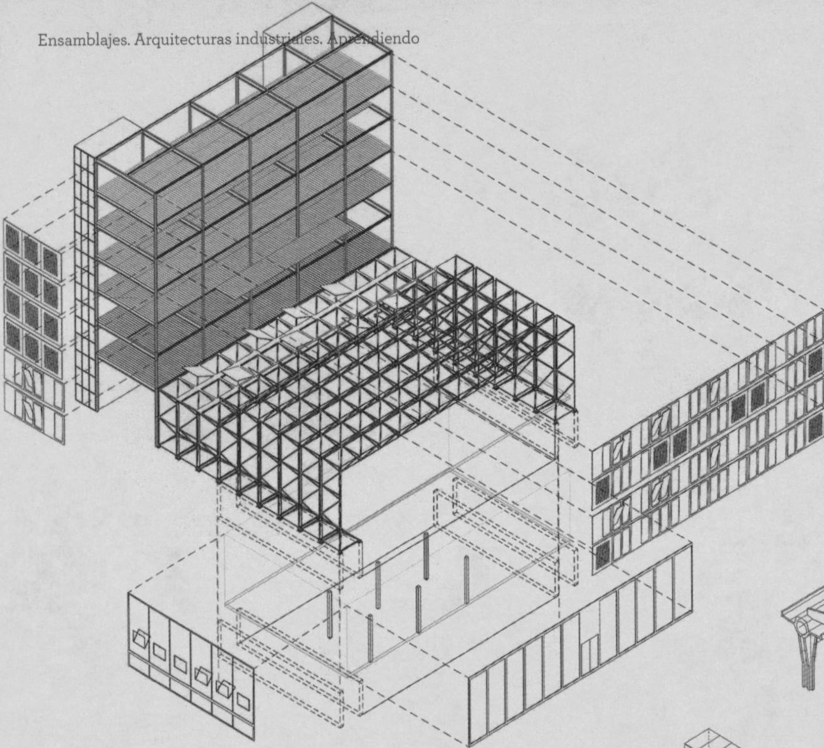

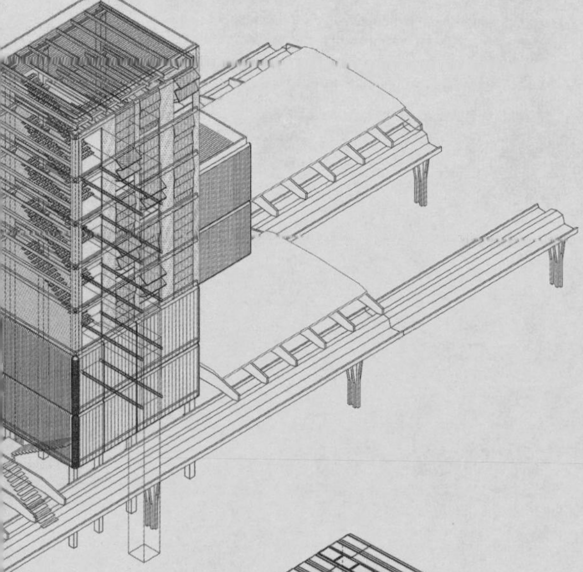

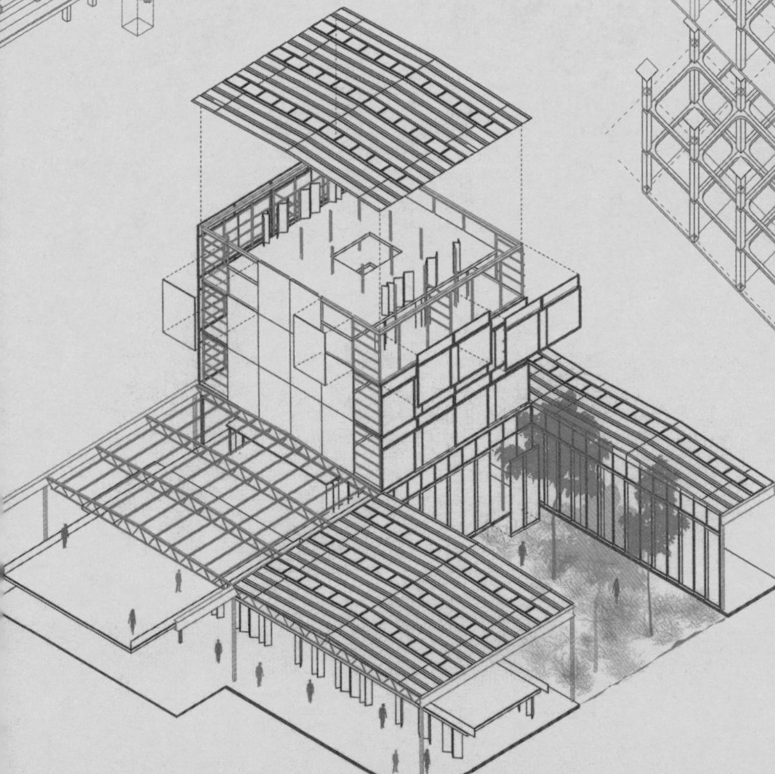

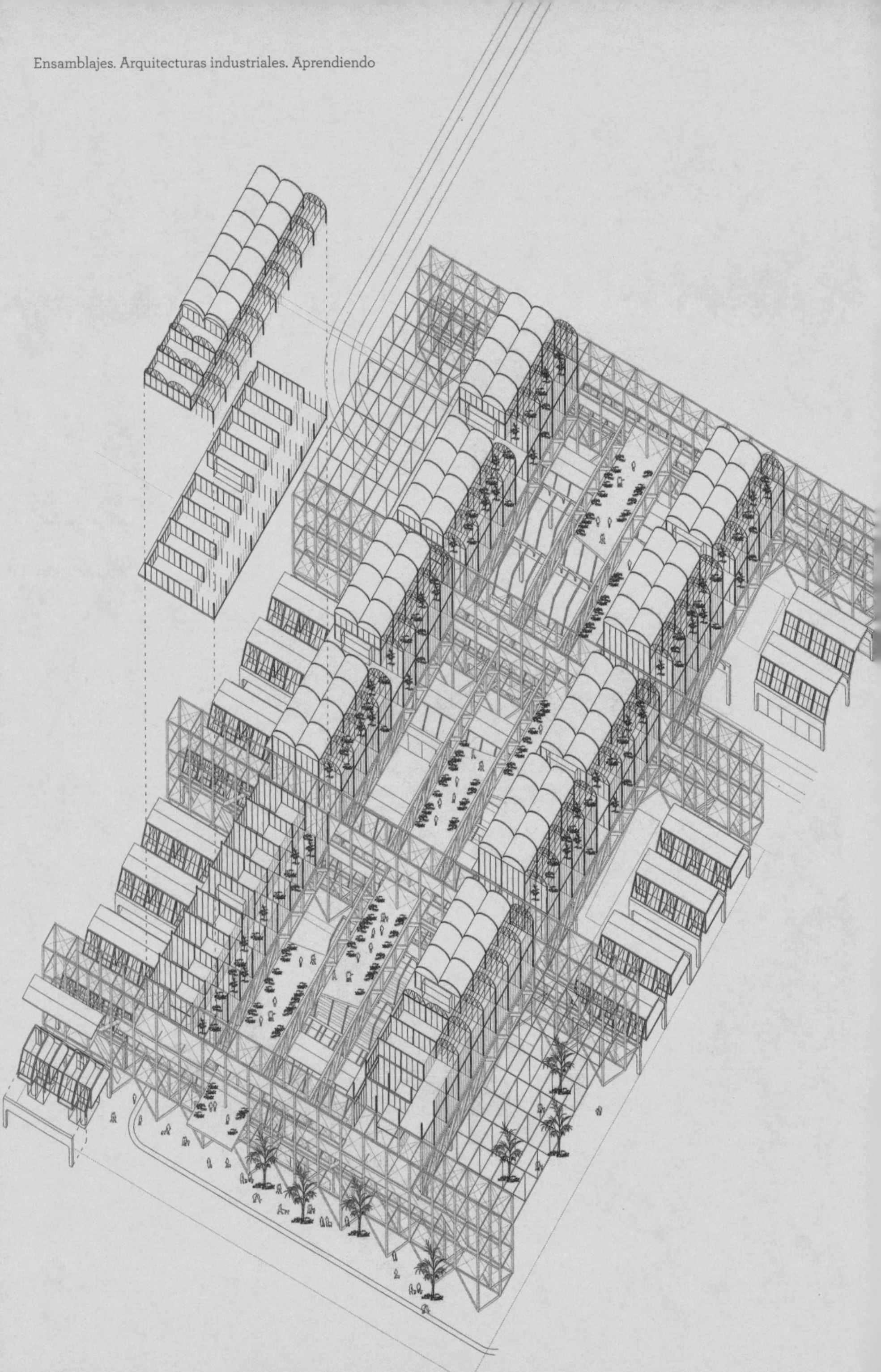

Maria Vara Rosa - Richar Rogers & Renzo Piano B&B Italy
N
S
Miguel Sumpsi - Albert Kahn Ford Engineering Labs

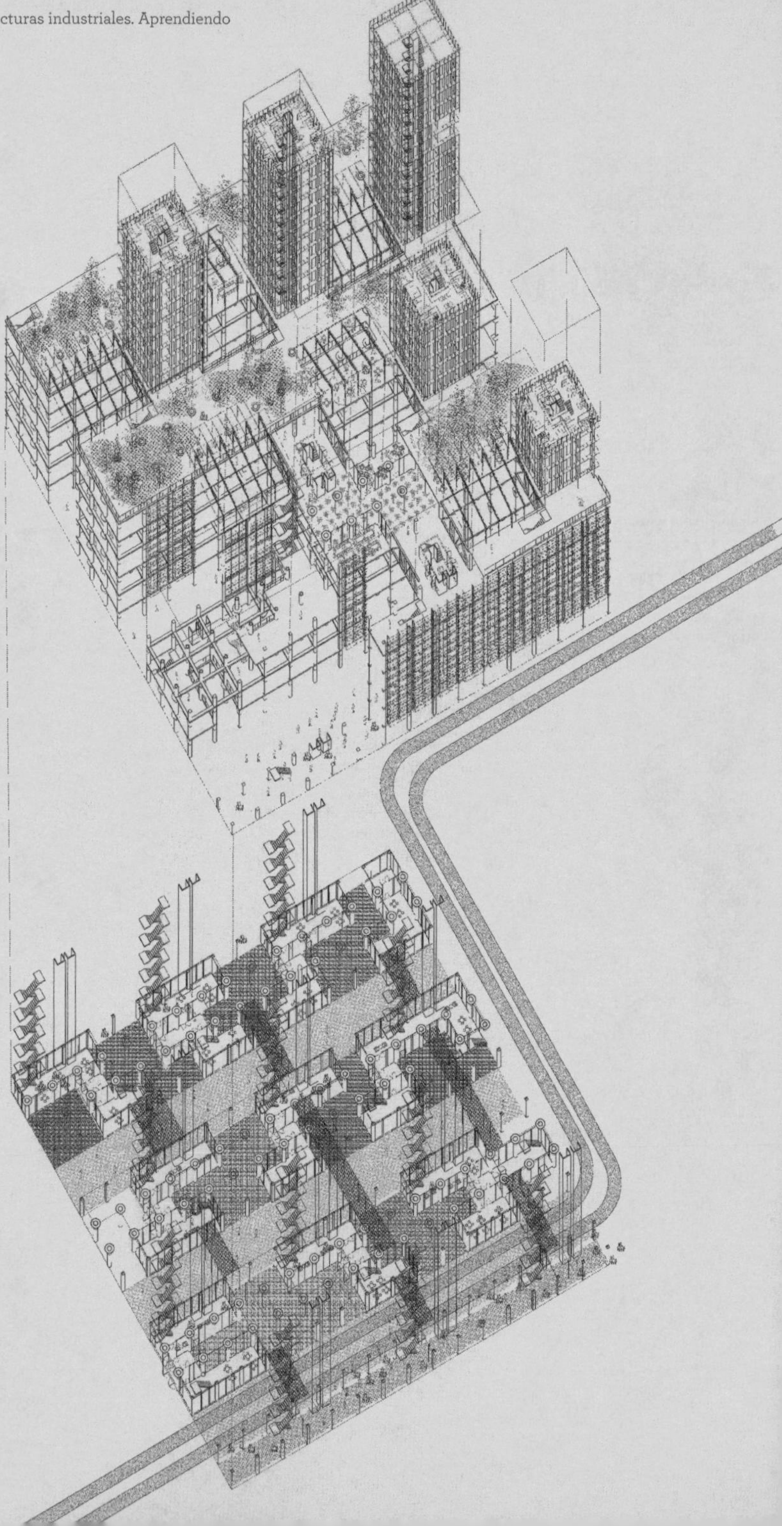

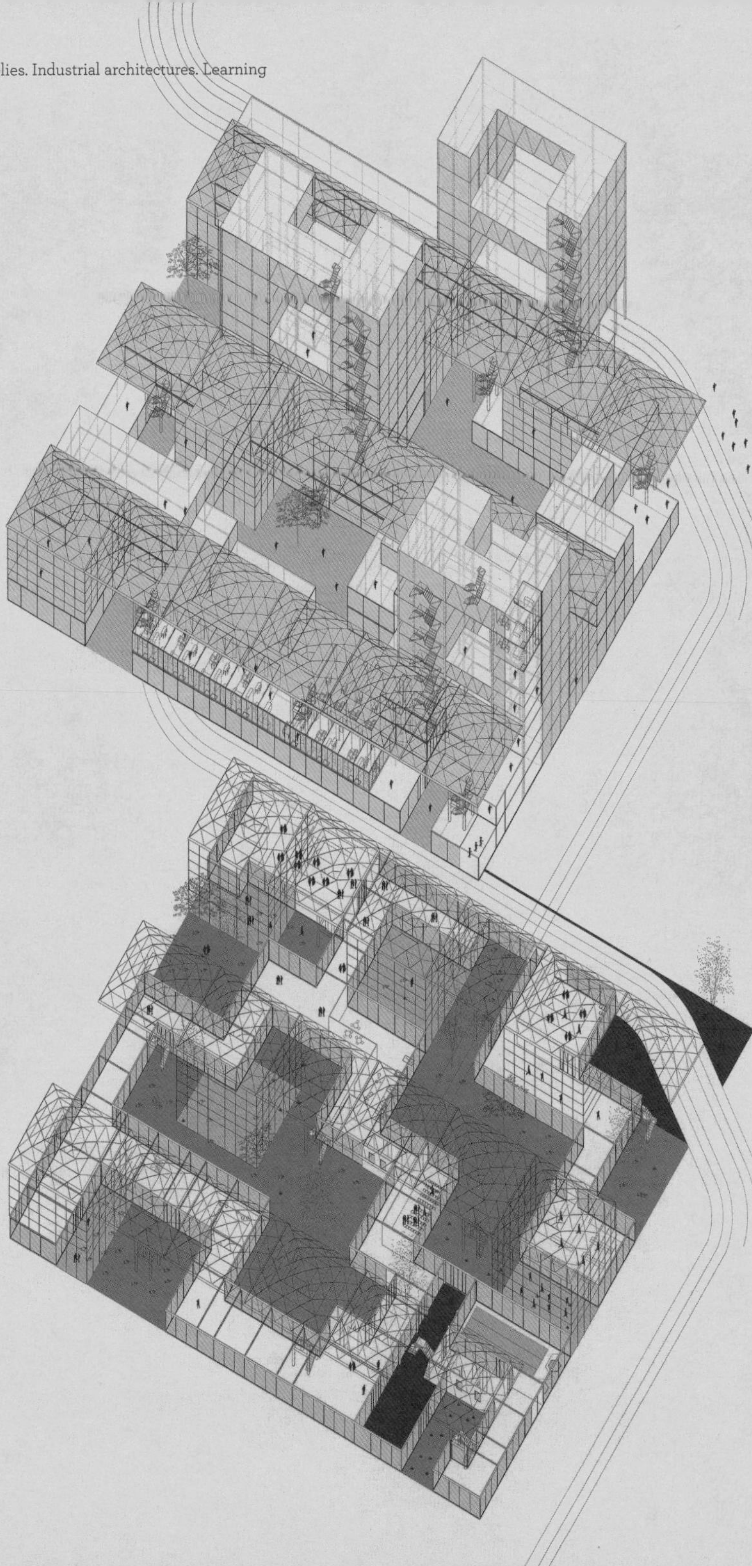

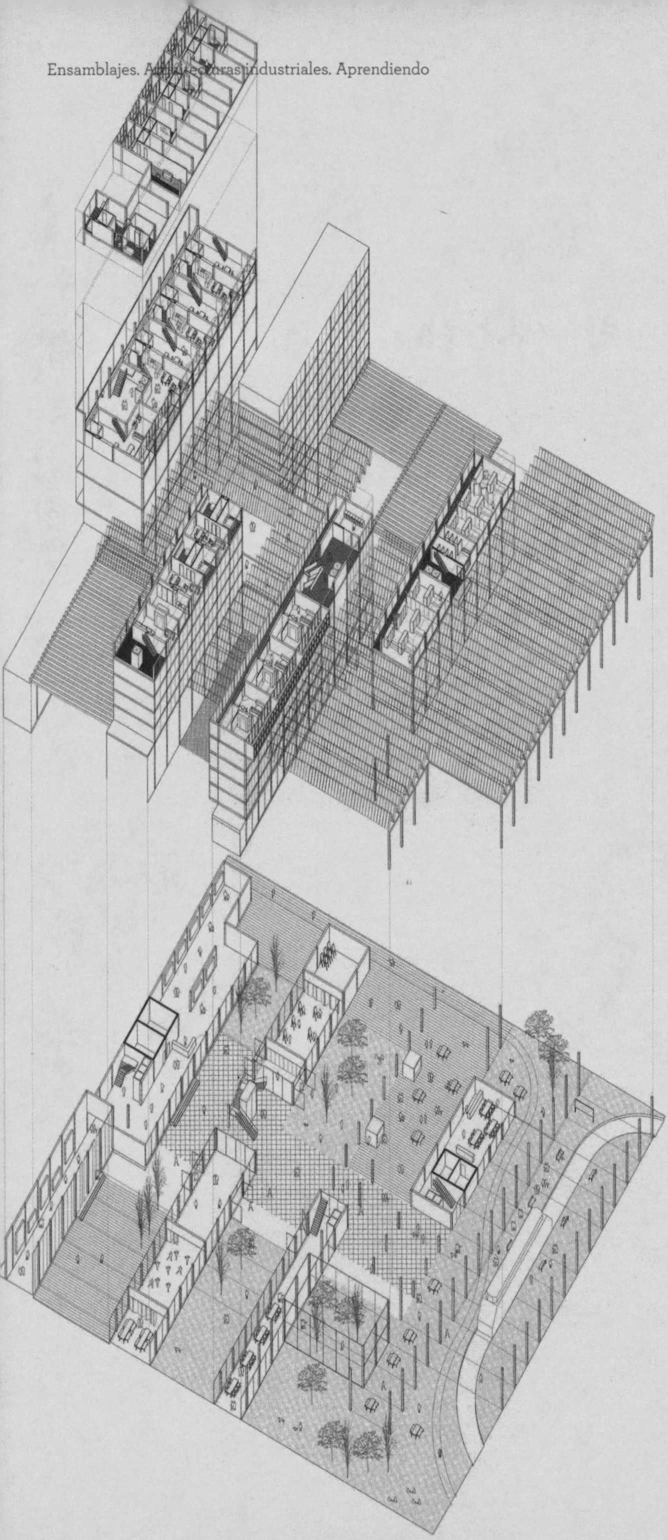

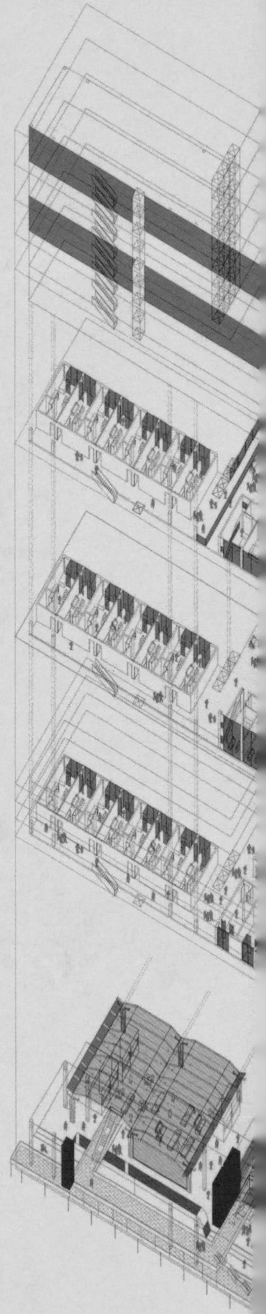

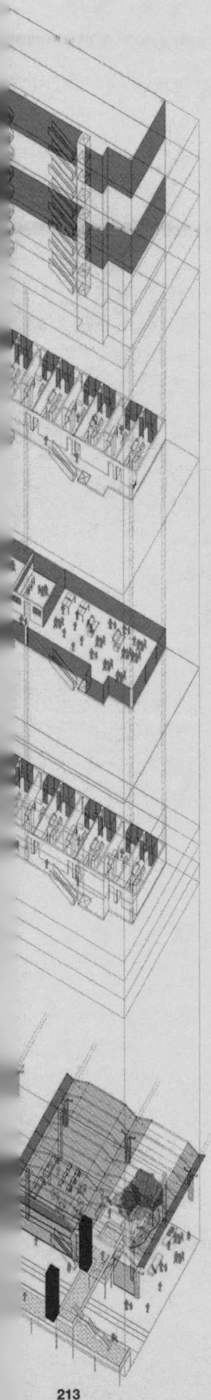